平時の経営、有事の経営

先が見えない時代になった。戦略は確信を持って描けないばかりか、実行の傍から頻繁に修正を余儀なくされる。ゲームのルールは変わり、もはや成熟した日本の企業は、大半が従来のビジネスモデルのままで生き残れるか怪しい。最近では、CEOを始めとした経営陣の選定基準に変更を加える企業も出てきている。今こそ、次なる成長のため、全社大の「変革」が迫られている。

そんな中、我々は新型コロナウイルス問題に直面する。この禍が示唆したことは、「平時の体制は、有事に全く役に立たない」ということであった。平時と有事では、目的も条件も異なる。平時の体制のまま有事に突っ込めば、コロナ禍の諸々の対応で見てきたように、大混乱となる。「先が見えないからちょっと様子見」と意思決定を先送りすれば、問題はますます深刻になる。有事では、平時のやり方を断層的に切り替える必要があるのだ。

この点、企業変革も、有事に酷似している。例えば、経営方式として定着している「PDCA管理」は、事前の予測に基づく経営方式なので、先が不透明な「変革」には馴染みにくい。また、大型化、成熟化した企業は効率経営のために「分業方式」を採り入れるが、それは社内資源を分断し、変革に必要な「協働」を妨げる。変革に取り組むのであれば、既存の経営方式を見直した方が良いのだ。

それでは、「有事」とも言うべき変革には、どんな経営方式が望ましいか。

それは、刻々と変わる状況に応じて、機動的な計画変更を認めることである。多角的な視点が有効なので、「スキル、考え方、経験」の多様性が高い経営陣構成が良い。人材が多様な集団ほど噛み合わないのも事実なので、「全社大の変革」に関する明確なゴールを共有し、互いの責任に境界は設けない。各々、主体的かつ機能横断的に動くために、自分の行動に決定権を持つ。お互いの取り組みを把握し、適宜協働をする。働き方は常に改良され、時間とともに学習、成長し、経営陣はワンチームになっていく。

果たして、そのような経営陣を編成できるのか。現在、多くの日本企業では、失われた数十年を何とかうまく凌いできた人が経営陣に選抜されてきた。その顔ぶれのままで、「変革」を成し遂げることができるのか。

近年、「チームアプローチ」が注目を浴びてきた。新商品や新規事業の開発を目的として、多様な人材で編成されるプロジェクトチームである。デザイン思考アプローチや外部リソースを駆使し、多角的な視点でイノベーションを目指す。この発想を経営陣に適用するとどうなるか。イノベーションの対象を「全社」とし、経営陣レベルのやり方にメスを入れる。

本編は、「全社変革を敢行する経営陣のチーム論」である。これまでのチーム論は新しい発想を生む「技法」に重点が置かれてきたが、本論では、全社を変革する「経営方式」に焦点を当てる。個別の商品や事業が対象のイノベーションではなく、全社イノベーションを担うチーム、言い換えれば経営陣を対象とする。

実際、今の経営陣を変革チームに変貌させることができるのだろうか。

そのためには、どんな行動規範、業務内容、業務環境が必要なのか。

それがこの本の主題である。

野村マネジメント・スクール
学長　三浦 智康

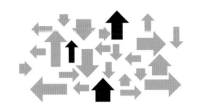

有事の意思決定

一枚岩の経営チームがリードする

第1章
問題提起

有事に強い経営チームを編成する

経営陣をワンチームにする7つの要件

経営環境が不透明な今、企業の意思決定は慎重だ。責任分担を明確にして、PDCAによる管理を強化する。更に、多くの関係者による合意形成をしているようでは、意思決定も先送りになりがちだ。結果として、リスクが取り難くなり、企業の動きは鈍くなる。そして、これを突破するのが、まさに一枚岩の経営陣である。

平時の体制は有事には役に立たない

我々の社会には、平時と有事がある。平時の平穏な日常を脅かす有事は、時として予告なく訪れる。天災はその典型だ。リーマンショック、東日本大震災、２０２０年に世界を震撼させたCOVID-19は、我々の記憶に新しい。それら有事は、平時とは異なり、次のような特徴が見られる。

・何事も先が見えず、手探りになる
・初動ミスが多く、やり方を間違えるとダメージが大きい
・迅速な対応が難しく、手遅れになりやすい

平時なら、環境変化を読みながら行動計画を立てることができる。有事では、環境変化が読み難く、行動計画の策定は手探りになる。有事はハイリスクなのだ。

さて、ここで再認識すべきは、「平時に機能していた組織、プロセス、ルールなどの体制が、有事にはほとんど役に立たない」ということである。それは、新型コロナウイルス対策のドタバタ劇の中に見ることができた。例えば、コロナ禍では以下のような問題点が指摘されたが、対応が儘ならず混乱を招いたことは記憶に新しい。

❶PCR検査体制

・パンデミックという有事に必要なのは、感染治療が目的の検査体制であり、病院を主体とする「医療行為に直結した検査体制」であった。
・しかし、実際に運用されたのは、国立感染症研究所を主体とする検査体制であった。それは、元来、感染拡大の状況把握を主目的とした「分析データ収集のための検査体制」である。それでは、患者を治療する医療目的の検査として能力が全く足りないにもかかわらず、その既存体制にこだわったままだった。結果、有事の感染治療において大幅な遅れにつながった。

❷感染医療の体制

・平時において感染発症が少ない日本の総合病院では、感染症を専門とする診療科を設置しているところは極めて少ない。したがって、コロナ感染が広がった有事の医療体制としては、弱点となった。実際、対応にあたった病院では、感染医療に向けて、レイアウト、人員体制、診療器具などの大幅な変更を強いられた。その結果、大幅な赤字に落ち込み経営危機に直面した病院が続出し、医療崩壊の危機に直面し、社会問題化した。

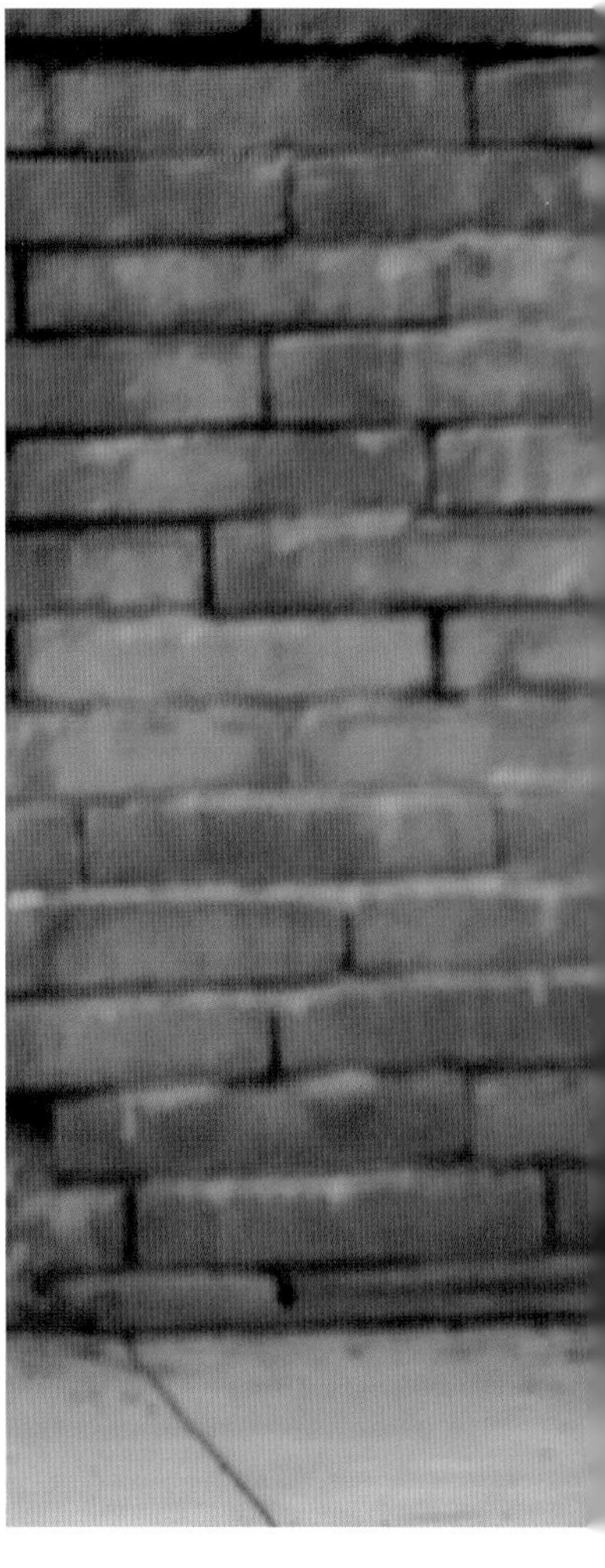

❸一般医療の体制

・日本では、公的費用削減を名目に、平時の医療状況に合わせて公的医療機関の合理化が進められ、医療関係予算の削減、国公立病院の統廃合などが行われてきた。その結果、コロナ感染の有事では、患者数が追加のキャパシティを超え、医療崩壊を起こした。
・これは、日本のみならず、欧米などの諸外国にも多く見られた現象である。

以上の例にも見られたように、平時のやり方は有事には通用しにくい。平時であれば、やるべきことを見通しながら、体制や業務の合理化、効率化を優先し、平時にとって最適な状況を作り出せる。しかし、有事では、平時と目的や条件が異なり、必要な機能も同一ではない。コロナ禍には、平時の体制を前提にしたまま突っ込んだために、小手先の施策しか打てず、大混乱を招いた。初動ミスに始

まり、誰が責任者かが曖昧のまま、考慮漏れだらけの施策が打たれ、言い訳の山と化した。

有事の体制は、平時の体制にとらわれることなく、有事専用にゼロベースで設計する必要がある。つまり、平時から有事へ一斉に体制を切り替える対応が求められる。

企業変革も有事である

平時と有事の違いは、企業経営でも似たところがある。平時に最適化し適用している経営方式は、企業変革（**コラム1**参照）という平時の延長にはない「経営の有事」には機能しない。しかし、変革に取り組む企業の多くは、平時の経営方式（**コラム2**参照）を踏襲したままだ。平時のやり方が習慣化し、「こう進めるものだ」「そうするものだ」と当たり前に思われているからであろう。平時の方式は、事前に全て予測し、管理できるという前提でデザインされることが多いので、先が見えない中、手探りで進める「変革」には馴染まない。

我々は今、「不確実性」と「創造性」に向き合う時代にある。「事前に全て掌握できるから経営管理が可能である」という経営観は、昨今、幻想となってきた。「既存事業はオーガニックに成長」という考え方すら、変革に逆行するばかりか企業の存続リスクとなっている。

平時の経営方式は、変革を妨げる

現在、日本企業の大半は、責任や権限の『分業制』を軸とする経営方式を採り入れている。分業制は、責任の所在を明らかにするので、経営管理しやすい方法である。しかし、このお馴染みのやり方は、日本企業が直面するグローバル化、デジタル化、イノベーションなどの「企業変革」に取り組む上では障害になりやすい。なぜなら、分業制というのは、経営陣の関係を「疎」にさせる力が働くので、分かり合うという「合意形成」や相互の協業の妨げになるからである。また、経営陣が疎遠になるほど、合意形成の中身は熟さず、意思決定の内容は保守的かつ消極的になる（**コラム3、コラム4**参照）。更に深刻なのは、経営陣がその構造問題に気づいていないことである。

変革を妨げるもう一つの障害

経団連銘柄に代表される日本企業は、高度成長期を経て巨大化し、成熟化し、次のような問題を抱えるようになった（**図表1**参照）。

総花主義：「事業範囲」の選択

規模が大きく経営資源が豊富だと、自ずと周辺サービスが充実し、多角化も進む。総合性、安定性を重視し、成長戦略として、何でも揃えることを指向する。しかし、広く薄くなることで特徴を見失い、変革に必要な特化した強味が薄れていく。

図表**1** 成熟企業と変革企業の対比

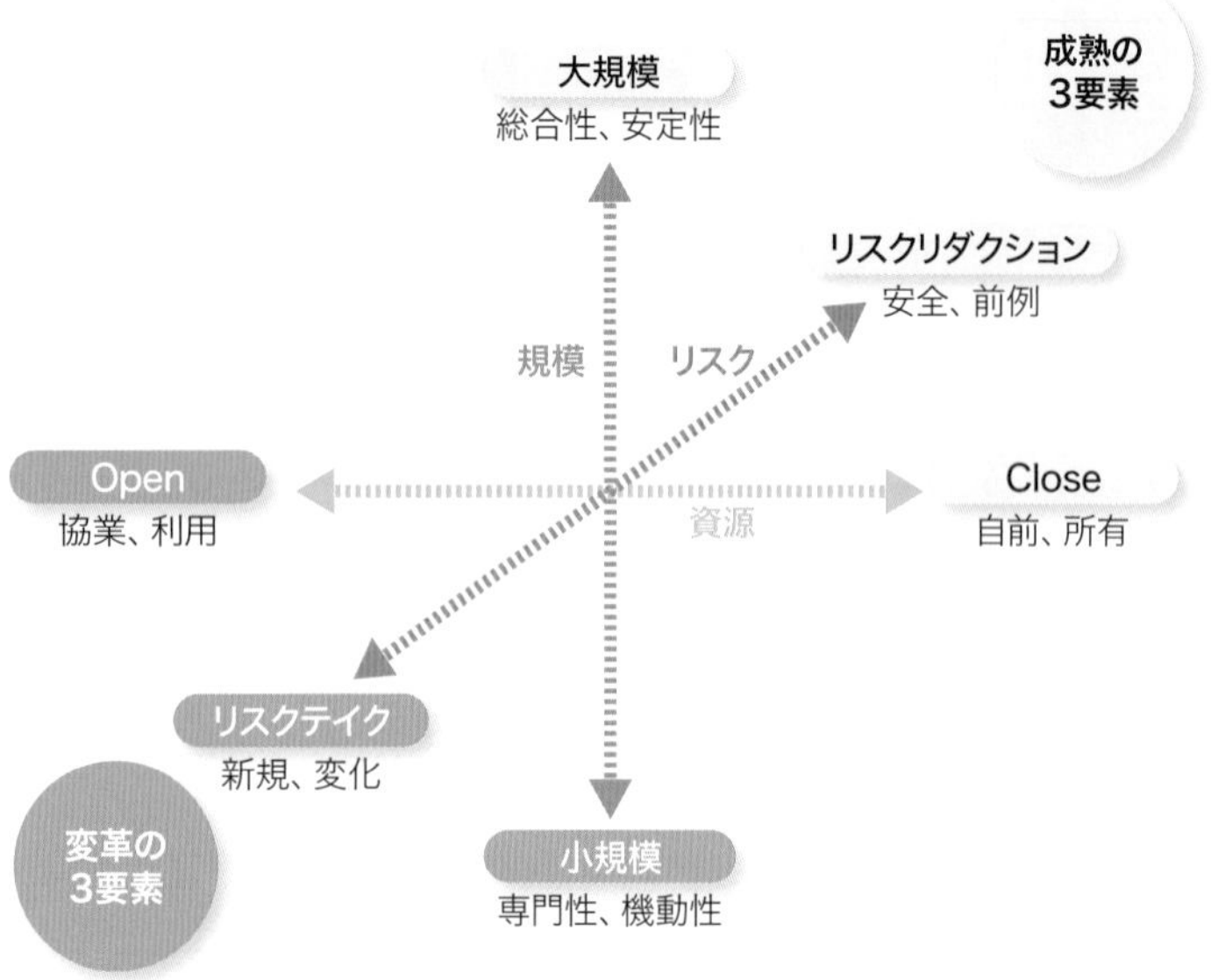

column 3　分業制の罠

経団連銘柄に代表される日本企業は、高度成長期を経て巨大化し、管理スパンが拡大した。同時に、「CxO制」や「事業担当制」が、経営の合理化・効率化に有効な経営方式として導入されてきた。これらは、担当役員が取り組む事業や経営ミッションの範囲を限定し、業務遂行に必要な責任権限を明確にするものだ。

この責任権限の分業制は、持ち場を忠実に守れという守旧的な体制である。既存事業を持続的に成長させることを大前提とし、持ち場の最適化を促す。その結果、会社は部分最適した寄せ集めの組織となり、以下のような事態を招くので、変革の障害となる。

- 担当外の事業へ提言すれば、それが建設的な意見だとしても「越権行為」（いちゃもん）と受け止められる恐れがあるので、できるだけ口出しは避けようとする。
- 担当外の領域・事業に関わらなければ、他領域には無関係、無関心になるので、経営陣同士や事業間の相互理解が進まない。すると、事業を超えた協業が行われ難くなり、経営陣は一枚岩にならず、意思決定までもが遅くなる。
- その結果、全社を横串で見る役員も育たない。

column 4　合意形成の罠

日本企業の意思決定では、一般的に合意形成が重んじられるので、PDCAという経営管理方式が良く馴染む。例えば、「計画P」は、経営会議で合意形成し機関決定すれば、経営の総意（宣言＆約束&意思）というお墨付きになる。それ以降、全社大の意思決定は、常に「P」との整合性をチェックするだけで可能となるので便利である。

しかし、経営環境が予測困難な時代に入り、戦略や事業リスクの評価に対する合意が取りにくくなってきた。先が見通せなければ、合意形成できる範囲は狭くなる。また、ひとたび決めた計画Pは変更が許され難いとなれば、策定されるPは保守化、矮小化する。合意形成に拘り過ぎる結果、チャレンジは先送りされ、大胆な革新からほど遠い経営となってしまうのだ。

column 1　企業変革の取り組みと思われる例

以下の企業は、単なる既存事業ポートフォリオの「選択と集中（スクラップ＆ビルド）」ではなく、骨格となる事業構造を全く新しいものに作り変える取り組みである。

1. **トヨタ自動車**：「自動車売り」から「Maas」＆「デジタル都市開発」へ
2. **富士フイルム**：「総合写真メーカー」から「化学メーカー」へ（医療、化粧品など）
3. **ソフトバンク**：「携帯電話会社」から「投資ファンド会社」へ
4. **日立製作所のV字回復**：「総合電機メーカー」から「社会イノベーション事業」へ
5. **コマツ**：「プロダクト販売」から「サービス提供」へ
6. **リクルート**：グローバル化の加速
（海外比率「3.7%（2013年）→40%（2019年）」）
7. **大和ハウス工業**：事業の急成長
（2009年から10年間で、売上2.7倍、営業利益6.1倍）

column 2　代表的な平時の経営方式

例1　PDCA管理
- 将来の経営環境は予測、分析して把握できるという前提に立った経営管理方式
- 計画Pは、経営の宣言、約束と位置付けられる。計画は、PDCAプロセスに則って管理され、目標値に着地させていく。
- 達成までの計画プロセスは念入りに検討され、極力変更しないで済むようにする。

➡不確実な環境下では機動的な方向転換が必要なので、有事には向かない

例2　責任権限の分業
- 既存事業を存続、発展させる前提に、責任・権限を設計して分担する方式
- 事業セグメントごとに担当役員が指名され、当該事業成長のための責任、権限が付与される。
- 担当役員は、当該事業の範囲で最大のパフォーマンスを出すことをミッションと捉え、他事業部門や全社大のイシューに対しては「自分は当事者ではない」と考える。
- 自分の責任・権限が及ばない他事業・領域に口出しするのは「越権行為」として自制し、自分の担当の仕事が出来上がるとそこで仕事は終わる。
- CXOも同様で、発生する課題から自分の担当に関係する部分を切り出して対応に当たる。

➡全社大の視点、新たな創造など、担当を越えた横断的活動の優先順位は低く、力を合わせて問題解決にあたる有事には向かない

例3　トップダウンの意思決定
- CEOだけが、すべての事業に目を配り、事業横断の意思決定に腐心する経営形態
- 「上が規定し下位へ指示する」という意思決定スタイルの企業文化が構築される。
- 階級制度が制約となり、指示を待ち、上位者の決定には自由に意見を言いにくい。

➡本音で討議し、多様な切り口で対策を練る必要がある変革には向かない

●事勿主義：「リスク」への態度
事業が拡大するほど、想定外のことが起きたときのダメージも大きい。そこで、リスク回避のために徹底的なヘッジを施す。実際、事業規模が大きい中でリスクが顕在化すると、大量出血する。こうして、できるだけ前例を踏襲し、挑戦しない経営管理が強化される。これでは、変革は起きない。

●自前主義：「経営資源」の活用
規模が大きくなり、経営資源が豊富であると、何かと自分の手の内で済ませることも可能になる。調整コストを掛けてまで、他部署や他社と協力するよりも、自前の経営資源でやる方が手っ取り早いしコントロールも利く。裁量範囲で経営資源を活用する方が、コストは安くて済む。しかし、これは閉鎖性であり、変革に有効な「外からの多様性」を損う。

そして、この対極にあるのが変革企業である。以下のような「変革の条件」を備えた経営方式を採用している。

【変革の条件】
小規模：機動性、専門性を獲得する
リスクテイク：新規への挑戦、変化へのアプローチ
オープンな資源活用：協業、所有でなく利用

このように、成熟化、巨大化というのは、経営方式だけではなく、企業体質そのものが変革の妨げになる。
それでは、果たして、巨大化、成熟化した日本企業は、変貌できるのか。

今、経営陣を変革する

分業制を採用すると、各々の経営陣は、担当事業に注力するあまり、他事業のみならず全社にも関与しなくなり、相互の関係が希薄化しやすい。これは、自然な流れで仕方がないとも言える。自分に責任がない領域に対してはコミットは難しいし、口出しするとそれはいちゃもんになりかねない。しかし、「全社大の変革」に必要なのは強力な推進力であり、経営陣がバラバラのままでは不可能であろう。全社大の意思決定に当事者意識と責任感を持って立ち向かう経営陣でなければならない。経営陣の関係が希薄化したままでは立ち行かない。

column 5　変革の特徴

1　変革の特徴

突如訪れる、未知でハイリスクな危機

- 変革圧力は、突如現れ、いつの間にか直面している有事
- 前例がない未知の領域なので、これまでのやり方は通用しない
- 先が見えず、検討材料は揃わず、状況は刻々と変化し、変動も大きい

2　経営の態度

強靭な精神、高い機動性、変化への即応、積極的なリスクテイク

- 重圧に耐える強靭な精神
- 新たな情報を獲得しながら発見的に進む試行錯誤の姿勢
- 判断の先送りをせず、早期かつ連続的に意思決定
- リスクは、顕在化させないのではなく、顕在化したときに、どうするかが重要

3　変革の障害

平時向けに最適化した既存の経営体制

- 大きな組織はモーメントが大きいために、急ハンドルは不可
- 変化を嫌がる文化・精神、正攻法への拘り、抵抗勢力が障害に
- 平時と有事のプロセスが同時並行することで引き起こされる矛盾・混乱

これまでは、カリスマ経営者やオーナー経営者のリーダーシップが機能した時代もあった。しかし、広範な管理スパン、錯綜する経営環境下において多様な視点が不可欠な今日では、もはや一人のリーダだけで見切れる状況にはない。まして、サラリーマン経営者で形成される民主的経営陣では、CEO一人でトップダウンに指示することに無理がある。

今こそ、新たな経営陣の在り方を再考するときである。経営陣も、同質ではなく「異質なのに一体化」（一枚岩の多様軍団）という陣形に転換することによって、不透明な領域でも合意形成ができて、既存事業も壊せる。

カリスマ経営チームを創生する

それでは、変革に立ち向かえる経営チームを編成するポイントは何か。そのために、まず、新生「経営陣」が取り組む変革イシューがどのようなものなのか点検する（**コラム5**参照）。

要約すれば、変革とは、

- 未知でハイリスクなもの
- 刻一刻変化するリスクに向き合う強靭な精神が必要
- 平時の体制では歯が立たない

ということだ。

このような変革という難題に対して、経営陣は以下のように考えるであろう。

- 会社の生死を決する意思決定だから、リスクを背負って意思決定するのは大変だ
- 強力なリーダシップを持ったカリスマ経営者でもいれば、「決めて進める」ことができるのだが……見当たらない
- それをやるとするならば、信頼できる仲間と協力して取り組みたい
- 担当領域を超え、トップイシューを自分の問題と捉える経営陣ならば、フットワーク良く動き、共にリスクテイクできる

そこで、我々野村スクールは、「経営陣が強力なリーダシップを持った一人のカリスマ経営者のごとく振舞えるワンチームとなる」ということを提言したい。

これは、平時の経営陣を有事対応の経営陣に変質させることを意味する。

ロバート・ハウスのカリスマ的リーダシップ論（1976年）では、リーダの4つの特徴が示されている。

❶組織の指針となる明確なビジョンを示す
（戦略ビジョンの提示）

❷リスクを取っても挑戦する
❸現実的かつ客観的な評価を下す
❹並外れた行動力

経営環境が不透明なほど、確固たるカリスマ経営者でもいればともかく、これを一人の経営者でやるのは、かなり無理な話である。であれば、複数人で構成される経営陣で協力しあってカリスマ的リーダシップを発揮しようというのが「経営チーム」なのである。

7つの観点から経営チームの変革力を点検する

それでは、経営チームは、どのように編成すれば良いのか。

不透明な時代でも明確にビジョンを示すには、ジョン・コッターのリーダシップ論（1988年）でも提起されているように、「危機感」を足掛かりにすることが有効である。例えば、TDKには、「健全な危機意識」という考え方があるという。既に問題が顕在化し火を噴いている場合には、敢えて危機感を促さなくても、それは既に危機なのであって、身の危険を感じるのはたやすい。それに対して、健全な危機感というのは、危機が顕在化する前の態度のことである。「どんな事業でも永遠には続かない。だから、常に、その先に備えて手を打つ」ことを経営陣の基本動作としている。これは明確なビジョンとして、経営陣の間で共有・合意されている。経営陣は、危機感を共有しているので、リスクテイクを厭わず、並外れた行動力を発揮し、協働して変革に突き進むことができる。これこそが、ワンチームになった経営陣と言える。

では、危機的環境に見舞われ、変革の必要性に迫られるような「有事」において、経営チームの要件はどう整理されるのか。以下に、チームデザイン、チーム風土、チームプロセスの3点からまとめる（図表2参照）。

チームデザイン（変革を担える素養を持つ人選）

これは、人選の過程である。集めたメンバーが、変革に強いチームになる素養を備えるように選定する。主に、「**当事者意識**」と「**多様性**」が要件となる。

①当事者意識（Ownership）

メンバーには、全社レベルの課題を自分自身の問題として捉え、主体的に解決に取り組むマインドが必須となる。そのためには、特定事業部門のハイパフォーマーとして活躍した経験というよりは、むしろ全社大あるいは組織横断の活動において、責任者としての経験

図表2 経営チームの要件とメカニズム

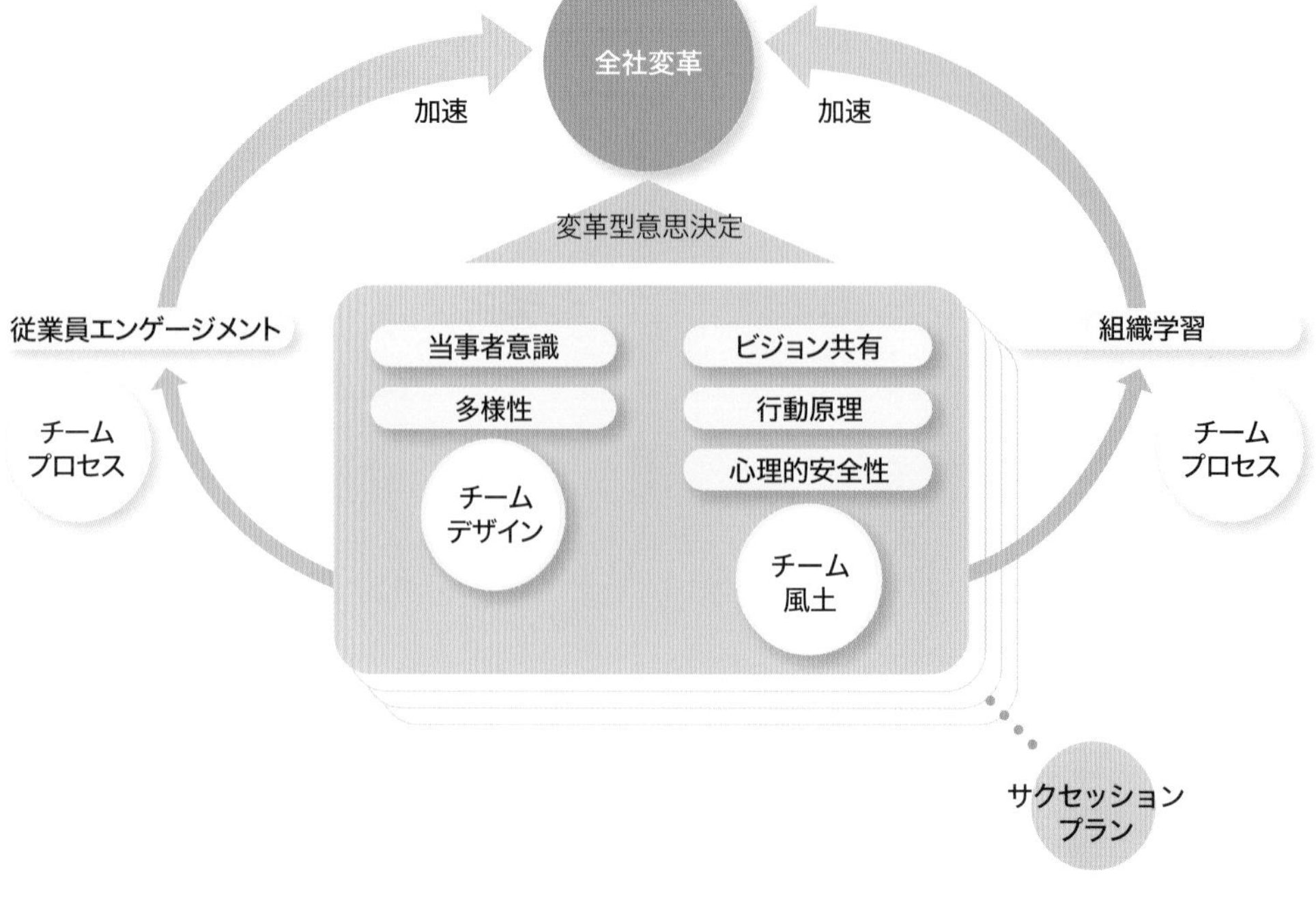

を持つことを重視して人選することが必要となってくる。例えば、新規事業の立ち上げ、不採算事業のリカバリ、海外拠点長、子会社の社長などが、それに該当する。

②多様性（Diversity）

変革に取り組むために、同質、同類のメンバーではなく、異なる特性をもった人材で集団を編成する。人選を多様的にするには、「国籍、性別、出身母体」などの基本属性をばらつかせる発想もあるが、むしろ「スキル、考え方、経験」をばらつかせることが重要である。多様性は、あくまで、視点や発想において必要となる概念であるからだ。ただし、多様性を高めるほどすれ違うリスクも高まる。例えば、「セイド」が問題だと聞くと、文系は「制度」、理系は「精度」を思い浮かべるかもしれない。それでは議論が噛み合わず、手戻りが起きる。単純な例だが、注意しなければならない点である。

チーム風土
（一枚岩のチームビルディング）

ワールドカップの日本ラグビーチームのメンバーは、刻一刻変化する状況を見ながら、常に「Same Picture」を描いていたという。つまり、各々が次に動くべきイメージが完全に一致していたというのだ。経営陣として集まってきたメンバーも同様で、全社レベルの課題解決のために協調した動きが必要となる。チーム風土とは、メンバー間の人間関係の問題である。名実ともにワンチームになるため、相互理解、信頼関係などをどう育めばよいか。ここでは、主に、「ビジョン共有」「行動原理の統一」「心理的安全性」が要件となる。

③ビジョン共有（Shared Vision）

危機意識だけ共有しても、描くゴールが異なれば、行動がかみ合わず協働できない。また、一度ゴールを共有したとしても、状況が刻一刻と変化するために、ゴールを描き換える必要が出てくる。それでも、進むべき方向、つまりビジョンさえ共有されていれば、たとえゴールの変更を迫られても、皆が描くゴールは、常に「Same Picture」となる関係性である。

④行動原理の統一（Shared Principles）

全てを逐一話し合わなくても、同じ基準で判断・行動できる原理原則が統一されている状態を指す。以下のように、変革の過程で直面する意思決定の際に、統一された行動原理が有効に働く。この行動原理のカバー範囲が広いほど、このチームは機能する。

- **リスク**　リスク評価の方法、リスクテイクの基準、リスクコントロールの方法
- **優先順位**：新規事業と既存事業の優先順位決め、経営資源配分の基準
- **協業**：部門横断の協業ルール、成果配分など

⑤心理的安全性（Psychological Safety）

頻繁な対話や協働経験により相互理解が深まり、何を発言しても馬鹿にされず尊重されるという安心感、信頼感がある状態を指す。本音で発言できる関係性は、創造性ある発想を生み出すだけでなく、共有すべきビジョンや行動原理などを擦り合わせていく上でも不可欠である。なぜなら、皆が腑に落ちるものが策定されてこそ初めて真に共有できるからである。

チームプロセス
（変革のアクセル）

一度稼働を始めた経営チームのパフォーマンスを向上させるものとして、二つの重要なプロセスがある。一つは、チーム経験を蓄積することで学習し、経営チームのマネジメント品質を持続的に高めるというもの。もう一つは、従業員との連携であり、従業員が意図に沿って行動するほど、チームの真価は発揮される。ここでは、「組織学習」「従業員エンゲージメント」が要件となる。

⑥組織学習（Learning）

経営チーム編成を終えた序盤では、チームのメンバーの人間関係はまだ熟していない。チームとしての経験値も低い。その結果、各々が持つ意思決定の判断基準は同一ではないし、リスクを共に取ろうという心理的準備も不十分であろう。しかし、経営チームとして稼働し始めると、時間と共に、相互理解や信頼感が深まり、経験値が高まり、一体化したチームとして意思決定の質が向上する。そして、変革のスピードと質がアップする。

⑦従業員エンゲージメント（EX）

経営チームによる意思決定は、従業員の協力によって実現されるのが基本である。自ずと、経営チームは、従業員との連携に腐心することになる。そのために経営チームは、従業員体験（EX）向上にコミットするだけではなく、自らの考えや行動を透明にすることによって、理解、共感、協力、連携を従業員から引き出すことが重要になる。経営チームは、決して閉じた組織であってはならないだけでなく、従業員との信頼関係を醸成するための手を持続的に打たねばならない。

上記の要件を満たそうとすれば、分業よりも協業、効率性よりも冗長性を優先する経営になっていく。つまり、無駄は悪ではなく善なのだ。その結果、変革を志向する経営チームとしての行動が観測されるようになる（コラム6参照）。

CEOは経営チームを組成し機能させることが役割

CEOのミッションは、経営チームを機能させることにほかならない。それは、自ら解決案を出し、意思決定を下し、経営陣に指示するのではなく、経営チームが変革に突き進めるように、経営チームをマネジメントすることである。つまり、経営チームの要件をできるだけ満たすようなチームの人選、風土作り、そして、学習と従業員との連携にコミットする。

ここで忘れてはならないのは、経営チームの世代交代もCEOの重要な仕事だということである。昨今、サクセッションプランとして真剣に取り組む企業が増えてきた。次代を担うメンバーを計画的に人選し、モニタリング、教育する。これは、経営チームメンバー各人が自分の後任を選ぶのではなく、全社視点で経営チームメンバーの要件に足る候補を探索するという準備作業である。

column 6 観測される経営チームの変革行動

経営陣がワンチーム化すると、次のような行動、姿勢が観測されるようになる

変革に対して如何に一枚岩か

- 会社の変革を目指したゴールイメージを共有化している（ビジョン共有）
- 既存事業の将来性に常に危機感を抱き、変革を自分の責任と捉えている（当事者意識）
- 妥協しないが、合意形成も早い（行動原理）
- 頻繁に顔を合わせ、綿密にコミュニケーションし、相互の信頼感を深めている（心理的安全性）
- お互いの取り組みや悩みを良く知っている（心理的安全性）

変革を如何に遂行しようとしているか

- 多角的な視点と高い情報感度により、斬新な対策を打ち出す（多様性）
- 既存のやり方とコンフリクトを起こすやり方でも選択できる（行動原理）
- リソースを出し惜しみせず、積極的に協業する（行動原理）
- 先が見えずリスクが高くても果敢に取り組む（行動原理）
- 「現場」を巻き込み、迅速に課題解決する（従業員エンゲージメント）

第2章

TOP INTERVIEW

オリンパス株式会社
取締役代表執行役社長兼CEO
竹内康雄氏
Yasuo Takeuchi

「トランスフォーム・オリンパス」を推進する強いマネジメントチームのあり方

聞き手
野村マネジメント・スクール学長
三浦智康

企業経営において平時のやり方をそのまま引きずると、有事はなかなかうまく回らない。

ＤＸ（デジタル・トランスフォーメーション）のように、現在、日本企業の中で課題になっている変革も、平時の取り組みというよりも、むしろ有事との共通点が多い。ＤＸに取り組んでもなかなか進まない企業が多いのも、従来の体制を引きずっていることが大きな原因になっているからではないだろうか。

そこで、企業変革を実施する際に、経営のやり方や体制を、平時に対してどう変えるのかという点に焦点を当て、12年前から経営に携わり２０１９年にＣＥＯに就任されたオリンパス株式会社 竹内康雄氏にお話をお伺いした。オリンパス株式会社は企業変革プラン「トランスフォーム・オリンパス」を発表して、グローバル・メドテックカンパニーへの歩みを進めている（図表２‐１）。まさに変革に取り組んでいる最中でその試行錯誤の過程も含めて明らかにしていきたい。

一体感がなかった企業文化

ＮＳＡＭ（以下太文字）：**今、新型コロナウイルスによって、個人の生活や企業経営が大変な影響を受けています。**

竹内社長（以下略）：私がコロナ禍で問題だと思うのは、感染しても症状がないまま、かなり多くの人が知らずに出歩いているというところですね。症状は出なくても、将来起こる状況に対して今やっておいた方が良いことは多々あるものです。発症すれば当然気づいて対応もするものですが、先々どうなるかなど分からないのに意思決定して行動につなげるとなると、難しいと思います。

まさに、コロナ禍は突如発現した有事でした。有事と平時は状況が全く異なるので、やり方をどう変えるかが重要となります。御社の企業変革プランも、これまでの延長上にない取り組みなので、有事と類似する点が多いのではと考えます。そこで、お伺いします。変革に取り組むにあたり、経営の体制ややり方をどのように変えていかれたのでしょうか。

私がずっと感じているのは、「従来から我々の会社が当たり前だと思っているやり方を続けていくわけにはいかない」ということです。変革は目的ではないのです。「世の中で何が起こっているかを機敏に捉えようとするのではなく、自分たちのやり方が一番いいと思い込んできたのではないか」という気づきがあったのがきっかけです。

なぜそのように思い始めたのかをお話します。当社は今年で創業１０２年になります。

図表**2-1** 変革の歩み

2011年	過去の損失計上の先送り発覚
2012年	新経営体制発足
	ソニー（株）との業務・資本提携
2018年	経営理念を改定
2019年	企業変革プラン「Transform Olympus」発表
	竹内康雄副社長兼CFOが社長就任
	指名委員会等設置会社へ移行
	外国人2名を社外取締役として招聘
	執行役メンバーを5人体制へ(外国人1名)
	経営戦略発表(営業利益率20%超を目標)
2020年	執行役5名のうち外国人2名に
2021年	映像事業の譲渡

オリンパス株式会社の業績推移（各年3月末、百万円）

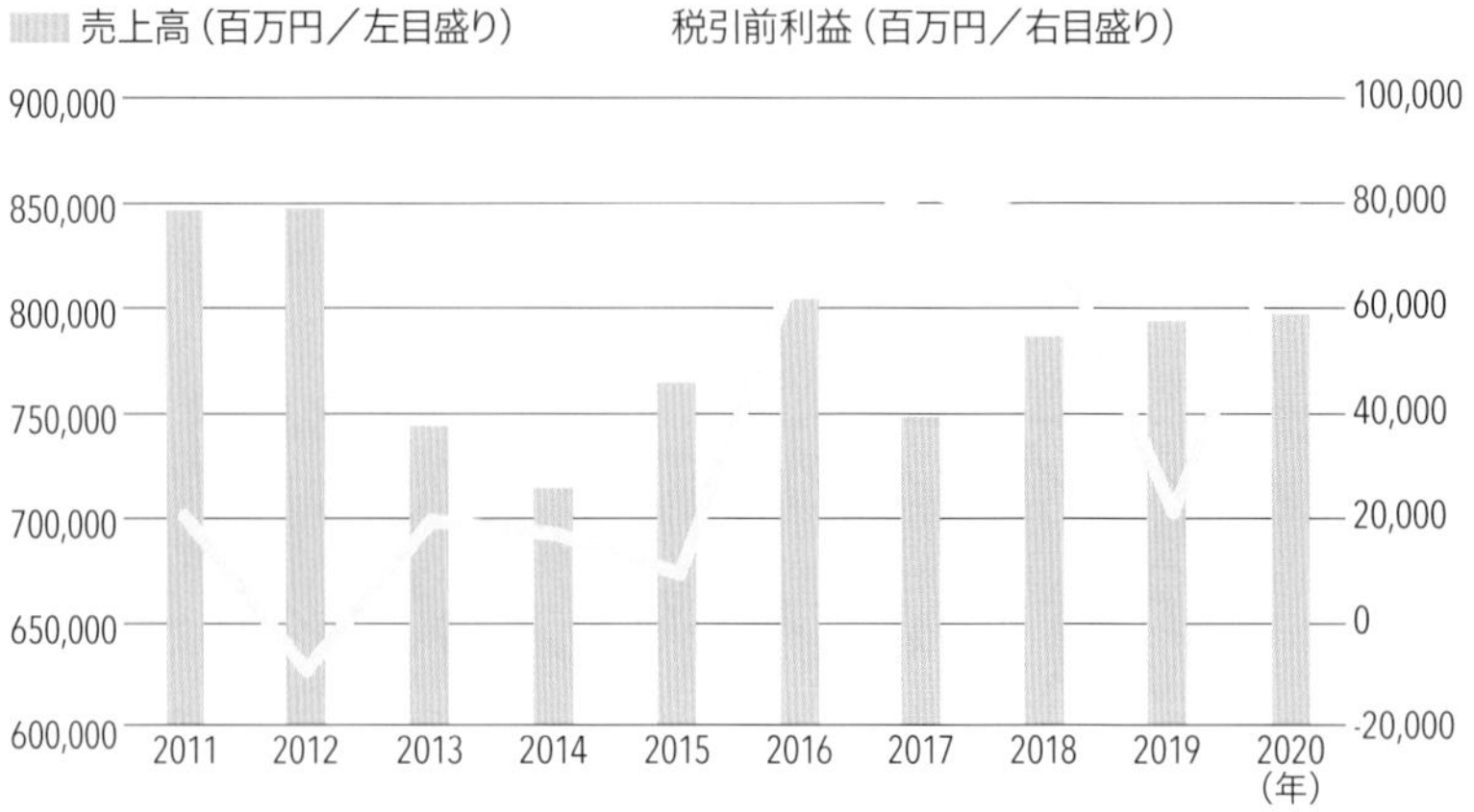

Yasuo Takeuchi

1957年東京都生まれ、1980年中央大学商学部卒業、同年オリンパス光学工業株式会社（現オリンパス株式会社）入社、経理、経営企画、医療、ライフサイエンスの業務を経験。また通算16年に及ぶ海外駐在を経験。2009年4月Olympus Europa Holding GmbH取締役に就任、同年6月執行役員に就任、2011年10月Olympus Europa Holding GmbH取締役会長に就任、2012年4月取締役専務執行役員、グループ経営統括室長、Olympus Corporation of the Americas取締役会長、Olympus Corporation of Asia Pacific Limited董事に就任、2016年4月副社長執行役員、チーフファイナンシャルオフィサー（CFO）、地域統括会社統括役員に就任。2019年より現職。

創業者・山下長は東大の法学部を卒業した後、明治の元勲松方正義さんのご子息が経営する貿易会社に勤めました。山下は業務で東南アジアを訪れた際、大学在学中に親しくしていた知人らが製作した顕微鏡をオランダ人医師に見せたそうです。そこで、外国製品に比べ、国内顕微鏡の性能が及ばないことを痛感しました。一方、細菌学を研究する当時の学者は、高価な輸入品に頼らざるを得ない状況でした。そこで、山下はオリンパスの前身である高千穂製作所を創業して、「外国に劣らぬ国産品を作りたい」「外国の模倣でなく、何か独自のものを」と顕微鏡を作る会社を設立することになったのです。さらに、「日本人医師や研究者にはもっと安価な顕微鏡が必要」という販売代理店からの意見も踏まえ、畑違いの法学士が中心となってチーム一丸で顕微鏡づくりに励んだそうです。

以来、当社は光学系、精密系の技術を前提とした会社になっていきます。具体的ニーズに対して具体的なソリューションを提供したいとスタートした当初の思いがいまだに根強く、非常に技術オリエンテッドでプロダクトオリエンテッドです。顕微鏡事業にせよ、カメラ事業にせよ、内視鏡事業にせよ、分野は関係なく、困っていることに対して技術がどう解決法を提供できるかになります。技術面を除けば全く違う領域や文化で、プロダクトアウトです。

ですから、各事業としての戦略、ビジョンはありますが、会社としてのビジョンはありませんでした。言葉を選ばずにいうと、たまたま、環境条件が揃って成功した3つの事業以外は何一つ収益事業化されていない。これまで、3事業を旗艦にして、これらを膨らませる努力をしてきました。例えば、顕微鏡事業は、元々生物化学的な製品が主体でしたが、その技術を応用して半導体の検査装置向け等の工業用顕微鏡に派生しました。内視鏡事業においても、元々は消化管診断用途のものを応用してジェットエンジン内部の検査等を用途とした工業用内視鏡を生んでいます。

そうなると、結局、サイロを作りやすい体質になります。隣の事業が何をやっているのか、全く関知していない。コーポレート、本社部門は、事業の内容を充分に理解していない。したがって会社としてのアイデンティティができにくいのです。

統一感がなかった マネジメントシステム

それでも、御社のグローバル化は、全社的にはまとまって進んでいるように見受けられますが。

日本の時代背景として、外貨を得るために貿易を増やすという高度成長時代を過ごしてきました。カメラも顕微鏡も内視鏡も、早い時期から輸出をしていました。自前では難しいので、基本的には代理店経由です。1960年代から直接投資して子会社を設立するという方式を始めたので、純日本的なメーカーとしては早かったのだと思います。

チャネルが自前なので、顕微鏡にしても内視鏡にしても、顧客のことを把握できます。どの顧客が、どの病気を治すために、どんな製品が必要かを把握した上で作る事業になるので、どこの顧客に行けばよいかが分かります。これはマスマーケティングではありません。事業として顧客密着型ですから、現地の経営は基本的に100%現地に任せます。当社のグローバリゼーションは現地化だったと言え、その経営手法がこれまでの成長の原動力であったことは確かです。

ただ、その結果として、進出した国ごとにマネジメントシステムが個別に存在するようになってしまいました。

それに加えて、本社のやり方もとても歯痒いものでした。私は、80年に入社して82年にアメリカに行きました。駐在員として現地法人の年間事業計画を作成したところ、本社から「現地の市場環境が変わろうとも、本社から製品を買い入れると決まっているのだから、買え！」と強く言われたことがあります。単体決算ということもあり、本社の天動説で動いている傾向が強かったのです。こういうところは中々変わりません。それもあって、私自身、変革志向を早い時期から持っていたのです。その後も、たまたま海外勤務が多く、海外から日本の経営のやり方を見て、客観的に物ごとを捉える経験をたくさんしてきました。その中で、この会社が本来持っているポテンシャルを自らうずめてしまっているという課題認識を持ち続けてきました。

変革のバイブルとなった「設計図」

時間を掛けて御社に定着してきたマネジメントスタイルを、いったい、どのようにして変革しようということになったのでしょうか。

結果的には非常に大きかったのが、10年ほど前にあった不祥事です。そのとき、私は海外にいましたが、再建のために本社へ呼び戻されました。経営陣は総入れ替えとなり、「さて、どうする？」と。利益代表者会議だった役員会議は、少し危機感がある形になります。そうは言っても、やはり分散型でサイロが強い。ガバナンスは弱いし、役員会議をやっていても、会社としての方向性を皆が同じように持っているわけではない。その頃、私は、CFO的な立場でCEOを支え、かつ海外子会社全体の統括担当だったので、全社的な企画のトップとして将来に対する設計図をCEOと共に書き始めました。その際、一番最初に私が重要だと思ったのは、ダイバーシティ（多様性）です。要するに、リアリティを物理的に感じさせなければいけないという観点でしょうか。そのためには、「世の中にはこういうことがある」というのを自分ゴトとして捉えることができなければいけません。

よく「危機感が足りないから、危機感を醸成する」と言います。しかし、危機感は「持ちなさい」「はい、分かりました」というように簡単には持てません。危機感は、極端に言えば、崖っぷちに立たされないと持てないものだろうなと思うのです。それと同様に、マネジメントでもリアリティを感じさせるようにしようとして、20年以上前から、私はいわゆるジョブ制度という人事制度を日本でもやるべきだと言ってきました。周りからは、ほとんど相手にはされませんでしたが。

当スクール学長三浦智康

それで、実は一昨年の4月から、一応、職能制から職務制に変えました。「一応」と申し上げたのは、職務制の精神が浸透し本当のジョブ・オリエンテッドの運用が定着するには時間がかかるからです。また、経営執行力とコーポレートガバナンス強化のため取締役会の型を従来の監査役会型から指名委員会型に変えた取り組みもあります。既に当社の取締役メンバーは社外が大半を占める構成でしたが、全員日本人だったこともありダイバーシティを高め広く知見を入れることが狙いです。加えて、事業を大きく伸ばすために、競争原理との親和性を考えて、ヘッドクォーターの一部をアメリカに移すことも取り組みました。我々が設計図に書いたことを一気にやり始めて2年ぐらいが経ち、トランスフォーメーションに対する拒絶反応はだいぶ減ってきているように思います。

サイロ化した文化を克服し、会社としてのビジョンを持ち、協力し合うことで会社のポテンシャルを引き出すというお話がありました。しかし、多様化を進めると、確かに異能は手に入りますが、価値観がバラバラになりやすい。かえって遠心力が働き、分散化が進む恐れがあります。

そこを一番意識して、ダイバーシティと申し上げているのです。リアリティのレベルを高めるために、職務制に変えてジョブ・オリエンテッドにしました。それによって、横並び意識で出世を同期と比べる日本の伝統的なやり方ではなく、その仕事に本当に一番相応しい人を選ぶ方法を導入したかった。私が務めるCEOをはじめ執行役ポジションの適性は毎年指名委員会で議論します。「彼、一生懸命にやっているから、そろそろポジションを上げてあげないと」という甘いことを言っている場合ではない、ということを実践したかった。こうして、社員の危機感やリアリティが高まれば、たとえ分散化しても、求心力を作りやすくなると考えます。

加えて、最近、会社のパーパスが重要だと言われていますが、この会社にはビジョン、「ノーススター」（北極星）が浸透していないと認識していたので、トランスフォームを始めるにあたり、その前に経営理念を変えたのです。それまでは、皆さん一生懸命に自分の仕事だけを頑張ってくださいという感じが強かったので、まず我々は何を目指すべきなのかというパーパスを明確にしたかった。それは、単に言葉にして終わりではなく、何をするかまで落とし込んでいます。それによって、事業領域を絞るというよりは、何で貢献し、何で価値を出し、何が弊害になるかを考えやすくなります。経営理念にあるパーパスを実現する上で、どういうリスクがあるかというリスク認識が深まり、色々な見方ができるようになり、成功確率が高まります。誰しも10年以上先のことは分かりませんが、目的が曖昧では押さえるべきことが分からないものになってしまいます。

もう一つ、注目すべき多様化の取り組みに、取締役会の改革があります。2名の外国人(注1)を社外取締役として迎え入れたら、取締役会が活性化したとお伺いしました。具体的にどのような効果だったのでしょうか。

ここは、正しく理解していただくのが非常に難しいと思うところです。

10年前の不祥事で、形やスピリットが変わった取締役会が組成され、社外取締役を過半数にしたのがスタートです。例えば、2016年に高い目標値を持つ中期計画を作りましたが、達成できなかったとき、「なぜ達成できていないのか。ならばどうしていくのか」というそれまでにないような戦略討議が起こ

企画のトップとして将来の設計図を書いた。
初期段階から重視していたのは「多様性」。

ります。しかし、多様性を重視して社外取締役を過半数にしたもの、[注2]似通った議論に留まります。民族的な意味だけではなく、日本企業に入ると皆さん経験値的に似通ってしまうのかもしれません。また、我々はグローバル・メドテックカンパニーになろうとしてきましたが、社外取締役でメドテックのビジネスを分かっている人は誰一人いないわけです。

　つまり、そもそも社外取締役の候補となる人が少ないことが問題でした。専門性が異なるので4番打者が必ずしもいい監督になれないのと同様に、優秀な経営者が優秀な社外取締役になれるとは限らない。私は、取締役会の実効性評価をしながら、ダイバーシティという課題、女性や外国人の登用という課題、当社の売上の8割が海外ビジネスという課題を踏まえ、取締役会をどうするか悩みました。そんな中、当時CFOだった私は、当社に投資していたバリューアクト社と、前面に立って対話を重ねるようになりました。すると彼らの投資家目線での戦略的な分析能力や、グローバルビジネスでの広い知見を目の当たりにし、「これ、いいな」と心から思うようになり、彼らから取締役を派遣する申し出があったとき、断ることもできましたが、むしろ「ぜひ、来てほしい」と考えていました。

　ただ、執行の経営陣は、経験したことがない事態に、どう受け止めたらいいか混乱があったことは確かです。取締役会の方でも「取締役会をどう運営するのか?」「投資家を迎え入れて、インサイダーをどうするのか?」といった議論がありました。「ここにない彼らの視点を入れたい」と言って、難しいながらも契約で押さえることとなりました。

　私は、ちょうどそのタイミングでCEOになります。まず、社内の取締役の数を少し減らした上で、執行代表取締役の立場から取締役会のメンバーに申し上げました。「皆さんは、社外取締役としての経験が豊富な人ばかりではない。だから、この会社を経営執行している感覚で取締役を果たそうとする人が少なからずいる。それは、モニタリングボードとしてのガバナンスではなく執行マインドです」と。自分の経験から、自分が一番苦労して、自分が一番得意な視点で意見を言うのでは、間尺に合わないところがたくさん出てきます。その点がプロフェッショナルではないと、私は常に思っていました。

ところが、バリューアクト社は違ったと。

　バリューアクトのロバート・ヘイル氏は、若いのにすごくバランスが良い。考えがすごく深く広く、ダイバーシティを広めるにはもってこいで、とても頼りになります。初めは色々と懸念はありましたが、入ってみれば、皆、彼のことを一目も、二目も、置くわけです。ガバナンス視点で、ピンポイントにいい点を突いてくれます。他の人が経験値で重要と思っていることも関係ありません。彼は、彼の視点でガバナンスしているだけなのでしょうが、皆は影響を受ける。今は、取締役会自体が非常に活性化していると思います。

　グローバル・メドテックカンパニーを目指す当社としては、もっと取締役会も執行役もダイバーシティを高めたいと思います。たとえ遠心力が働くリスクがあるとしても、逆に私としてはチームワークをまとめやすい。

経営陣のワンチーム化

取締役会を多様化されてきた経緯が良く分かりました。それでは、もう一方の執行サイドの経営陣についてはいかがでしょうか。

　私は、10年ほど前に日本に戻りました。その前の3年間はヨーロッパに、更にその前に通算約13年間を米国で勤務していました。アメリカ時代は、「米国=グローバルの中心」という感覚でしたが、ヨーロッパに行ってみるとアメリカ人とは全然違う戦略性を持つ国民の集まりでした。そして、社内にはすごく優秀な人が多いと感じました。変に親会社が差配していると、優秀な人が寄り付きません。まさに、国別に分権経営を進めてきた結果で

【注】

1）
バリューアクト・キャピタル・マネジメント社（VAC：2018年当初、オリンパス株式約5%を保有していたアクティビストファンド）のデイビッド・ロバート・ヘイル氏、2019年当時VACのアドバイザーだったジミー・シー・ビーズリー氏

2）
12名の取締役のうち9名が社外取締役（2021年3月現在）

す。自主・自律的な精神が至る所にあって、たくさんの優秀な仲間が既にヨーロッパにいる。自分としては、熱い思いが押し上げてきて、不祥事が起きるずっと前から、次第に「よし、やろう!」というふうになりました。

今、執行役は5人です。そのうち外国人は2人。その2人とは、ヨーロッパにいたときからずっと対話を重ねてきました。「このままではあかん」と。そして、私がCEOになったときに、「私を支える」という掛け声で来てくれました。それが一番大きかったです。一部のメンバーは日本に移住してまでチームとして改革を引っ張ってくれるようになりました。先ほど申し上げましたように、かつての経営会議は利益代表者会議でした。自分の担当範囲をしっかりと保全した上で「ああだ、こうだ」と言うから、全く迫力がないし、興味も持てませんでした。

自分の管轄外だと責任を取りようがないので、口出しし難いという事情もあります。

そうです。だから、ずっと早くから思っていたことがあります。会社を変革するためには、まず中心となるマネジメントが本当に一枚岩でなければならない。さもないと、分散が大きくなり過ぎて、想いが同じサウンドで社内に広がっていきません。そこがブレないようにするには、人員構成と人選が重要だということです。

執行役は5人。一枚岩のマネジメントチームにするには、人員構成と人選が重要

ただ、CEOになったからといって、今までいた人をガラっと変えるわけにはいきません。かつては、14名以上から構成される経営執行会議がありました。それを、2019年には、5名の執行役で意思決定する体制へと変更し、2020年には、2名の外国人を含む5名の執行役にしました。自分で言うのもなんですけど、色々と格闘しながら前進して、一枚岩の状態にだいぶ近づいていると思います。

ハーバードの先生のご指摘の中に、執行サイドの経営陣は、チームとして協力する関係であるにもかかわらず、シェアしている時間があまりにも少ないというのがあります。経営陣が時間を共にすることに関して、何か工夫をされていますか。

当社には、トランスフォーメーションのイニシアティブがものすごい数ありますが、機能同士が連携しないと進まないものばかりです。その機能同士の担当者が直接侃々諤々やると、サイロがまだ残っているので揉めます。そこで、必ず上の階層から指示を下ろし、整合しています。つまり、執行役同士が手を握るのです。特に、テクノロジーの部署とビジネスの部署は、毎日やっていると思います。ビジネス、テクノロジーのほかに財務部門も関わりますから、自ずと接点は時間的に多くなります。

経営陣が一枚岩のチームかどうかは、大き

なリスクに直面したときに試されます。一緒にリスクを取るには、相互の「信頼関係」と、直面する困難を自分ゴトとして捉える「当事者意識」が要件として欠かせません。役員同士が連携する機会が多いということは、そのような要件を固めることに大変効果があると思いました。

自分自身の経験をお話しします。2000年に、2度目のアメリカ駐在からに戻ってきたとき、当時流行っていた「Eコマースをなんとかしろ」という指示が経営のトップから出ました。しかし、医療部門はEコマースなんて全然関係ないと言うし、カメラ事業は大手流通を差し置いてできないと言う。私は、会社に必要なのはEコマースではなく、業務改革と意識改革だと感じ、そう提案しました。すると今度は、業務改革に取り組むように指示が出ました。当時の経営層は、私にアサインした仕事は自分自身の問題とは全く思っていないように感じていました。経営者が参画しない改革など有り得ません。そういういくつかの経験は、今の自分にとって、すごく深い意味を持っています。

経営陣のサクセッションプランは内部人材を優先に

これまでご苦労されて作り上げたチームである経営陣ですが、次の世代のサクセッションプランに関するお考えをお聞かせください。

本当の意味でのサクセッションプランは、私がCEOになってからやり始めたので、まだ2年です。それまでは、人事制度自体横並びで、日本的な人事制度でした。生え抜きを中心に、「この人をどうする」「このポジションとこの人、どう結びつける」と、人をポジションに張り付けるマッピングでした。でも、欧米の企業が普通にやっているように、CEO筆頭に今や完全なポジション・オリエンテッドです。つまり、このポジションには、どんなスキルと経験が求められ、アカデミックの観点からはどうかとチェックするサクセションプランです。

人事制度をグローバルに標準化するのは、取り組み途中で、まだグレーディングやタイトルをやっと合わせられるくらいのところです。それぞれの国に、それなりのサクセッションプランがあり、そのグローバル版を作り運用を開始したところです。

それでは、次の経営陣の候補者は、どのように人選していくのでしょうか。

既に、5人の執行役を中心にしたサクセッションプランはあります。それを、次のエグゼクティブVP、エグゼクティブシニアVPに広げていかないといけません。この5人のサクセッションプランでいうと、コンサルティング会社を入れて、ポジション・オリエンテッドでクライテリアを明確にし、今いる人たちをマッピングして、360度評価して、アセスメントして、即座にリプレイス可能か、あるいはどれぐらい経験すればリプレイス可能かなどと三段階ぐらいに分けて評価をしています。ポジションによって候補者の人数は異なりますが、大体5人から10人ぐらい。インターナショナルに実施しているので、候補者には色々な国の人が入っています。原則、社内にいる人から人選するという前提です。人事評価のプロセスは、基本的に定期的な業務に落とし込んでいます。

社外取締役を多様化するために、外部の人材を引っ張って来られましたが、執行ラインでも外部の人材を引っ張る選択肢があります。それについては、いかがでしょうか。

社内に優秀な人材がたくさんいるので、グループの中で重要なポジションに合う人がいれば、私はそれを最優先にしたい。5人の執行役を選んだ私のロジックもそこです。元々何年も前からチーム意識があって現在つながっている面もありますが、執行役にエキスパティーズがあり、明確な役割を果たせるということが大事です。ただ、それでもいなければ、外から雇います。実は、今の当社のCF

Oは、ある製薬会社から2020年4月に来てもらいました。

ちなみに、最近力を入れているM&Aでは、5人の執行役が全員同じようにM&Aに対する経験や知識があって、適正な判断ができるかというと、答えはNOです。人によって、幅広く経験をしている人もいるし、M&Aの実務経験がない人もいます。経験がない人に判断をしろと言っても無理というものです。その時々で求められることは数多あるので、その時々で勉強してもらいます。全てを経験して経営者になる人は、恐らく一人もいません。でも、実際に意思決定と実行を任されるということは、それこそ何が起こるか分からないので、一生勉強だと思います。海外の地域のトップも「今度、こういう勉強して、こういう学校に行きたいから、2万ドルください」と言ってしばしばやって来ます。特に海外の方は、勉強や自分を高めることにとても貪欲です。

それからもう一つ、日本の企業として重要だと思うのは、日本語ができない人が参加する会議なら英語でやるということ。私が社長になってからは、経営執行会議は英語でやります。どんなに地頭が良くても、コミュニケーションを直に取れないというのはダメです。チームスピリットを作るのに不可欠だからです。通訳を介したコミュニケーションでは意思の疎通は充分に図れません。したがって、役員には英語によるコミュニケーション能力も必要です。

今後の課題は従業員の改革マインド醸成

次の成長戦略を見据えたとき、どんな打ち手が必要だと考えているのでしょうか。

従業員に改革マインドを持ってもらうことです。例えば、ハイパフォーマンスの文化に変えようとする意識を持ち、変革を自分ゴトと捉えてもらうことなのですが、これが非常に難しい。組織の下の方に行けば行くほど、目の前のことは自分自身のことなので自分ゴトになりますが、それ以外は自分ゴトと捉えにくい。ましてや経営者が話す色々なメッセージが、ビデオやメールで来たとしても、「そうだな」と自分ゴトとして捉えるというのは非常に難しいものです。

それを克服するには、カスケードダウン（階段状に下ろしていく）しかありません。その人たちがリアリティを持って信じられるのは、自分の上長までだと思うのです。更にその上に行くと、もう自分の手が届かない感覚になってしまいます。

執行役を5人に決めたのは、チームとして活動する上で一枚岩になるのが目的です。トランスフォーメーションは、平時ではなく有事の対応なので、チームワークがしっかりしていなければ成功するわけがない。ここがグラグラしていたらダメなのです。それで今度は、その5人の執行役から、どう下に広げていくかということになります。

そして、私がいま取り組んでいるのは、当社を将来的にサステナブルな企業にするためのプロセスだと捉えています。本当にリーディング・グローバルメドテックになっていくと、リーディング・グローバルメドテックとしてのストラクチャーが必要になります。

それは、今、私がやっている変革プロセスそのものではなくて、そこから生み出され、そこからつながっていく次の姿だと思うのです。そこに向けて、組織全体の意識を高めるということにこれから力を入れていきたいと考えています。これは今までもやってきましたが、なかなか難しいところです。そこが一枚岩になると、組織は強くなる。これはいわゆる風通しが良いっていうのでしょうか、忖度のなく、言いたいことを言える、したがって、パフォーマンスも上がる、ベースができる、ということかと思います。

本日は、ありがとうございました。

第3章

変革に取り組む経営チーム

企業が「何を変革すべきか、どのように変革すべきか」として10のテーマを設定した。すなわち日本企業にとって重要と考えられる10のテーマに対して、何をどう実践するかについて考えていく。

各テーマは、ショートエッセイと専門家インタビューで構成されている。インタビューには野村マネジメント・スクールの各講座を担当している講師の方々に登場していただいた。彼らには、ご自身の専門領域のイシューについて、経営チームによるアプローチを含め自由に語っていただいた。ショートエッセイは、日本の状況を踏まえた導入であり、インタビューを補完する役割も意図している。第5節を除き野村マネジメント・スクールのスタッフが執筆した。

マクロ経営環境変化 1

INTERVIEW

民主主義システムを支援するために企業経営者は行動を

Withクライシス、Afterクライシスへ対応する

ハーバード・ビジネス・スクール教授
デビッド・モス
David A. Moss

新型コロナウイルス感染拡大と感染防止のための経済抑制（経済活動の抑制、外出自粛、休業要請）がもたらした経済危機は、世界が経験した1930年代の大恐慌、2008年～2009年のリーマンショックとは根本的に異なっている。新型コロナウイルスの感染を防止するには人との接触を避け、都市の封鎖、移動・外出の規制、飲食店等の休業規制を一定期間行う必要があり、経済的には、総供給の抑制および需要の縮小を人為的に引き起こすことになる。また、国民の生命や安全を保障するには、一国全体の経営資源を公衆衛生、医療供給体制、医薬品・器具・機器の増産に振り向ける必要が出てくる。

コロナ禍の経済危機を中心にHBSのデビッド・モス教授にインタビューを行った。インタビューでは、①コロナ禍の経済危機と過去の大恐慌との比較、②国別の経済パフォーマンスの違い、③今後のシナリオに加えて、④民主主義の今後について、あわせてお話をお伺いした。企業経営者への示唆としては、測定可能なリスク（経済成長や金融市場等）よりも政治システムの不安定化等不確実性への対応力を高めておく必要があるということであった。また、民主主義、国際貿易体制、繁栄の配当の共有などの世界的に重要な課題について、単にその制度を利用し、ただ乗りするのではなく、支援し、進歩させることに協力すべきであると強調されていた。

コロナ危機の経済インパクト、過去の経済危機との比較

NSAM（以下太文字）：今回のコロナ危機がもたらす経済危機はどのようなプロセスを経て、経済全体に影響を与えているでしょうか？　大恐慌など過去の経済危機とどのような点が異なるのでしょうか。

モス教授（以下略）：今回のコロナ禍による経済危機は大恐慌とは全く異なります。しかし、それでもなお非常に危険であり、我々が注意しないと、それは大恐慌（のような長期間の不況）に移行する可能性があります。

❶過去の大恐慌の要因と対応策

初めに歴史から始めましょう。大恐慌の標準（決して普遍的ではない）の見解は、それが悲観的な将来見通しに根ざした需要側の危機であったということです。何らかの理由で、人々は経済について悲観的になりました。その結果、消費を縮小し、全体の需要が少なくなり、企業の業務の縮小につながりました。

> 大恐慌とは全く要因が異なり、収束すれば経済は急回復するが、長期化すれば、大恐慌のように非常に危険になる
> ――モス教授

この結果、解雇者数の増加と結果としての失業率の上昇を招き、人々の否定的な見通しをさらに悪化させ、消費者は消費を縮小し、企業は生産をさらに縮小しました。このようにして、経済はスパイラル的に下降していきました。これはご存知のように古典的な需要（不足）に起因した経済の収縮です。

英国の経済学者、ジョン・メイナード・ケインズは、必要なのは今後の需要が大きいという説得力のあるシグナルであると指摘しました。政府は多額の財政支出を通じてこれを達成できます。政府の財政赤字が刺激策となり、人々は期待を上方修正し、ひいては下降する経済スパイラルを上向きの経済スパイラルに変えるという考え方でした。

そして、実際には、第二次世界大戦に起因する巨額の赤字支出は、多くの国で不況を終わらせたようです。したがって、この理論によると、将来に対するマイナスの経済的期待（需要不足）は、大恐慌の中核要因でした。

❷コロナ禍による経済危機

COVID-19関連の経済危機は全く異なります。ここでの主な要因は、負の経済的期待ではなく、むしろウイルスへの恐怖とそれと関連するソーシャルディスタンス規制およびロックダウン措置です。

消費者は、店やレストランに通うのを恐れたり制限されたりしたため、消費支出を減少させました。したがって、すべての国で需要は収縮しましたが、消費者は心理的（に負の期待を抱くの）ではなく、物理的に行動を制限されていたからです。同時に、全員ではないが、多くの産業の労働者は、家を出ることができず、出勤を制限され、供給の同時収縮を招きました。

このため、労働者が出勤できなかったり、感染を恐れて、出勤を控えたことによる供給側の危機と消費抑制による需要側の危機が同時に発生しました。その要因は、移動などの物理的な制約、すなわちウイルス感染を防止するために必要なソーシャルディスタンス規制とロックダウン措置でした。ケインズの描く不況では将来に対する負の期待が原因でした。期待という面では、今回は物理的な移動制約が大きいため、ロックダウン措置が緩和されると、経済状況は比較的早く改善しました。

では、なぜケインズ型不況と今回のコロナ禍の経済危機との違いをみておくことが重要なのでしょうか？　診断を正しく行うのは、なぜ必要なのでしょうか？

その理由は、今回の経済危機が、買い物や仕事に関する物理的な経済活動の制限から生まれたため、ワクチンが配備され、誰もが再び外出しても安全だと感じたら、経済は非常に急速に反転すると想定されるからです（そして多分そうなるべき）。ケインズ型不況は悲観的見通しからもたらされる需要サイドの危機で、人々の期待は簡単には変えられません。そこでケインズが主張するように財政赤字によって、回復をはかる必要があります。今回は外出の抑制がなくなれば、需要と供給は回復するだろうと想定されます。

しかし、落とし穴があります。注意しなければ、この異常なパンデミックによ

David A. Moss

現職：ハーバード・ビジネス・スクール教授

専門分野：政府、国際経済などマクロ環境と経営戦略（BGIE）

業績：1992年イェール大学で博士号を取得、1998年7月からハーバード・ビジネス・スクールで教鞭をとる。モス教授の初期の研究は、経済政策、特にリスクマネージャーとしての政府の役割に焦点を当て、著作を発表。その後、モス教授は、政府の規制、経済的不平等、民主的ガバナンスに関する課題に焦点を当てて、研究を遂行するとともに、ハーバード大学などでも民主主義に関するケース授業を実施している。主な受賞歴は、ロバート・F・グリーンヒル賞、米国破産法ジャーナルの編集者賞、ハーバード・ビジネス・スクールでの優れた教育に与えられる学生協会教員賞（10回）など。

著作：『民の試みが失敗に帰したとき』（野村総合研究所出版、2003年）『世界のエリートが学ぶマクロ経済入門』（日本経済新聞出版社、2016年）*Democracy: A Case Study*（Belknap Press、2017年）

野村マネジメント・スクールでの担当講座

「トップのための経営戦略講座」および「女性リーダーのための経営戦略講座」において「マクロ経営環境論」のモジュールを担当。

る危機は、大恐慌のようなより標準的な需要側の危機を引き起こす可能性があります。

このような不況の推移が生じるには、いくつかの経路があります（図表３－１－１参照）。労働者が職を失い、企業が一時的に閉鎖を余儀なくされる中で、経済が減速するにつれて、長期的な経済悲観論が根付く可能性があります。さらに、さまざまな債務者が債務不履行となり、金融危機を引き起こし、ひいてはさらに深い経済的悲観論に陥る可能性があります。だから、我々が注意しなければ、現在の危機は大恐慌のように、はるかに長期間の不況に陥る可能性があります。

だからこそ、個人と企業の両方でパンデミックによって、最も大きな打撃を受けた人々や企業に、確実に支払いができるように、人道的見地およびマクロ経済的見地から幅広い救済（relief）を提供することが不可欠です。また、金融システムに対して、可能な限り流動性と安定を保つためには、中央銀行からの巨額の流動性の供給も不可欠です。今までのところ多くの国で中央銀行は流動性の供給を行い、さらに積極的な財政支援を行っています。それ以上に、深刻な需要側の低迷の兆しが見え始めた場合、例えば、ワクチン接種が開始され、需要の急回復が期待されるのに、急回復が生じず、将来に対する期待が悪化した場合などは、直ちに新たな財政刺激策を導入できるように準備しておく必要があります。

この時点で、私の大きな経済政策に関する懸念の一つは、政策の疲労（policy fatigue）です。政策立案者は、多くの国で異例の長期間にわたり、非常に多くのことを行い、今は疲れています。そして、この政策の疲労は、非常に危険です。政策担当者が最終局面で油断すれば悲惨な事態を招くことになります。それは深刻だが一時的な危機がはるかに長期間の危機に変わる可能性を示しています。

私たち全員がこのような事態（大不況への移行）を避けることができ、V字あるいはU字回復という私が描いたはるかに好ましいシナリオ（ワクチン開発後の急速回復シナリオ）が勝つことを願いましょう。

昨年、財政政策は経済回復のために収束時期を見極めて行うべきであると主張されていたかと思います。今回モス教授がおっしゃった財政政策の主要な目標は実際の消費不足ではなく、心理的な面の回復を支援するものでしょうか？

基本的には救済（relief）と刺激（stimulus）を区別しています。２０２０年12月、上院で９０００億ドルの政策パッケージが成立しました。政策上は刺激と呼んでいますが、古典的には刺激ではありません。実際は救済です。感染拡大中では、人々は外出してさらに支出を増やすことはできません。この状況下で、人々は職を失い、住宅ローンなどの支払いができなくなり、立ち退き処分になるのを防ぐには、救済が必要です。パンデミックの期間

図表3-1-1　金融危機　範囲と順番

	金融危機（フェーズ1）	金融危機（フェーズ2）	経済危機
従来の金融・経済危機	● 部分的な市場の混乱（一部のアセットクラス、市場、産業セクター） 例：サブプライム危機	● 高レバレッジの（金融）機関がショックに由来する損失での経営危機により市場全体のパニック売りが生じる	● 金融収縮と危機の認識が急激な需要収縮を誘発 ● 需要縮小のスパイラル化 ● GDPの減少、失業率の上昇
コロナ危機（健康上の危機）	● 健康上の危機が大きな打撃（通常のフェーズ1ショックより甚大） ● 既に大きな経済的縮小を招いている	● 金融機関（投資家含む）は自社のリスクを認識して、（市場での）パニック売りが生じる ● 金融（機関）の混乱は経済全般に行き渡っていく。（デフォルト増加）	● 実態経済は既に健康上の危機により縮小している。（供給・需要サイド） ● 健康上の危機が収束後、大きな需要サイドの問題が生じてくる

は債権者と債務者の関係（支払い）を凍結するなどです。

それでは今回の危機では、救済と刺激が必要なわけですね。日本政府は一人当たり10万円を配布しました。この施策は救済です。ただそれより巨額な刺激策は国民に支持されるでしょうか？

救済より刺激策の方が巨額かどうかは分かりません。しかし、刺激策は信頼できるシグナルであることが重要です。この刺激策は人々に直接現金を配るのではなく、インフラ投資となるでしょう。現時点では、救済が急務です。収束後には急回復し、刺激策があえて必要がないことを期待しますが、政府財政面でもその方が望ましいです。もし、収束後にも不況に陥れば、政府債務がさらに大幅に増加することになるからです。

COVID-19危機が各国経済に与える影響の違い

コロナ禍の経済危機の深刻さは、アメリカ、中国、ヨーロッパ、日本などで異なっているようです。この違いはどのような要因によるものでしょうか？　これらの国々が採用した対策の違いは？

各国の成長率の違いを説明する際に、まずベースラインから始め、政策の違いを見てみましょう。しかし、実際は非常に多くの異なる変数が影響していて、正確な予測は難しいです。

最初に、2019年のGDP成長率から5%を差し引きます。これだけで2020年のGDP成長率の最良ケースの見通しとなります。この（単純な引き算で）すべてを説明するわけではありませんが、近似にはなり得ます。米国、日本、中国は差として約1%以内に入るでしょう。中国、米国はやや上向き、日本はやや悪化傾向でしょうか。ユーロ圏では、5%ルールが予測するよりもさらに下落することになるでしょう。

次に国別の政策対応を見てみましょう。まず、当初の各国の公衆衛生上の対応速度（当局がどれだけ速く動いたか）と徹底度（どの程度徹底的にロックダウンを行ったか、どのくらいの期間か）によります。中国は当初数週間は対応が遅れましたが、その後は極めて積極的にロックダウン措置を行いました。公衆衛生面で迅速かつ決定的に動いた国々は、特に経済的に大きな縮小を避けることができました。一方、米国やヨーロッパの対応はかなり遅く、経済パフォーマンスにも大きな違いを生じました。

第二にマクロ経済の対応（財政政策と金融政策をどの規模まで行ったか）を注目しましょう。財政政策では米国と日本が巨額で、ヨーロッパが相対的に規模は小さかったです。さらに中国も財政規模は相対的に小さいですが、必要性も少なかったのでしょう。金融政策は各国とも極めて積極的に流動性を供給しました。

財政赤字は、ユーロ圏のGDP比約9%に対し、米国ではGDP比約15%となっています。これでは、経済効果も異なってくることになります。皮肉なことに、米国のような公衆衛生面ではあまり徹底的ではなかった国は、消費や労働を妨げられた人が少なかったため、短期的には、経済の縮小がいくらか小さかったと言えます。しかし、もちろん、米国では、非常に高い感染率と死亡率を記録しています。

まとめると、各国の成長率の違いを説明する際に、まずベースラインから始め5%成長率を差し引きます。その後、政策の違いを見てみる必要があります。

結局のところ、各国でパンデミックの間にGDPがどれだけ下落したかよりも、パンデミック後にどれだけの速度で回復するかの方がはるかに重要であると私は考えています。

パンデミック中の経済状況と収束後の経済の回復は関連していると思います。パンデミック中の短期的な経済的損害を効果的に封じ込められなければ、一時的な景気後退をより長期的な不況に変える可能性があります。米

> 諸外国の経済成長率は、コロナ禍以前の経済状況に着目し、そこから5%差し引いた程度となろう
> ――モス教授

国は現状ではよい兆候があります。ヨーロッパや日本では長期化する可能性がありあます。

だから、繰り返しますが、私たちが念頭におくべきは、経済的な損害を最低限とするためにパンデミックそのものを克服することが最優先事項ですが、回復の基盤を築くことも非常に重要だということです。例えば負債のモラトリアム（返済猶予）を検討すべきかと思います（債権回収活動を抑止）。財政面ではより低コストに済むことになります。

パンデミック後の世界経済、トランプ後の米国経済

トランプ後、COVID-19危機がいつ終わるかを予測することは困難ですが、COVID-19危機後とトランプ後の世界経済に対する見解をお聞かせください。

まず、パンデミックに起因する経済危機が本格的な大不況に陥る可能性については、特に今後数ヶ月間に合理的な経済政策が実施されれば、低くなると考えられます。

もちろん、これは、2021年の秋～冬には、パンデミックが収束すると仮定しています。残念ながら、保証はありません。変異株がワクチンを無効化させたり、また、他の理由でワクチン接種が私たちが期待するよりも効果が低い可能性があります。

このような事態の確率は非常に小さいと思いますが、潜在的な影響は非常に大きいので、これらの可能性を念頭に置く必要があります。

ワクチンが普及し、収束することができたパンデミック後の世界は、パンデミック前に見られた同じ強みや課題の多くが増幅されるだけだと思います。今後1年ほどでパンデミックと当面の経済危機の両方を収束できると仮定すると、危機前に直面した中核的な強みと課題に戻るようになると予想しています。

19世紀後半や1920年代に発生したのと同様に、現在の大規模な技術革新（特にコンピューティング、AI、通信、バイオ・メディカル）、それに伴う事業機会の誕生と新たな技術獲得の教育を受けらない（技術とグローバリゼーションに起因する）多くの国民との格差拡大は、経済と政治システムの両方を揺るがし続けます。

私たちは特異点に立っていると言えます。例えば、1920年代は大きな技術革新がありましたが、その後大恐慌に陥りました。パンデミック後は主要な技術の進歩を加速させ、繁栄の時代となるでしょう。他方では、全面的に不平等を激化させている。さらに、環境問題も引き続き大きくなっていきます。

重要なことはこれらの事象にどのように対応するかです。技術革新はバイオ技術を始め、パンデミック禍でも進行しています。しかし、教育へのアクセスの面では格差を拡大させています。高所得者は子供たちに高速回線によるオンライン教育や家庭教師など高度な教育を継続できますが、低所得者にはそのような対応はできません。既に教育破綻（educational collapse）に近い状態です（同時に、感染率や死亡率も不平等になっています。これは治療だけでなく、家でリモートワークができるかなどの違いにもよりますが）。

私が考える対応策は、教育やその他の公共財（交通インフラからクリーン・エネルギー技術まで）への大規模な投資を行うということです。特にすぐにでも教育への投資を強化すべきと考えています。したがって、国家経済委員会（National Economic Council）が果たす役割は大きいと思います。このような刺激（教育投資）策の社会的な効果は最大となるでしょう。もしこのような準備を怠り、他の刺激策をとった場合、ないよりはましですが、政府債務は積み上がり、社会的効果も期待できません。

パンデミック後、我々は単に目を閉じて、私たちが直面した以前の課題が消えることを期待することができないということです。依然として直面している課題は大きく、潜在的に爆発的であり、我々はパンデミック自体に対処してきたように計画的にそれらに対処

民主主義システムを支援するために企業経営者は行動を

する必要があります。

もちろん、大規模な財政赤字やさらに大規模な中央銀行のバランスシートなど、パンデミックに対応した公的財政上の状況にも対処する必要があります。

だから、パンデミックが収束しても、気を許すことはできません。私たちが直面する世界的な課題は機会と同様に重要なので、私たちは集中し続ける必要があります。

長期的には、直面する課題にどのように対処するかによって、良いあるいは悪い均衡（繁栄または不安定性）に至る可能性があります。だから、日常生活が正常に戻っても、私たちは自己満足に浸っていてはなりません。

米国でのヘルスケア改革は進むでしょうか？

議会でどのように議論されるかによります。ヘルスケア改革の可能性はありますが、困難が伴います。

国際貿易システムと国際情勢への影響

世界経済の統合が深まっているにもかかわらず、COVID-19危機の前から「Me-first」政策や「近隣窮乏化」政策、そして米国、中国、ヨーロッパの分裂が見られました。この傾向はCOVID-19危機によって加速すると思いますか？　特に、トランプ後の米国はどのように変化し、国際情勢にどのような影響を与えるのでしょうか？

世界経済統合、特に貿易と移民に関する問題は、今後数年間で大きな議論になると思います。

おそらく、経済ナショナリズムへの力学、特に孤立主義と世界的な交流と協力との間の壮絶な戦いになるでしょう。

後者のグローバルな交流と協力が最終的に勝つと思いますが、その恩恵がより広く感じられるようにする方法が見い出された場合に限られます。

世界経済統合は、少なくとも潜在的に、非常に強力な力です。効率性が向上します。イノベーションの源としてのアイデアの交流なども重要です。

しかし、世界の経済統合が、勝者総取り（winner-take-all）の社会になることを意味するならば、おそらく持続することはできません。特に利益の大部分（特に最も目に見える利益）が所得分布のトップ層に集中している場合です。

そして、私たちが国家主権を放棄することを要求していると見なされるならば、また持続できないでしょう。

世界経済の安定には、国家の政治主権、世界経済統合、広く共有された経済的報酬という3本の脚が必要です。これらのいずれかを取り除くと、スツールが倒れます。

これまで、グローバリゼーションを支持する人々は、しばしばこのスツールの脚の1つ（報酬の共有）を無視してきました。グローバリゼーション・プロジェクトが今安定していないのはそのためです。そして、私たちが3本の脚の確立を得るまでは安定はしないでしょう。

そして、その間に、戦い（経済ナショナリズムと経済統合の力の間の戦い）は壮絶になります！　我々はそのために準備する必要があります。

民主主義の変容

米国の激しい分裂（例えば、米国の青い州、赤い州の分断）はどのようになりますか？　大統領選挙後（トランプ後）民主主義の将来にどのような変化が予想されますか？　ヨーロッパの状況はどうですか？　企業幹部は、米国とヨーロッパにおける民主主義の変革にどのように備えるべきでしょうか？

私は、１９９２年イェール大学で博士号を取得して、政府がリスクをどう管理するかについて研究を行いました。[注1] ２００６年から金

> 世界経済の安定には資本主義の魂のための戦いが必要
> ——モス教授

融危機について深く考えるようになり、金融史のコースをスタートさせました。また、2010年には民主主義をどのようにガバナンスするか、健全な民主主義と不健全な民主主義をどう区別するか、そこからのレッスンは何かというコースの開発について学長と話して、講義内容のリニューアルを行ってきました。

今般の民主主義国における政治システムの不安定化は、先進国が直面する最も深い課題であり、民主的正当性の危機です。

この課題は、事実上すべての豊かな民主主義国に見られることです。人口のかなりのセグメントは、疎外感を感じ、力を失い、さらには裏切られたと感じています。この25年間、インサイダー（エリート達）がゲームを逃げて、多くの国民に対して不正を働いているという感覚を人々が持っています。また、民主主義は実現せず、民主主義は非効率的で、中国と競争できないという感覚が多くのグループで高まっています。

はっきり言って、私は恩恵を受けていない、または力を失っていると感じる人々に非常に同情しています。ここには絶対に対処する必要があります。

私は民主主義が何らかの形で経済的に劣っているという考えに同意しません。批評家は常にこの議論をしてきましたが、世界のほぼすべての豊かな国は民主主義です。そして、私はそれには理由があると思います。

市場経済は、少なくとも部分的には、情報の自由な流れに基づいて繁栄します。そして、自由民主主義ほど自由な情報の流れに対して開かれた政治システムはありません。

中国は、積極的に通信を検閲し、情報の自由な流れを制限する権威主義的な政治システムの下で非常に強力な市場ベースの成長を達成したので、これは例外のように見えるかもしれません。

しかし、中国経済は非常に大きいが、それはまだ中所得国（一人当たりGDPの面で）です。そして、パンデミックが発生する前から、中国はGDP成長率が大幅に低下傾向を示していました。したがって、私の推測では、中所得国から高所得国に移行する際に、中国は最終的に市場のダイナミズムと他方の権威主義的な政治システムとの間の重大なトレードオフに直面するだろうということです。

しかし、これが中国に当てはまるとしても、21世紀にリベラルな民主主義が直面している課題を排除するものではありません。

アメリカでは、共和党員と民主党員の間の赤と青の間の急激な分断が生じています。それ自体は、問題ではないと思います。米国はしばしば激しい党派競争を経験してきました。実際、その最も生産的な政策決定のいくつかは、激しい党派競争を背景に起こっています。激しい市場競争の中で新しいアイデアが生まれてくるように、激しい党派競争の中で新しい政策アイデアを生み出すようなインセンティブが生じていると考えています。今日の違いは、私の見解では、アメリカ人の民主主義に対する信頼がここ数十年で脆弱化しているという証拠が増えていることです。通常、これまで、民主主義システムそのものに対するこの共通の信仰は、強烈な党派競争に直面しても、アメリカ人を一緒に結び付ける接着剤でした。

実際、民主主義の強い文化は、激しい政治的対立が破壊的ではなく建設的であることを保証するのに役立ったと思います。今日の私の懸念は、国の民主主義に対する信頼の低下（各種のサーベイで、連邦政府や民主主義への信頼度の低下を示している）は、アメリカ人を一緒に結び付ける接着剤が少なく、政治的紛争が破壊的で暴力的になる可能性が高いことを意味します。例えば、良いブレーキがあればスピードを出すことができます。良い民主主義の文化があれば、論争があっても、良い政治的アイデアを生み出すようになります。ただし、民主主義の文化が弱まれば、この機能が弱まり、（相互の）憎しみや暴力を引き起こします。

結局のところ、アメリカ人は民主主義の文

【注】

1）
モス教授の主要著作『民の試みが失敗に帰したとき－究極のリスクマネジャーとしての政府』（野村総合研究所、2003年）(*When All Else Fails:Government as the Ultimate Risk Manager*[Harvard UniversityPress, 2002]

化を活性化し、政治の場で再び生産的な紛争を確実にする方法を見つけると信じています。しかし、この結果は保証されていません。建設的な役割を果たすのは、ビジネスリーダーを含むすべてのアメリカ人次第です。

（私は）企業経営者がこのような民主主義の危機にどのように備えるべきかを聞かれています。①経済的不平等の尺度（ジニ係数等）、②民主的コミットメント（民主主義への信仰）の尺度、③党派二極化の尺度の3つの指標に目を光らせるべきだと思います。すべてモニターできます。

3つとも現在と同じく悪化し続けるなら、企業経営者は米国の政治的機能不全（さらには政治的不安定）の脅威が高まっていると懸念すべきでしょう。そしてもちろん、彼らは適切な準備・対応をすべきでしょう。

繰り返しますが、私の感覚では、これは今後さらに悪化していくとは思っていません。私はアメリカの政治システムの回復力に賭けているので、私は多くの人よりも強気です。

しかし、私も現実主義者なので、状況を注意深く追跡することが重要であることを知っています。そして、GDP成長と生産性の向上等経済的指標と合わせて、言及した3つの指標に注目すべきです。

企業経営者へのアドバイス

COVID-19危機後とトランプ後の経済構造の変化の中で、企業経営者はどのような措置を講じる必要がありますか？　このような状況では、企業経営者にはどのような戦略的意思決定が必要だと思いますか？

近年見てきた経済と政治的なボラティリティの両方を考えると、企業経営者は今後より多くのボラティリティに備えることが賢明だと思います。

経済面では、パンデミックの収束後、世界経済が急回復することを願っていますが、もちろんその保証はありません。私が言ったように、需要が不安定になるか、金融システムがドミノ的に崩壊し始める可能性があります。

また、世界金融危機以降の財政・金融債務の大規模な拡大に対処することは、予想以上に困難（そしてより問題）であり、さらにこの1年でさらに劇的に、より難易度が高くなります。

そのため、企業経営者は、起こりうる不況への移行など経済的混乱に備える必要があります。

また、世界中のポピュリズム政治運動の台頭や、世界経済統合や国際機関に対する攻撃など、政治的なボラティリティが継続することに備える必要もあります。

大恐慌の時代（1930年代）に見た世界貿易の崩壊や、その時代に生じた民主主義の崩壊までは予期していませんが、私たちは皆、予期せぬ事態に備えるべきだと思います。

同様に重要なことは、私たちは皆、自分の役割を果たさなければならないと思います。これには、企業経営者が含まれます。先進国では、経済機構だけでなく政治制度も、中核的な制度を強化するためにできる限りのことを行うことを意味します。

民主的な政治システムと市場経済の強化に関しては、企業経営者はただ傍観者になるこ

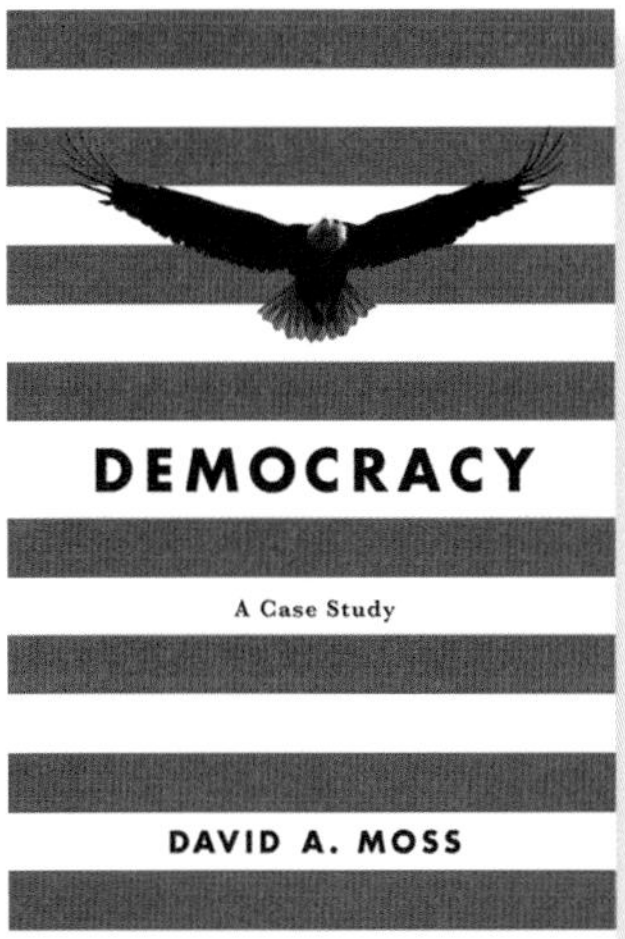

『デモクラシー ケース』
（*Democracy: A Case Study*
Belknap Press、2017）
著者：デビッド・モス（David A. Moss）

アメリカの民主主義は激しい党派競争、過激主義、格差の拡大によって破壊されていると訴える人々に民主主義の歴史は希望を与えることになる。本書では、HBSやハーバード大学の授業でも活用されている19のケースを取り上げ、民主主義の危機の際、為政者の身になって、どのような決断をするのか、読者に問いかけている。

これらのケースでは、読者は選択と結果を比較検討し、重大な決定に取り組み、自分の結論に達するように求められる。建設的な紛争と破壊的な紛争の違いを生み出す要因を再考するように促し、健全な社会にとって重要な情熱的な議論を呼び起こす。本書は、読者全員にアメリカの歴史を新たに体験させ、民主主義の最大の強みと脆弱性、そしてその並外れた回復力についてより深い理解を与えてくれる。

> 企業経営者はボラティリティに備えるとともに、
> 一方で（民主主義の）主要な機構の強化に取り組む
> ――モス教授

とはできません。彼らはリードし、支援する必要があります。

必然的に、既存のシステム（機構）にただ乗りする誘惑があります。このように企業経営上の関心事項を優先して、重要な機構を弱体化させてしまう方向に進むことにもつながります。

今、非常に危機に瀕しているので、私は企業経営者がこの種のただ乗りを避けるべきだと思います。

企業の長期的な利益は、私たちの長期的な利益と一致しており、政治システムを含むより大きな社会の健全性に依存しています。

繰り返しますが、企業経営者は傍観者になることができません。彼らは積極的な貢献者である必要があります。そして、多くの場合、彼らは意味のある違いを生み出すリソースを持っています。

私たちは確かに歴史の中で驚くべき瞬間に立っています。非常に新しい技術力により並外れた事業機会が生じていると同時に、1960年代とおそらく1930年代以来見られない政治的ボラティリティと政治不信に直面しています。

これらの強力な民主主義に対する逆流の動きに対して、その維持のために、主体的に行動していくこと（スチュワードシップ）が肝要です。そして、企業経営者は、私たちの最大の社会的課題に対処し、最も重要な経済・政治機関を保護し、強化するために、立ち上がり、建設的な役割を果たすことが不可欠です。私は非常に希望を持ち続けていますが、建設的な行動が最も必要です。N

日本への示唆

❶不確実性への心構え・備え

デビッド・モス教授からパンデミック禍の経済状況からパンデミック後の政治システム危機とその対応までお話をお伺いできた。企業経営者への示唆の一つは不確実性であった。不確実性は今までも指摘されてきたが、単に経済・金融市場に限らず、企業が依って立っている経済機構（ルールや経済統合の取り決め）や政治システムまでもが不安定性を増しており、予見が困難になってきている。単に世界各国の経済・金融指標に注目するだけでなく、政治への信頼度や党派競争の激化まで慎重に見極めていく必要が生じている。

❷企業経営者は民主主義の安定性に支援を

モス教授が述べているように、パンデミック禍という有事には、有事の緊急対応に加えて、構造的な問題がさらに顕在化してくる。有事では、新たな経済構造の構築に向けて、構造的問題に取り組む時期でもある。企業経営者にとっても有事の緊急対応のみに終始し、危機が過ぎ去れば、元の状態に回復すると期待することは難しくなっており、有事の収束後には全く別の事業構造に生まれ変わっていくことになる。したがって、事業構造、組織構造、人材育成などの構造改革を進めていくことが重要であろう。

また、世界経済の不安定性は、世界の経済統合の取り決め（機構）や民主主義という政治システムの不安定性により増幅される可能性が高い。モス教授が主張するように、企業経営者は、世界経済統合のための機構や安定的な民主主義による政治システム対する傍観者やただ乗り者になるのではなく、これからの企業の経営目標に安定した社会構築に資することを据え、事業展開を行う必要があると考えられる。これは添え物ではないＥＳＧ経営こそが今後の企業経営の王道となることを示唆している。

INTERVIEW

人材獲得と育成が国家競争力の源泉

米国競争力調査からの提言

ハーバード・ビジネス・スクール教授
ジャン・リブキン
Jan W. Rivkin

企業活動がしやすく、国際競争力を発揮しやすい環境条件とはどのようなものだろうか。企業が立地する国の政策や持っている資源によってどのような差がでるのか。日本企業と米国企業にはどのような違いがあるのか、経営者として国の政策にどのように関与すべきかを検討していきたい。

ハーバード・ビジネス・スクール（HBS）では、2011年より、米国経済の構造的な課題の解明に焦点を当てた米国競争力レポートを発行している。その編集に当初から携わっている副学長のジャン・リブキン教授に①国の競争力の定義、②現状と変化方向、③日本との比較と日本の経営者への示唆をお聞きした。リブキン教授によると、トランプ政権の政策により、政治的な危機にとどまらず、経済構造の面でも悪影響があるが、バイデン新政権の誕生によって、米国経済の再創造が可能なのか注目が集まるとのことであった。また、その対比で日本経済の課題も浮き彫りになってきた。

国の競争力の定義について

NSAM（以下太文字）：そもそもなぜ米国競争力評価のプロジェクトを始めたのですか？

リブキン教授（以下略）：私の個人的な経験も含めてお話します。リーマンショック後の大不況の直後の2011年、学長の秘書から呼び出され、学長室で学長、マイケル・ポーター教授と会議を行いました。学長室に呼び出されるのは、必ずしも良いニュースでありませんが（笑）。

2011年は多くの人々が大不況とその後の回復について話していました。会議の中で、私たちは、米国経済により構造的な問題があるとの認識を持っていました。そして、私たちはこの米国の構造的問題を作り出した世代であり、問題に取り組む世代でもあります。多くの人が米国経済の循環的問題を取り上げ、構造的問題に取り組まないため、構造的問題に焦点を当てたプロジェクトは大きな関心を呼ぶだろうと考えました。また、多くのHBS教授が関心をもち、最終的に20人の教員が関与しました。さらに、ニティン・ノーリア（Nitin Nohria）は新任学長で知的野心を示す方法として、このプロジェクトに注目しました。そして、本プロジェクトはノーリアがHBSの教員がどのような問題解決に注力してほしいかを例示する良い機会となるように考えられました。

国の競争力を分析するにはどのような要因が重要と考えていますか？　フレームワークの特徴を教えていただけるでしょうか？

最初に、国家の競争力の定義について明確にした上で、国の生産性との関連性および国の生産性を考える上でのフレームワークについて説明します。

HBSで国家の競争力のプロジェクトを立ち上げた際、最初に定義を検討しました。

国家に競争力があるとは、①当該国家で事業を行う企業が世界市場で高い競争力を発揮して成長し、かつ②平均的な国民の生活水準を向上させる状態を指します。

企業の国際市場での業績、国民の生活水準の向上の両方の成功を満たすことが国の競争力の定義です。つまり、企業が世界的に商品を販売するために賃金削減を行う必要がある場合、我々の定義に基づくとその国に競争力があるとは言えない。むしろ競争力がないということになります。

次に、この定義は、企業や国民が活動する国の生産性の議論につながります。

①の要件は、企業がグローバル市場で顧客と株主を満足させる必要があることを意味します。さらに②の要件は従業員に高い賃金を支払うことを求めます。顧客、株主、従業員の3つのファクターを満足させることで競争力がある状態と言えます。これらを同時に満たす唯一の方法は、その国に立地する企業がインプット（国民・労働力）を価値のあるアウトプット（成果）に変換する能力が他の国より優れていることが必要です。したがって、生産性は競争力のキーとなるので、他国よりも生産性を高める必要があります。

その国家における企業の生産性はどのような要因によってもたらされますか？

国家における生産性については、マイケル・ポーター（Michael E. Porter）教授たちが構築したフレームワークによっています（図表3-2-1参照）。

ポーター教授らのフレームワークでは競争力のドライバーはマクロ経済要因、ミクロ経済要因およびその国が保有する資源の3つに分類されます。

マクロ経済要因はさらに2つに分けられ、その1つ目は社会的インフラです。すなわち政治システム、法制度、腐敗の少なさ、財産権の保護、教育水準、ヘルスケア、公衆安全などです。2つ目は、金融政策と財政政策です。政府は財政政策上、過剰な負債を積み上げるわけにはいきません。

第2のカテゴリーである、ミクロ経済要因は事業環境の質、産業クラスターの集積度、

図表3-2-1　国家の競争力の構造

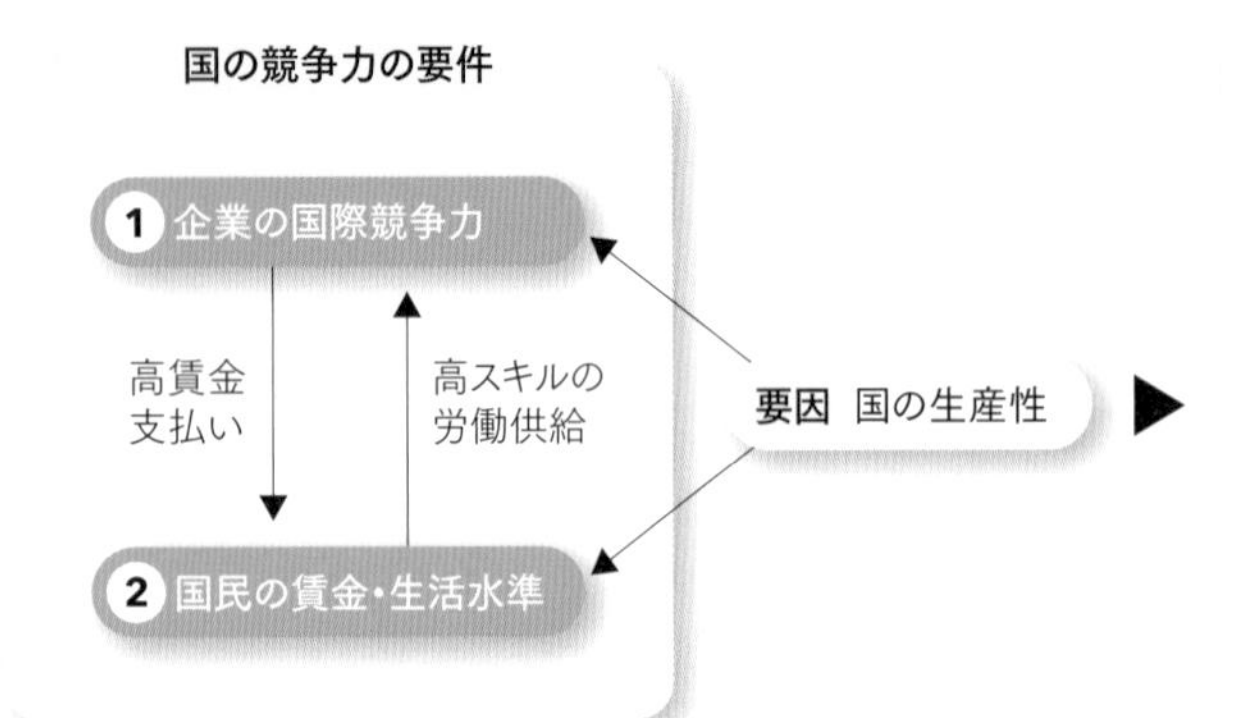

生産性を規定する国の事業環境要件

マクロ経済要因
1. 社会的インフラ
   - 政治システム
   - 法制度（財産権の保護、腐敗の少なさ　法人税他）
   - 人的資源能力（教育、ヘルスケア、公衆安全　他）
2. マクロ経済政策（財政政策・金融政策）

ミクロ経済要因
1. 事業環境の質
   - 物理的インフラ（物流・交通インフラ・通信インフラ）
   - 資本市場の質
   - 大学教育水準
   - 企業家精神
   - 高度な労働者の訓練機会
   - 労働力の流動性（雇用のしやすさ、解雇のしやすさ）
   - イノベーションの基盤（研究開発力、研究機関、研究者の利用可能性）
   - 規制状況
2. 産業クラスターの集積度
3. 企業のオペレーション・マネジメント力

資源（鉱物資源、港湾設備、国の規模等）

（出所）"THE DETERMINANTS OF NATIONAL COMPETITIVENESS," Working Paper 18249, NBER, July 2012"
"A RECOVERY SQUANDERED" The State of U.S. Competitiveness 2019 より作成。

人材獲得と育成が国家競争力の源泉

Jan W. Rivkin

現職：ハーバード・ビジネス・スクール教授、MBA担当副学長
専門分野：競争戦略
業績：1990年 ロンドン・スクール・オブ・エコノミクスで経済学修士を取得、1997年 ハーバード大学にて経済学博士を取得。同年からハーバード・ビジネス・スクールで教鞭を執る。2008年　同　教授に就任。
競争戦略の研究ではマネジメント・サイエンス、オーガニゼーション・サイエンス、ストラテジック・マネジメント・ジャーナルなどの学術誌に競争戦略のシミュレーション分析を基にした論文を発表。さらに、米国競争力プロジェクトの共同議長を務め、他のメンバーとともに、競争力調査を通じて、米国企業の世界市場での競争優位性の確保や一般的な米国民の生活水準の向上のための提言を行ってきた。
野村マネジメント・スクールでの担当講座
「トップのための経営戦略講座」で「競争戦略Ⅰ」のモジュールを担当。

企業のオペレーションおよびマネジメント能力の3つからなります。

そのうち事業環境の質は物理的なインフラの状況、資本市場へのアクセス、労働力の教育・訓練機会、イノベーションの基盤などです。

2番目は産業クラスターです。業務を展開する地域で関連する業務が集積しているかどうか、要求水準の高い顧客がいるか、活発な競争が行われているか、などです。

そして3つ目は、企業のオペレーション、マネジメントの洗練度です。企業の洗練された研究開発とマーケティング、生産と流通のスキルなどです。

第3の大きなカテゴリーは資源です。鉱物資源の賦存状況、港湾設備、国の規模などはすぐに変えられません。

競争力評価の方法論についてですが、関連する統計データを活用する代わりに、HBSの同窓生に対するサーベイを行ったのはどうしてですか？

統計データ分析およびサーベイともに役立つ情報となります。実際、私が言及したその論文では、国家の競争力について、ポーターのフレームワークを用いて、客観的データからインデックスを算出しています。一方、サーベイが提示できることは、グローバル資本主義の最前線にいる経営者たちの現在の経営環境認識です。私は、経営者は実際の変化が生じる前に、変化の兆候を掴んでいると考えています。隠れた兆候をとらえることができると考え、サーベイデータを使うことの有用性が高いと思います。このため、レポートではサーベイによる見解をそのまま提示しています。

調査時期はどのように選んでいるのでしょうか？

調査結果によって、政府その他の主体に影響を与えたいと考える場合に調査を実施します。2019年調査は2020年の大統領選挙に影響を与えようと実施されました。

私たちは、大統領選挙の議論に影響を与えるかもしれない期限内に実施できたと思います。調査は提案機会をみて実施しています。既知の事実を示すだけなら誰も注目してくれません。

今回は（幸いにも）トランプ大統領からの圧力はなく（笑）、自由に研究を行えました。今後も長期間続ける予定です。ポーター教授が引退するまででしょうか（笑）。

企業の競争力と国家の競争力の関係

米国では、GAFAMに代表されるようなトランスナショナルな巨大企業の存在は一国の競争力を考える上ではどのような影響があるのでしょうか？　一企業としてのグローバルな競争力と国の競争力はどのように連関していると考えればいいのでしょうか？

グーグル、アマゾン、フェイスブック、アップル、マイクロソフトという巨大IT企業が競争力に与える影響については二つの側面があります。

まず、このような企業の存在は、米国の競争力の明確な証拠です。これらの企業は米国経済の強さを反映しています。この競争力は、国家のビジネス環境に関して以下のドライバーが関係しています。

- 最高水準の大学からのイノベーションへのアクセス（大学教育水準、イノベーション基盤）
- 資本市場へのアクセス
- リスク許容度の高い起業家精神
- シアトルとシリコンバレーにおける強力な産業クラスターの存在

第二にGAFAMの活動が競争力の向上に貢献しているのか、国の競争力を損なう可能性もあるのかという点です。

これら競争力のある企業が存在する良い影響としては、多くの優秀な人材がおり、新しい起業家を鼓舞し、彼らが属するクラスターを強化し、他の企業の生産性を高めるということがあります。

悪い影響としては、二点あげられます。

一点目、彼らがあまりにも大きく、支配的になって、独禁法によるチェックもされなくなると、彼らは市場支配力を行使して、参入を防ぎ、競合企業を市場から排除します。それは長期的には生産性を損なう可能性があります。

第二の悪い影響は、彼らは少数の個人に富を蓄積・集中し、一般社員の水準からかけ離れていくことです。これは、平均的なアメリカ人の生活水準を引き下げることにつながり、競争力の第2の要件を損なうことになります。

したがって、米国経済におけるGAFAMの存在は、国家競争力には良い影響と悪い影響を持っていると思います。

私はまた、国の競争力と企業に競争上の優位性があるという意味には非常に異なった面があることを指摘したいと思います。企業の競争上の優位性とは、野村マネジメント・スクールの講座でも長らく指摘したように、コストと顧客が支払いたい金額の間にどの程度の差があるかで規定されます。一般的に、そのような競争上の優位性のある企業が存在する国では、企業が非常に生産的になる傾向があります。しかし、その競争優位性のある企業が参入を抑止し、競合企業を排除して、その繁栄を広げなければ、国家の競争力を損なうことにつながります。

トランプ後の米国の競争力の変化方向

今回の大統領選挙の結果によって政権移行が生じますが、米国の競争力にどのような影響を与えると期待されるでしょうか？

トランプ大統領に対する政治的な懸念が非常に大きく、競争力への懸念についての優先度はかなり下がります。私は、民主主義に対する脅威の方をはるかに心配しています。事実と専門知識を無視する彼の態度は、彼自身の事実を作り上げる意識、私利私欲を追求する腐敗構造などです。さらに、人種差別に対する彼の傾向は、非常に心配です。

競争力への影響はトップリストではないですが、そちらに戻りましょう。

競争力については①トランプ大統領以前の状況、②トランプ政権下の状況、③バイデン新大統領ではどう変化するかの順番で述べていきます。

❶トランプ大統領以前の競争力の状況

トランプ大統領以前から米国の競争力は既に問題がありました。

米国のグローバル企業は、トランプ大統領以前から繁栄していました。米国で大きな会社を経営または投資するならば非常にうまくいっています。グローバル市場で優位性を発揮しているグーグルやアップルは素晴らしい事例です。

ただ、競争力のもう一つの要件、平均的なアメリカ人の生活水準をみると、非常に異なった姿になっています。所得階層のトップ層を除いて、家計収入の伸びは停滞している上に、雇用成長率も精彩を欠いています。要約

> GAFAMなどの存在は米国経済の強さを示している。
> 独占の弊害による長期の生産性の低下などの悪影響も存在する
> ――リプキン教授

すると、"The Challenge of Shared Prosperity"（繁栄の共有への挑戦）が調査レポートのタイトルになっているように、国の競争力の発揮は半分に留まっています。

　ビジネス環境のHBS同窓生の評価については、ビジネス環境の状況と今後の方向性についてマトリックスを提示していますが、そこでもこの傾向は明確です（図表3－2－2参照）。

　良い要因としては、強みがより強くなっています。特に、活気に満ちた資本市場、企業のマネジメント力、大学教育、イノベーションへの基盤があげられます。

　よくない兆候としては、強みであったスキルのある労働力の活用やインフラストラクチャが悪化している点があげられます。また、弱みとして、麻痺した政治システム、高コストの医療システム、初等中等教育（K-12）などは一層悪化しています。

　グローバル企業は米国の強みであるスキルのある労働力、イノベーション基盤、資本市場を活用して、弱みを回避しています。例えば、どこからでも人材を確保できるし、本社立地を見直して、複雑な米国の税制度を回避することができます。

　一方、労働者または中流階級の米国人であれば、自らの教育、自らのヘルスケアを米国に依存しています。企業のように、グローバル市場で有能なタレントを活用するといった米国の強みを活用することはできません。米国のグローバル企業は強みを活用して、弱みを回避してきましたが、平均的な米国人は米国の弱みから逃げることはできません。だから我々は、国の競争力の発揮は半分に留まっていると言っているのです。

❷トランプ大統領時代

　このような状況下でトランプ大統領が登場します。

　マイケル・ポーターと私は、米国の競争力を高めるための連邦政府の重要政策リストを作りました。

　例えば、

- マクロ経済要因：州および連邦予算制度、法人税制度。
- 貿易システムの歪みに対処するための国際機関の活用。
- ミクロ経済要因：高度技能を持つ個人の移民規制の緩和
- インフラ投資

　そして、我々はこれらの連邦政府の政策の優先事項に関するトランプ大統領のスコアカード（評価シート）を作成しました。率直に言って、彼のスコアは非常に貧弱です。

競争力向上の観点からは法人税の改革として、法人税率の引き下げ、領土内課税の仕組み（territorial tax code）を変革した。しか

図表3-2-2　米国の競争力の状況変化

〔表頭〕今後3年間、米国企業はグローバル市場でより競争的になっているか？
〔表側〕今後3年間、米国企業はより高い賃金を支払うようになるか？

今後米国企業は競争力を向上するか？

賃金水準は上昇するか？	弱く	変化なし	強く
低下	22%	16%	4%
不変	9%	20%	7%
上昇	3%	7%	17%

米国の事業環境基盤の評価

先進諸国と比較した米国の事業環境

今後の方向性	弱み	強み
改善		・企業家精神 ・大学教育 ・資本市場 ・企業マネジメント力 ・イノベーション基盤 ・産業クラスターの集積 ・通信インフラ ・法人税制度
悪化	・政治システム ・ヘルスケア ・教育水準 ・物流交通インフラ ・法制度	・マクロ経済政策 ・腐敗の少なさ ・スキルのある労働力 ・規制(緩和) ・雇用の流動性

（出所）"A RECOVERY SQUANDERED" *The State of U.S. Competitiveness 2019* より作成。

し、トランプ減税は長期的に莫大な財政赤字を生み出し、持続可能なことではありません。

次に、米国はあらゆるところから優れた才能を引き付ける魅力を保有し、企業はその能力の高い移民にアクセスできました。しかし、彼の移民政策はその利点をなくしてしまいました。

彼はTPPのような貴重な多国間貿易協定やWTOを改善するのでなく、攻撃しました。

彼はインフラ投資に真剣に取り組んだことはありませんでした。

そして、おそらく最も重要なのは、繁栄の共有の欠如という問題に何ら対策を打たなかったことです、労働者のスキルの向上、教育、インフラ改善、ヘルスケアの改革など必要な政策に対処したことはありません。

そして、本当に陰惨なことには困難に直面している白人非大卒の労働者階級の米国人がトランプに投票しました。

ある意味では、労働者階級の問題に取り組まないにも関わらず、トランプ大統領はその支持をとりつけ政治的基盤を築いているのです。

トランプの支持層である白人非大卒者は自分たちの日常生活はそれほど向上していません。それでもなぜトランプを支持するのでしょうか？

なぜ自らの利益（生活水準の向上）には結びつかないのに、支持するのか？単一の結論はないと思いますが、私の最善の説明は、トランプ登場前に書かれた、アーリー・ラッセル・ホックシールド[注2]（Arlie Russell Hochschild）の著作『壁の向こうの住人たち　アメリカの右派を覆う怒りと嘆き "Strangers in their own land"』によっています。

『壁の向こうの住人たち』では南部ルイジアナ州で調査を行い、非大卒の白人労働者階級が自分たちの利益となることに反対票を投じる理由を探り、我々が彼らの利益が何であるか誤解していたと指摘しています。経済的利益は東海岸、西海岸諸州のエリート層による狭い範囲での定義であり、これらの人々は社会的地位や、自分たちが特別で前進しているという感覚によって動かされているのです。

この感覚は重要で、それに耳を傾けたものが評価されました。トランプ大統領はそのような行動をとりました。

トランプが経済問題を解決していないという事実の中で、トランプの言う、『あなた方の仕事はあなた方とは違う他の国の人々によって乗っ取られている』という主張は効果的な防御となっています。

トランプは『他国（不公正貿易国）からあなた方を守るつもりです。そして、あなた方はあなた方を理解していないエリートたちに裏切られ、からかわれています。私は皆さんを幸せにします』と言った。

トランプは彼らのことを深く理解していたと思います。『あなた方は、自信、自己の尊厳と結束を望んでいるのですよね。そして、誰かが悪いのです』と。

これは経済的な合理性以上のものです。

ルドルフ・ジュリアーニのような著名な政治家がなぜトランプを支持しているのでしょうか？

非常に困惑しています。これらの人々が気骨を示さず、トランプの言いなりになぜなるのか。私たちは、人々が権力に屈するという人間の行動についての何かを見ているのだと思います。そして、それが民主党だったら違うかというと、そこは分かりません。そうだといいのですが。しかし、私は彼ら（共和党）がトランプのツイートを恐れているのだと思います。トランプは反対した人々を破壊する能力と意欲を示しました。だからほんの少数の人を除き、彼の言いなりになっているのです。

❸トランプ政権後の競争力の変化方向

私はトランプの物語の最後の部分は、COVID-19の感染対応だと思います。トランプ政権が一貫した計画を打ち出さなかった

人材獲得と育成が
国家競争力の源泉

米国競争力調査2019年
『浪費された景気回復』
(*"A RECOVERY　SQUANDERED" The State of U.S. Competitiveness 2019*)
著者：Michael E. Porter, Jan W. Rivkin, Mihir A. Desai, Katherine M. Gehl, William R. Kerr with Manjari Raman

HBSの同窓生、学生、教員に対して、米国の競争力の推移についてサーベイを定期的に実施。2011年～2019年に概ね2年おきに実施。(調査年2011、2012、2013、2015、2016、2019)

2019年調査では、61,255人を対象として、5,713人が回答し、米国の競争力に関する事業環境の他、政治システム、法人税制度、移民制度について分析を行い、提言をまとめている。

ために、州ごとにパッチワークの状態となり、経済的な被害と膨大な悲劇をもたらしました。黒人や有色人種の米国人、フロントラインの労働者には支援のネットワークが届かず、繁栄の共有の欠如がさらに悪化しています。

バイデン政権では、当初は、ワクチン接種が普及するまで本当の経済発展を遂げる可能性は低いということです。ワクチンなしでの経済回復は想像できません。したがって、ワクチン投与が普及する2021年第3四半期以降の競争力の状況に焦点を当てる必要があると思います。

私は単一の予測ではなく、いくつかのシナリオを描いています。私は2つの重要な未知数があると思います。

一つは、バイデン新大統領は、政策を成し遂げるために上院の共和党議員と協力することができるか、それとも、オバマ大統領時代のように政治的停滞が継続するのか。

そして、第二の重要な未知数は、単にトランプ政権前の政策に回帰し、繁栄の共有が欠如したままで単なる回復を目指すのか、あるいは米国経済の再創造を目指すのだろうか。今のところ、これらの未知数をかけあわせて、三つのシナリオを描いています。

第一シナリオは、停滞を続け、我々は基本的にトランプ時代の状況に留まってしまいます。共和党上院議員は、バイデン政権が成し遂げたいと考えるすべての政策を止めることに固執するでしょう。そして、バイデン政権を妨害し、一期の大統領を作ろうとします。インフラの質の向上、労働者のスキル向上、教育の進歩、ヘルスケアの質的向上も望めません。ただ、このシナリオでは、企業の足かせは少なく、高い企業収益が継続するでしょう。ただし、移民制限により、世界最高の米国の大学の魅力は少なくなり、大学から出てくる革新が少なく、停滞に陥っていくでしょう。

第二のシナリオでは、トランプ以前の時代の状況に回帰することで、ある程度の成果を獲得できると考えられます。米国は国際的なイニシアティブ、通商連携協定に復帰し、高度技能の移民を受け入れることになります。しかし、繁栄の共有の欠如を修正するには至りません。

第三のシナリオは、米国経済の再創造です。オバマ時代の回帰に加えて、必要な社会インフラや政治制度の改革に着手します。セーフティネットの拡充、再教育による労働者スキルの向上、インフラ再投資、政治的停滞を解消するための政治改革が推進されるシナリオです。米国人たちは、COVID-19の災禍を通じて経済の真の弱点を理解し始めています。それをてこに更に改革を進めるシナリオです。

実際には、第二と第三のシナリオが想定されます。第二シナリオのような単なるオバマ時代の政策への復帰は企業経営者とっては、短期的には最高なのかもしれません。

第三の米国の再創造シナリオでは、過剰な富の蓄積になんらかブレーキをかけるために富裕層に課税する必要があります。企業の力にもいくらかにブレーキをかける必要があります。企業成長がやや遅くなるかもしれませんが、成長の果実の共有につながります。

想定している三つのシナリオの中で賭ける

のであれば、第一の停滞シナリオは生じるとは思いません。上院の承認なしに大統領令を発することで多くのことを行うことができるためです。また、私は長期的に国のために最善だと思うにもかかわらず、3番目の再創造シナリオに到達する可能性も低いと思います。それはありえそうもない政治的な連携・協力を必要とします。したがって、おそらくその中間の第二シナリオに向かうでしょう。

しかし、バイデン政権でどのように展開するか見てみたいと思います。

米国と対比した際の日本の競争力の特徴

米国の競争力と比較して、同じフレームワークを用いた場合、日本の競争力はどのような状況と想定されるでしょうか。どのような特徴があるとお考えでしょうか?

第三のシナリオに多くのことに気づくかもしれません。ある意味では、それは日本モデルです。私は日本を理想化しているのかもしれませんが、日本の問題なのか、それとも強みなのかという点に話を移しましょう。

マクロ経済要因では、社会インフラ、政治制度、財政・金融政策に分けられますが、日本の社会インフラはすばらしく整備され、その効果が広く共有されています。金融政策と財政政策では、財政面で負債が異常なレベルに達していることは事実ですが、繁栄が共有されていると思います。つまり、米国で見る不平等のレベルには達していません。

しかし、GAFAMのような企業の出現は米国の競争力の一つの証拠であると言いました。日本には誕生していません。したがって、競争力上の弱点だと言えます。これは日本経済への批判の最たるものですね。

企業にイノベーションをもたらすには、最高のタレントを引き付け、彼らに最高の仕事をしてもらうために開放(自由に)することです。日本経済の専門家でない外部の目としての意見ですが、事業環境上のミクロ要因では、労働移動性の欠如にあたります。日本企業は失敗や個人主義に対する寛容さが少なく、イノベーションの欠如につながります。

人口高齢化による労働力のスキル不足のような古典的な課題もあります。

しかし、将来の経済成長をイノベーションに求めるなら、イノベーションを起こす強いインセンティブを持つ個人が必要であり、米国のシステムにはそれが備わっています。ただ、これにはたくさんの課題(荷物)もついてきます。

もしもうまくいけば、イノベーションの推進と繁栄の共有という2つを達成する世界を見ることになるでしょう。

日本の企業経営者へのメッセージ

コロナ禍、トランプ後の米国の競争力の変化をみた場合、日本の企業経営者にどのようなアドバイスがあるでしょうか?

米国で超富裕層や資本主義それ自体に対する反発がどこまで拡大するかに注目します。

ご存知のように、私たちは資本主義の将来についての議論の初期段階にあります。不平等(の克服)のために、大切なもの(資本主義の強みである企業のダイナミズム)を一緒に捨ててしまう危険があります。

平均的なアメリカ人の生活水準の向上に着手するが、結局はイノベーションや起業家精神を悪化させることになるかもしれないと考えています。

バイデン政権の政策の影響としては、第一に、最も可能性の高いバイデン政権の政策により、米国の中産階級は魅力的になるかもしれません。労働者として、顧客(買い手)の両面で、ミドルクラスの労働スキルに投資することで、賃金が上昇する場合、労働力の質的向上と、消費支出の拡大につながります。

第二に、より従来の安定した貿易政策に回帰すると予想されます。

第三に、インフラへの大きな投資、特にク

米国経済再創造のシナリオは、ある意味では日本モデルです
——リブキン教授

リーン・エネルギーを含む大きな財政刺激策が予想されます。

　これらの政策で日本企業にとっても事業機会を生み出すでしょう。

　上院を民主党がとった場合、法人税の引き上げが行われる可能性があります。企業投資には大きな影響がでるでしょう。しかし、法人税の引き上げは先ほどのバイデン政権の3つのシナリオのどれになるかに依存しています。

　私は、予言者ではないですが、日本企業の経営者にとってのアドバイスになればと思います。 N

日本への示唆

❶米国経済の競争力の現状認識

　米国の競争力の現状、将来展望を中心にリブキン教授に論点をあげていただいたが、インタビューを通じて、米国経済の現状と将来に関して、深い憂慮を示していたのが印象に残った。トランプ政権下で好調な米国企業の業績に対して、一般の米国人の生活水準の向上はほとんど達成できていなかった。さらに、GAFAMなどへの富の集中の弊害、移民規制強化やパンデミックによるソーシャルディスタンス規制などにより、優秀な人材の獲得が難しくなり、イノベーション基盤を脆弱化させることや一般の米国人と一部の富裕層の格差がさらに拡大している点が指摘された。

❷日本経済の競争力の状況と課題

　インタビューにおいても、日本の競争力の構造的な課題も明らかになってきた。米国経済と比較すると、国民の所得・資産の格差が相対的に小さい点に加えて、インフラ整備、ヘルスケア、初等中等教育の充実度などでの強みを強調されたが、逆に企業競争力の源泉であるイノベーション基盤や企業のマネジメント力、起業家精神、大学教育水準、人材の再教育と流動性などの面で課題が指摘される（図表3－2－3参照）。

　近年では、外国株主比率の上昇や2014年以降の伊藤レポートの発表、コーポレートガバナンスコードの施行などにより、上場企業の価値創造に向けたプレッシャーが高まっており、企業のマネジメント力向上が期待できるようになっている。

❸日本企業の競争力強化に向けて～当事者意識の発揮～

　イノベーションの創出や起業家精神の発揮を経済政策で一朝一夕に高めていくことは困難である。このため、企業レベルでの対応が必要となる。例えば、当事者意識をもったメンバーから成る経営チームにより、全社戦略を検討し、推進する体制をとって変革を進めやすくすることがあげられる。また、同様に日本では人材の再教育のシステムや流動性の不足（現在では正社員のみとなっている）が課題となっており、個の能力を高める仕組みやインセンティブの構築も必要となってこよう。このような人材組織戦略を主導していくことも経営チームに求められる。

図表**3-2-3** **日米の事業環境基盤の比較**

マクロ要因	米国	日本
マクロ経済政策	W	W
物流・交通インフラ	W	S
政治システム	W	W
通信インフラ	S	S
財産権の保護	S	S
大学教育	S	W
法制度	S	S
企業家精神	S	W
法人税制度	S	S
高スキル労働力	S	W
教育水準	W	S
雇用の流動性	S	W
腐敗の少なさ	S	S

ミクロ要因	米国	日本
イノベーション基盤	S	W
規制（緩和）	S	W
産業クラスター	S	W
資本市場	S	W
企業のマネジメント力	S	W
ヘルスケア	W	S

米国：*The State of U.S. Competitiveness 2019* に基づく
日本：野村マネジメント・スクールの仮説
S：強み
W：弱み
（出　所）"A RECOVERY SQUANDERED" *The State of U.S. Competitiveness 2019* のフレームをもとに作成。

【注】

1）論文名紹介：*"THE DETERMINANTS OF NATIONAL COMPETITIVENESS,"* Working Paper 18249, NBER, July 2012" MICHAEL E. PORTER, Harvard University MERCEDES DELGADO, Institute for Strategy and Competitiveness, Harvard Business School, and Fox School of Business, Temple University CHRISTIAN KETELS, Institute for Strategy and Competitiveness, Harvard Business School SCOTT STERN, Kellogg School of Management, Northwestern University

2）アーリー・ラッセル・ホックシールド（Arlie Russell Hochschild）
米国ボストン生まれの社会学者．カリフォルニア大学バークレー校名誉教授．『壁の向こうの住人たち　アメリカの右派を覆う怒りと嘆き』"Strangers in their own land"では，南部ルイジアナ州に暮らす共和党支持派の白人中間層の心情に向き合い，米国を分断する"共感の壁"を越える手がかりを探った．本書は広く反響を呼び，2016年度全米図書賞ノンフィクション部門にノミネートされた．

変革のアジェンダ１：企業構造改革

3 ターンアラウンドを成功させる

グレイエリアの意思決定を先送りしない

経営チームによる大胆な改革の難しさ

破綻に瀕している企業を再生する、いわゆるターンアラウンドなど、大規模な企業変革の指南書では、チームアプローチが大前提になっているように思われる。

例えば、ジョン・コッター（ハーバード・ビジネス・スクール〈以下HBS〉教授）による有名な「変革の8段階のステップ（**図表3-3-1**参照）では、第2段階に「連帯チーム」構築が挙げられている。ここでいう連帯チームというのは、我々の提案する「経営チーム」よりやや範囲は広いようであるが、彼は言う。

> 企業変革を成功させるためには、社長、事業部門のトップ、部門長、さらに五人、十五人、ときには五十人の人たちが業績向上にコミットし、チームとして編成される必要がある。このグループに経営幹部の全員が参加することは期待できない。というのは経営幹部の一部は変革に最初から賛同するわけではないからである。しかし成功を収めるケースでは、この連帯チームが目覚しい力を発揮する。つまり、企業における役職に伴うパワー、情報と専門能力、名声と幅広い人間関係、リーダーシップ能力が機能するからである。個々人の力では、その個人がいかに有能で、カリスマ性を備えていても、極めて小規模な組織の例を除いては、組織に存在する伝統や慣習を打破することに必要なすべての能力を備えることは不可能である。さらに連帯感を欠く、ぜい弱なコミティー（委員会）では、個人による変革に比べてもさらにその成果はおぼつかないものになる。[注1]

また、名和高司（一橋大学院経営管理研究科客員教授）も『企業変革の教科書』（東洋経済新報社２０１８年）の中で、次のように述べている。

> 経営者も生身の人間である以上、強みもあれば弱みもある。その個性をうまく生かして、それぞれのスタイルのリーダーシップを発揮しています。理想の姿を求めるのではなく、自分の強みを武器に、弱みは他の経営メンバーに補ってもらうことで、チームとしてこれらの条件を満たそうとするほうが、はるかに現実的でしょう。[注2]

図表3-3-1 大規模な変革を推進するための8段階のプロセス

1 危機意識を高める
- 市場と競合の現状を吟味する
- 危機、あるいは絶好の成長機会を見つけて、検討する

▼

2 変革推進のための連隊チームを築く
- 変革をリードするために十分なパワーを備えたグループを生みだす
- このグループにチームとしての活動を促す

▼

3 ビジョンと戦略を生みだす
- 変革の試みを導くためにビジョンを生む
- このビジョン実現のために戦略を立てる

▼

4 変革のためのビジョンを周知徹底する
- あらゆる手段を活用して継続的に新しいビジョンと戦略をコミュニケートする
- 連帯チームのメンバーが、従業員に期待される行動を自らがモデルとなって示す

▼

5 従業員の自発を促す
- 変革の行く手をはばむ障害を取り除く
- 変革ビジョンを妨害するシステムや組織構造を変革する
- リスクテイキング、いままで遂行されたことのないアイデア、活動、行動を推進する

▼

6 短期的成果を実現する
- 業績上で眼に見える改善、すなわち短期的勝利を生む計画を立てる
- 実際に短期的勝利を生みだす
- これらの勝利実現に貢献した人たちをはっきり認知し、報いを与える

▼

7 成果を活かして、さらなる変革を推進する
- 変革ビジョンに合致せず、全体的試みに馴染まないシステム、構造、制度を変革することに、築き上げられた信頼を活用する
- 変革ビジョンを推進することに貢献する人材を採用し、昇進させ、開発する
- 新しいプロジェクト、テーマ、変革推進者を通じて変革プロセスを強化する

▼

8 新しい方法を企業文化に定着させる
- 顧客重視、生産性向上を目指す行動、優れたリーダーシップの発揮、更に優れたマネジメント機能を通じて業績向上を実現する
- 新しい方法と企業の成功の関係を明確に示す
- リーダーの開発と後継者育成を促す手段を生みだす

（出所）ジョン P コッター著、梅津祐良訳『企業変革力』日経BP社 2002年：No.452より作成

ところが、ターンアラウンドの成功事例としてとりあげられているものは個人のカリスマ型（通常、変革を主導した経営トップの固有名詞でXX改革と呼ばれる）の方が多い印象を受ける。時に「チーム」について言及されるときでも、日産リバイバルプラン（いわゆるゴーン改革）のときのCFT（クロス・ファンクショナル・チーム）のように、我々の提唱する経営チームではなく、カリスマ型リーダーの元での「実行部隊」のような場合が多い。

ジャーナリズムが英雄譚を好んで取り上げる傾向があるゆえかもしれないが、実際、カリスマ型リーダーが一人で行うことを、複数のメンバーからなる経営チームで行おうとすると、どうしても改革への取り組み方がブレたり、白黒つけにくい灰色領域（グレイエリア）の問題に関する意思決定を先送りしやすくなる。第1章で指摘したような諸「症状」が改革を阻害しかねないのである。

日立に見る経営チームによるターンアラウンドの成功要件

逆に言えば、この問題を克服できれば経営チームによるターンアラウンドも可能である。本節では経営チームによるターンアラウンドの成功例として、比較的外部資料（当事者による著書などを含む）の豊富な日立製作所の事業構造改革（２００９年度～２０１３年度）を題材に、効果的な改革のための経営チームの要件を考えてみたい。そしてインタビューのパートでは、ＨＢＳのジョセフ・バダラッコ教授に、より広い文脈で経営チームが難しい意思決定を遅滞なく行うにはどうすべきか、そのためにリーダーがすべきことは何かなどを伺う。

メンバー全員の当事者意識

この改革も通常、主導した会長であった川村隆（以下敬称略）の名前をとって「川村改革」と呼ばれている（図表3-3-2参照）。また、川村自身、改革をチームで行ったという発言はなく、むしろ「ラストマン」として自らを律していたという。個人のカリスマ型リーダーによるターンアラウンドのように聞こえるが、次のような点から、我々はこの改革が会長兼社長に就任した彼と、副社長５人から成る経営チームによるものだったと判断している。

図表3-3-2「川村改革」の主な施策

- 日立情報システムズなど上場子会社の完全子会社化
- テレビ事業撤退、HDD事業売却等の不採算部門整理
- 公募増資
- 火力発電設備事業の三菱重工業との統合

❶リーダーの川村を含め構成メンバーが改革のために招集

リーマンショックの影響などで、日立は2009年3月期に7873億円の純損失（国内製造業として史上最大の赤字）を計上した。2009年3月、当時の庄山会長から川村を初めとする数人の日立OBにコンタクトがあり、取締役会の指名委員会の判断として、経営トップへの就任要請があり、全員が受諾した。川村は次のように述べている。経営チームの結成である。

> 4月1日に会長兼社長に正式に就任して当日開いた最初の経営会議で決めたことは、意思決定の迅速化のための措置だ。専務と常務は意思決定の会議から外し、私と中西さん、三好さん、八丁地さん。森和廣さん、高橋直也さんの5名の副社長、計6人で大きな方針を決めると申し合わせた。（注3）

6人の構成は、OBで復帰した者が4名（川村、中西、三好、八丁地）、旧経営陣からの残留者が1名（森）、日立製作所内部からの昇格が1名（高橋）だった。通常、経営チームはCEOが招集し、あり方をデザインするが、この日立の場合は異例だった。いったんグループ会社とはいえ日立製作所の外に出た人々が経営トップの大半を占めたのは、客観的に同社の問題を見ることができたと共に、多様性の確保にも貢献したと考えられる。

❷忌憚ない話し合い

川村一人が決め、残りのメンバーが実行部隊として働くのではなく、遠慮無く議論し合い、共同で意思決定した。そもそもメンバー招集の段階で、その点が考慮されていた節がある。（注4）そして実際、公式な「経営会議」と共に、議事録や決を採らない「副社長会」を毎週木曜日に行っていたという。（注5）

❸融通無碍な役割分担（相互依存性）

6人の社長・副社長には次のような大まかな役割分担が割り振られた。すなわち、川村：全体指揮、森：営業、国際、新事業、中西：電力、インフラ、モノづくり、八丁地：経営企画、環境戦略、人事、法務、三好：経営改革、財務、年金、グループ経営、高橋：情報事業、研究開発、である。特徴的なのは、特定の事業の利益を代表する人はいなかった点である。

加えて、改革のアジェンダによってはこれらの分担を越えてメンバーが動いた。このチームで「やるべきリスト」を100日で作成したが、どの事業をやめて、どれを強化するかもこの「100日プラン」の中で密かに決め、副社長の誰がどの事業の撤退に責任を持つのか、割り振りも決めた。また、公募増資による財務体質の再建のための投資家との対話は、CFOの三好に任せるのではなく、経営陣全員体制で取り組んだ（川村が米国東海岸、八丁地が米国西海岸、三好が英国というように地域別に担当したという（注6））。

日立の再生のために招集された経営チームであるから当然のことかもしれないが、メンバー全員がターンアラウンドについての当事者意識（Ownership）を共有していた。川村は次のように表現している。

> 私たち6人は血判状こそ取り交わさなかったが、「ぶれずにやるぞ」と互いの覚悟を確かめ合った。また、私自身も「社長というイスに座って会社の顔として働く」ということを越えて、「経営のプロフェッショナル（専門職）」の覚悟で事に臨むと心のなかで確認した。社内外のさまざまな行事に時間をとられすぎた副社長時代の反省

からくるものだった。(注7)

この引用の後半については若干の補足が必要であろう。これについても川村自身が次のように語っている。

> 99年4月に（日立製作所の）副社長に就任した。ここから始まる4年間の副社長時代は「副」という職位の難しさを実感した年月だった。副社長ともなると、担当だけはたくさんある。（中略）だが、なぜか自分の中で「しっかり仕事をした」という実感が湧かない。この時期、世界的なＩＴ不況で日立は５０００億円近い巨額の赤字を計上し、希望退職を募るなど危機の時代だった。にもかかわらず、包み隠さず打ち明けると、当事者意識がやや希薄だったのだ。これは私の問題でもあるが、副社長というポストの問題でもあった。当時のように会社の体力が落ちてきているときには、本来は状況を分析し、戦略を立て、議論を深め、社内外に説明をし、その上で改革を断固実行すべきなのだ。それなのに日々の膨大な仕事量に流されることを良しとしてしまった。自覚はなかったが、一種の逃避をしながら、懸命に働いているかたちを作っていた、と言われても仕方がない。(注8)

まさに川村チーム結成前の日立製作所は、1章で指摘した責任分担制のもとで運営されていたことが分かる。赤字が出ていても本質的な改革が一向に進まない原因であった。

危機感と目指すゴールについてのイメージの共有

前述したように川村チームが最初に確認したことは意思決定の迅速化だった。そして100日という時間を切って再生プランを作り上げ、実行に移した。いわゆるsense of urgencyの共有である。例えば経営チームほぼ毎週のように課題事業の責任者を呼び、ヒアリングを実施している。(注9)

これも、それ以前の同社の動きの遅さへの反省からである。川村が自嘲気味に次のように語っている。

> ご存じない方が多いと思いますが、「日立時間」という言葉があります。かつての日立は、とにかく決断や実行が遅かった。（中略）「何とかしなければ」と改革案が出されても、あちこちから反論が出てきて話が進まないという事情もありました。「先送りしよう」という決定自体を、何時間もかけて話し合って決めている状態だったのです。(注10)

また、再生プランのビジョンは、総合電機メーカーという看板を下ろし、社会イノベーション事業に集中するというものだった。長年掲げてきた看板であり、東芝や三菱電機などがまだ掲げている中での再定義は、そぐわない事業が明確になるわけで、従来であれば非常に決定が難しいグレイエリアの問題だったが、その点についても経営チームメンバーの中には異論が無かった。(注11)まさにチームメンバー間での率直な対話・議論がもたらした迅速さだろう。

N

【注】

1）ジョン P コッター著、梅津祐良訳『企業変革力』日経BP社　2002年：No.167
2）名和高司『企業変革の教科書』（東洋経済新報社2018年）：No.7523
3）川村隆『100年企業の改革：私と日立　私の履歴書』日本経済新聞出版社、2016年：36ページ
4）川村が庄山から就任依頼を受けたとき、「どんなメンバーで再建するのですか」と尋ねたのに対し、庄山は、「それはまだ言えない。でも大丈夫だ。今回は喧々諤々議論できるメンバーだから」と答えたという：小板橋太郎『異端児たちの決断：日立製作所川村改革の2000日』日経BP社、2014年：35ページ。
5）同書：64ページ。
6）川村前掲書：38ページ。
7）同書：38ページ。
8）川村隆『ザ・ラストマン』角川書店、2015年：170ページ。
9）小板前掲書：82ページ。なお、ヒアリングのときの「悪人役」は三好が担当したという。
10）川村『ザ・ラストマン』：28ページ。
11）小板前掲書：94ページ。なお、それを具体的に実現して見せる役を最年少副社長の高橋が担った。

重要な意思決定が先送りされがちなのは、不確実性が高く、正解が必ずしも明らかでないグレイエリアの問題だからである。経営者の直面するこのような問題にどう対処すべきかについて、長年研究されてきたハーバード・ビジネス・スクールのジョセフ・バダラッコ教授に実践的なアドバイスをいただいた。

INTERVIEW

グレイエリアの意思決定には経営チームメンバー間の対話が不可欠

ハーバード・ビジネス・スクール教授
ジョセフ・バダラッコ
Joseph L. Badaracco, Jr.

グレイエリアの意思決定には経営チームメンバー間の対話が不可欠

NSAM（以下太文字）：今日は、リーダーシップ、企業倫理が御専門のバダラッコ先生に、変革の必要性に直面した企業経営者がチームとして迅速に意思決定を行い、組織を導いていくにはどうすべきかを伺いたいと思います。

ジョセフ・バダラッコ教授（以下略）：私の最近の関心領域は、リーダーによるグレイエリア（灰色領域）の意思決定（注12）です。グレイエリアとは何か。これから何度か登場すると思われるバイオジェン・アイデック社のCEO、ジム・マレンの言葉を引用したいと思います。

白黒がはっきりしている事柄は、CEOを待たずに意思決定がなされる。もし白黒はっきりしている事柄が私のところに来たら、組織に何か問題があるのだ。私が意思決定を求められるのは、すべて灰色の領域である。

つまり組織の戦略決定のように複雑で不確実性が高く、十分な知識・経験のある人々の間でも何をすべきかについての意見が異なるような深遠な問題です。多くの場合、法的、倫理的な側面もあります。

このようなグレイエリアの意思決定のために私が提案するアプローチは、①いくつかの選択肢を特定し、②それぞれの帰結（consequences）を考える、そして③**図表3-3-3**に上げたような問いを発して、それぞれに答えていく、というものです。

ある本によれば、「帰結」という言葉には14通りの定義があるそうです。また、帰結主義というのは重要な道徳哲学の考え方ですが、哲学者や神学者が授業で教えるのならともかく、それらを経営者に提示したら彼らは動け

図表3-3-3 グレイエリアの問題の解決へと導く 5つの問い

1 どのような帰結が本当に重要なのか
2 どの義務が本当に重要なのか
3 何がうまくいくのか
4 我々は何を体現しているのか
5 後で振り返ったときに私は何を誇りに思うのか

なくなってしまうでしょう。

そこで私が「封筒の裏アプローチ」と呼ぶ簡便法を用いることが大切です。具体的には、判断力（judgement）や直感（intuition and instinct）に頼って、少数の基本的項目を書き出します。例えば、いくつかの選択肢（a, b, c）があるとして、それぞれの短い主たる帰結を書き出します。そして、このプロセスを（本日のインタビューのメインテーマと関係する点ですが）一人ではなく、他の人と行うことを勧めます。なぜなら世の中は複雑で、リーダーが一人で行おうとすると間違うことも多々あるからです。

他者への責任を考慮するのも、どんなことがうまくいくかを検討するのも、あるいは組織の価値観（我々は何を体現しているのか）を考えるときも同様です。使用済みの封筒を取り出して裏返し、同じことをするとよいでしょう。それぞれの問いに対する答えを判断力や直感（心に浮かぶこと）を使って書き出し、他の人々と話すのです。自分の最初の判断を過信してはいけません。間違っている可能性があるからです。だから他のシニアメンバーを関与させたり、より重大な問題については、このプロセスを二度三度と繰り返したりすべきです。時間の経過とともに無意識下で何かが働き、対話のためのミーティングの後に新しいパースペクティブが出てくるかも知れません。

つまりキーワードは「封筒の裏、判断力と直感、そして対話」です。もちろん封筒の裏でなくても、ホワイトボード、パワーポイント・スライド一枚でもよいですが、まず理論的な複雑性を排除して、本当に大事だと思うことに絞って考える枠組みを得ます。そうすることで、少なくとも全体像を見ているかどうか、何を理解しており、何が重要な不確実性なのかといったことを確認できます。

実はこのプロセスは、HBSが開発した教授法であるケースメソッドのプロセスに似ています（コラム参照）。ケースの多くは、経営者が直面し判断を下さなければならない状況が描かれていて、クラスでは知識を蓄えるのではなく、判断力を養うための討議をするのですから当然かも知れませんが。

新型コロナウイルスにどう対応すべきかは、グレイエリアの意思決定として最近の格好の事例でしょう。オフィスや工場をどうやって安全に再開するかを多くの人が考えていますが、まだこのウイルスについて分かっていないことが多くあります。だからといって再開について考えられないというのではなく、何が最大のリスクで、その帰結は何か、我々は誰に対して主に（健康安全上の）責任を持っているのかを列挙し、プラクティカルに何ができるかについて対話を通じて考えるのです。

経営チームによる率直な対話を可能にする雰囲気づくり

対話がグレイエリアの意思決定プロセスの不可欠な一部ということは、企業の場合、まさに経営チームとして取り組むということですか。

簡単な問題なら、リーダーが15分程度使って頭の中で考え、それを個室から出て、廊下で他のシニアメンバーと話すだけですむかもしれません。例えば、誰かがやるべきでない

Joseph L. Badaracco, Jr.

現職：ハーバード・ビジネス・スクール教授
専門分野：リーダーシップ、企業倫理
経歴および業績：オックスフォード大学経済・哲学修士
1978年ハーバード・ビジネス・スクールで経営学修士を取得、1981年同校で経営学博士。元MBA担当学長補佐。経営トップが直面する難しい問題にどう実践的に対処すべきかを長年にわたって調査・研究。著書は邦訳されているものだけでも、『静かなリーダーシップ』、『ひるまないリーダー』（共に翔泳社）、『マネージング・イン・ザ・グレー』（丸善出版）など多数。
野村マネジメント・スクールでの担当講座
「トップのための経営戦略講座」主任講師および「リーダーシップ論」のモジュールを担当

キーワードは「封筒の裏、判断力と直感、そして対話」
――バダラッコ教授

ことをした。その人と真剣に話し合うべきか。そうしたときの帰結は何だと考えて、オフィスを出たところで誰かと話してみるというような場合です。

しかしより重大な問題であれば、経営チームのミーティングにおける対話となります。バイオジェンのケースでいえば、ジム・マレンは、とても成功していた多発性硬化症治療薬タイサブリが、非常にまれではあるが脳の障害を起こすかもしれないということを知ります。どうするか。まさにグレイエリア、不確実性の高い問題です。そこで彼は経営チームのミーティングを招集しました。

冒頭、彼は「優先順位ナンバーワンは患者である」と発言しました。つまり、彼は誰に対して我々は主たる責任を負っているかということを明確にしたのです。そして次に「3つの問いがある。何がリスクか、誰がそのリスクにさらされているのか、我々はどうやってそのリスクを低下させるのか」と述べました。これらがこのミーティングで議論されるべき予め決まった解などない、オープン・エンデッドな問いであり、何か根本的なことを探索しようとして発せられます。同時に、「私はリーダーとしてあなた方より多くのことを知っているというわけではない」というメッセージでもありました。

ただ、このような経営チームのミーティン

column ケースメソッドとの類似点

グレイエリアの意思決定の簡便法のお話を聞いていると、まるでケースメソッド実践のすすめのように聞こえます。

興味深い指摘です。うまく経営することと、ケースメソッドで教えることの間には多くの共通点があります。実際、HBSのMBAを修了した経営者や経営者教育プログラムに参加している経営者に尋ねても、「確かに似ている」という答えが返ってきます。

ケースメソッドの教授法には2つのタイプがあります。まずはエンジニアのアプローチ（マイクロチップの設計のような）。すべての議論がどう展開するかをあらかじめ考え抜き、誰かがこう言ったらこう答えようと準備しておく方法です。これはマイクロマネジメントに近く、ほとんどの状況下において、よいケースリードの仕方ではありません。ただ、もし脳外科手術の場合で、あなたが主担当外科医だったら、マイクロマネジメントが必要でしょう。手術を受ける患者の立場からもマイクロマネジメントを望むでしょう。チェックリストが用意され、担当する看護師なども皆それに従って準備をしていることを確認して欲しいと思うに違いありません。

しかし、あなたがある組織（企業に限らずどんな組織でも）を経営し、チームでミーティングを持っているときには、メンバーにマイクロマネージャーを欲しいとは思わないでしょう。ケースメソッド教授法のもう一つの探索型（exploring）アプローチを求めると思います。

教室（あるいはミーティング）に行くとき、あなたはいくつかの根本的な問いかけ（イエス、ノーで答えられないようなオープンエンデッドな）を用意しておきます。その上で、参加者がどう考えているかを知ろうとします。教師として（あるいは経営者として）自分自身で答えたいとは思わない。世界は不確実性に満ちています。あなたはある事柄の判断について正しいかも知れないが、他のことには間違っているかも知れないのです。

ただ、ミーティングのリーダーシップはあなたが取らなければなりません。根本的な質問に対し、予め用意していたテンタティブなリスト（議論しなければならない項目）にある発言や、その場で聞いて（自分は考えつかなかったけれど）とても大事だと思った指摘があったとき、あなたは「それじゃこの点を深掘りしよう」「我々はこのことについて何を知っているか。他の重要と考えられるパースペクティブはないか」などと発言します。これが探索型のケース討議です。重要な点は、①あなたが答えを与えるのではない、②このプロセスを自分自身だけで行うのではなく他の人を関与させて行う、というところです。あなたは新しいパースペクティブや判断について耳をかたむけ、それに敏感でなければなりません。これが古典的なケースメソッド教授法です。

もちろん実際のミーティングでは、教室のように最後の1分でまとめというわけにはいきません。議論を要約し、何をいつまでに調べるか、誰が何をするかなどを決めなければならないからですが。ただ核になる部分はとても似ています。

グレイエリアの意思決定には経営チームメンバー間の対話が不可欠

グを行う際、リーダーには注意すべき点があります。我々は生物学的にリーダーに従うように進化してきました。ボス猿が「こちらは危険だからあちらへ行こう」と言えば、皆、本能的にそれに従おうとします。私も多くの企業のミーティングに出席したことがありますが、標準的な進め方は、ボスが設定した枠の中でそつなく発言するというものです。しかし、それはグレイエリアの問題を議論するには良い方法ではありません。

　だから、リーダーはチームのメンバーが考えていること――それがたとえ完全な回答でなくても、何が気になっているか、数行の文章やデータで示せなくても、さらにはリーダーへの反論や、他のメンバーが好まない意見でも――を率直に言える雰囲気を創り出さなければなりません。実際のところ、そのような開放的な雰囲気は、自然に生まれるものではなく、創り出すのはとても難しい。ボスはボーナス額を決め、昇進の決定権も手の内にあるのですから、チームメンバーは本能的にリーダーに服従しようとしてしまうのです。

　この点を考えるときに参考になるエピソードがあります。２００８年の金融危機が始まる頃のＪＰモルガン・チェイス（ＪＰＭ）のＣＥＯであるジェイミー・ダイモンにまつわる話です。彼はＨＢＳのＭＢＡプログラムで私の教え子でした。卒業後も時々会って話す機会がありますが、以下の話は、ミーティングに参加していた経営チームの他のメンバーから聞きました。

　２００８年3月、サブプライム住宅ローンの問題で米国の金融システムはぐらつき始めていました。いわゆるリーマンショックの到来にはまだ半年ほどあった時期です。ベアスターンズという投資銀行が破綻寸前でした。ＦＲＢ（連邦準備制度理事会）と財務省はそれを知っていたので、3月のある週に買い手を探そうとしていました。ところが買い手の候補は次々と消えていきました。彼らは一寸調べてみて恐れをなしたのです。

　金曜日の夜には、候補はＪＰＭ――当時最も財務的に健全な銀行――1社になってしまっていました。ダイモンは、主たる規制当局からベアスターンズを買収するようにとの強烈な圧力を受けることになりました。そこで、ダイモンと彼の経営チームは、①ベアスターンズを買収するかどうか、②買収するとしたらいくら支払うか、という決断を週明け――アジアの市場が開くので日曜日の夕方5時まで――にしなければならなくなりました。そのときまでにベアスターンズの問題が解決していなければ、アジアの株式市場で下落が始まり全世界にパニックが波及する懸念があったからです。

　資産価値の査定、リスクの洗い出しと評価という具合に問題が分解され、それぞれは専門家からなるワーキンググループに割り当てられました。例えば、あるグループはベアスターンズの本社ビルの査定を任されました。それは20億ドルの価値があるのか、それとも5億ドルしかないのか。取引は通常の売買なのか、それとも投げ売り状態かなどを検討したのです。

　そしてこれらのグループは、経営チームへの15分のプレゼンテーションを求められました。15分という数字が意味するのは、スライドを30枚も用意するのではなく、3枚で最も重要なポイントを冒頭で明確に示すべしということです。チームメンバーからの質問が始まってしまえば、3枚でも説明しきれないかも知れません。

　ダイモンがこれらのミーティングの場で明確にしたことは、彼自身も知らないことがたくさんあるので、学びたい。だからこのミーティングにいる誰とでも同じように、過ちを犯したりやバカな質問をしたりするだろうということでした。つまり彼が伝えたのは、彼は会議室の中央に世界で最もパワフルな銀行家として座っているのではなく、他のメンバー同様、学ぼうとして座っているのだということです。

　そしてあるミーティングの最中に、彼は若い説明者に「君の話している数字は、％なの

> リーダーはチームのメンバーが考えていることを
> 率直に言える雰囲気を創り出さなければなりません
> ――バダラッコ教授

か、それともベーシス・ポイント（BP：1 00分の1%）なのか?」という、とてもばかげた質問（注：銀行家として単位が100倍も違うことを誤解するはずはない）をしたのです。その場にいた人々は、何年も後になっても、彼が本当にプレゼンに注意を向けていなかったためなのか、それともそういう質問でも構わないという範を示すため（つまり「実際にはばかげた質問などというものはない。何でも気にかかったことは発言せよ」というメッセージ）にしたのか分からないと言っていました。

そういう雰囲気作りのできるリーダーというのは、先生の著書（*Leading Quietly*）[注13]に出てくる「静かなリーダー」を想起させますが、ジェイミー・ダイモンのイメージは明らかに「静かなリーダー」ではないですよね。

彼はとても賢い。他のCEOと同様の意味で賢いといっているだけではなく、彼には才能があります。とても難しい問題のエッセンスを引き出し、それを一般の人が日常使っている言葉で語ることができます。彼と直接話すだけでなく、テレビで話しているのを聞いても、彼らしさを感じます。本当に思っていることを口にしているのです。

彼と最後に直接話したのは10年ほど前で、彼がHBSのキャンパスに来ていたときに15分ほど話す機会がありました。帰宅して妻にも言ったのですが、世界で最も重要な銀行家というより、学生の頃と変わらないスマートで直裁的な発言をします。だからこそ、テレビにも数多く出演するし、人々は彼の言うことに注意を向けるのです。

しかし彼は、ミーティングの際、自分がそれを支配することにならないようにしっかりと対処しています。つまり、誰もが彼が何を言うかに気を遣うようなことにならないようにしているのです。一つの例ですが、取締役会において、JPMの重要な部門を担う幹部がプレゼンテーションするときには、自分は席を外すようにしています。これは、彼のいないところで取締役と幹部が直接ギブアンドテークのやりとりをしてもよいとしている訳で、これはラディカルな考え方です。

彼は自分の能力の高さゆえに、自分自身が会議の方向性を歪めないように意図的にそれを行っているのです（だから、先ほどの%かBPかという質問も同じような意図からされたものでは、と考えたくなります）。

つまり、他のチームメンバーが自分の思っていることを率直に話せるようにしているという意味において、彼は「静かなリーダー」であると言えます。他のメンバーが才能を開花させられるように、自分は背景に引っ込むのです。普通、自分がとても賢いと分かっているときにそうすることはとても難しいことですが、たぶん彼の賢さというのは、それができることを含んだものなのだと思います。

彼の経営チームには優れた人がおり、後のキャリアで他の銀行のトップになって成功している人も多い。それも彼の優秀な人を引き寄せ、真に関与させるというやり方の有効性を示す一つの証左でしょう。

また、彼はケースメソッドの教師のようなタイプのリーダーだとも言えます。もしあなたがよく考えもせずに何か発言したり、明確に自分の考え方を伝えられなかったりしたとき、「君の発言にはもっと証拠がいる」と指摘します。それは、「お前の考えは間違っている」と言うのとは全く異なります。発言から学びたいという態度が表れるからです。これが、何でも知っていて中央に座り、我々は何をするかを常に自分で決めるヒーロータイプのリーダーと対照的な「静かなリーダー」の要件ですから。

HBSのエイミー・エドモンドソン教授らは、チーム（経営チームに限らない）が効果的に機能するためには「心理的安全性」[注14]が不可欠であると主張しています。先生が今描写したジェイミー・ダイモンがミーティングで創り出している雰囲気というのは、この心理的安全性のことでしょうか。

グレイエリアの意思決定には経営チームメンバー間の対話が不可欠

Step Back, Harvard Business Review Press、2020年7月

テーマは「リフレクション」。反省とか内省と訳されるが、振り返って自分の過去の行いや感情を少し客観的に考え直すことである。多忙を極める経営者にとって、内省の時間を見いだすことは至難の業に思えるが、バダラッコ教授は、インタビューや日記の分析を通じて、多くの経営者が日常的にリフレクションを実践していることを明らかにする。加えて、マルクス・アウレリウスの『自省録』やミシェル・ド・モンテーニュの『エセー』など古典を参照しつつ、リフレクションのための3つの実践的アプローチ―①ダウンシフティング（スローダウン）、②ポンダリング（熟考）、③メジャリングアップ（どんな基準に適合すべきか、適合しているかについての自問自答）―を提唱している。

そうです。ただしいくつかの前提条件があります。その一つは、ミーティングの準備を怠らないことです。もし何かについて懸念や思いがあるなら、それを明確に言わなければなりません。データに基づき自分の主張に確信を持っていればそのように発言するのです。つまり準備された状態での心理的安全性ということで、なんでもあり（anything goes）というわけではないのです。

　繰り返しになりますが、今までお話ししてきたリーダーのあり方というのは、ほとんど常識とも言えることで、責任感のあるリーダーなら誰でもそうありたいと願うでしょう。しかし実際にはとてもまれにしか見られません。彼らは業績を上げ、うまく管理することで昇進してきました。

　ところが私の提案しているグレイエリアの意思決定のためのあり方は、管理をしないことです。リーダーはちょっと退いて、他のチームメンバーが快適に前に出られるようにする。これが本当にまれにしか見られないのです。シニアになればなるほど忙しく、ミーティングは「これがオプションａｂｃｄで、このうちこれが正解。はい、ミーティング終了」となりがちですが、これは不確実性が高い状況下で、非常に重要な問題について探索型のミーティングを行う方法ではありません。

多様性と危機感の共有

先生の提案される簡便法を用いて図表３－３の５つの問いについてチームで対話する場合、ビジョンや危機感の共有ということが前提にならないでしょうか

　ある程度は。でも全く同じであったら、新たなパースペクティブは得にくくなります。つまりメンバーの多様性は大事な前提です。

　危機感の醸成・共有については、リーダーの果たす役割が大きくなります。もちろん、産業のトレンドとか、競争相手の動きとか、自社にとっては好ましくないマクロ経済環境の変化のように、組織の外部に厳として存在するものもあります。例えば、タイサブリのケースやＪＰＭがベアスターンズの買収を週末に決めなければならないというのも、そういう現実に存在する緊迫感（urgency）の例です。

　しかし、リーダーは時にイマジネーション、さらには演劇の技能を使ってでも、他のメンバーを説得しなければなりません。つまり、すぐ自らが行動することを抑制し、危機感を生み出すのです。「これは今、我々が真剣に考えなければならない問題だ」と。

　一つ反面教師的な例を挙げましょう。私はテスラ車のオーナーとして、世界の自動車産業の状況に関心を持っています。私の印象では、従来の大手自動車メーカーは真にテスラを理解していないようです。奇をてらった車を作る限界的な企業だとみているのです。だから、消費者に好まれているようだから、自分たちもそのうち（電気自動車も）何とかしようと考えている程度ではないでしょうか。

　オーナーとして見ると、テスラは単に電気自動車というだけにとどまりません。優れたバッテリーデザイン（ハード、ソフトのバッテリーマネジメント）、本当に洗練された製品デザインなど、多分８つぐらいのことを従来

> リーダーは時にイマジネーション、さらには演劇の技能を使ってでも、他のメンバーを説得しなければなりません
>
> ――バダラッコ教授

とは違うやり方で、しかも効果的に行っていると思うのですが、それらは大手自動車メーカーには伝わっていないようです。

ボルボは最近テスラのモデルY（最新のSUV）を一台購入しました。実質的に欧州へ輸出された最初のモデルYで、彼らはそれを分解したそうです。中を見れば危機感は生み出されるかもしれませんね。

繰り返しになりますが、ボスとして演技してでも危機感を醸成し、アジェンダとタイムテーブルを示し、報告を求めるということを実施しなければなりません。それは一種のアカウンタビリティ（CEOあるいはトップマネジメントチームへの）と言えます。

再びJPMの例に戻ると、毎月の経営会議（5〜10人程度の経営幹部で構成される）では、まず業績に関するすべてのデータが共有されます。透明性の確保がなされ、他の担当分野の幹部もあなたの担当分野の業績を細かく知るところとなります。皆パワフルな人で、お互いが競争し合っている間柄でもあります。

そのミーティングの参加者によると、もう少しで破綻する銀行なのではないかという気がするそうです。なぜなら、彼らの話すのは全て重大なグレイエリアの問題についてだからです。つまり先に指摘した競争のダイナミズムとグレイエリアの問題の討議によって危機感が醸成されているのです。

そして、ジェイミー・ダイモンは小さなメモ帳を持っていることで知られ、そこには各メンバーがこういったミーティングで、いつまでにどうすると発言したかが記録されているそうです。実際に見たことはありませんが、想像するに、廊下ですれ違ったメンバーの一人に「あのミーティングで4月30日までにこれこれをすると言っていたが、終わったか？」と尋ねるのでしょう。もちろん環境変化などがあるので締め切りなどについてはフレクシブルでなければなりませんが、こうすることで危機感を生み出すと共に、誰が実行力に優れているかを判断できるのです。

ということは、CEOはチームアプローチと伝統的なトップダウンアプローチという2つのモードを使い分けるべきだということですか。

そうとも言えますが、大きな留保条件付きでです。これがターゲット、これがタイムテーブルと示すものの、どうやってそのターゲットを達成するかについてまで指示すべきではありません。このプロセスは伝統的なトップダウンアプローチともいえますが、とても限定的（selectively）に適用せよということです。そしてターゲットやタイムテーブルは、探索型ミーティングの最後に示すもので、冒頭や途中でやるものではありません。

つまりマイクロマネジメントからは距離を置かなければならないのです。責任者が自分のユニットに戻ったとき、彼のチームでこれまで述べてきたような探索型のミーティングを行い、彼らもマイクロマネジメントをしないように気を配るのです。多くの経営幹部にとって、管理することは慣れ親しんだやり方です。つまりマイクロマネジメントしようとしてしまうのです。だから、意識して自制することが必要です。

自分が全てを知っているわけではない、バイアスがあるかも知れないと知った上で他者、専門家を求め、率直な意見、事実に基づいた探索を行って、それらを皆の前に出して、方向性を定める議論をするのです。

最後に一言。これらは企業文化に基づく行動だということです。組織の行動は、トップによって形作られる文化に規定されます。当然、チームベースの組織でも同じです。だから、私がここまでに示してきたアドバイスを参考にして、単に「良いミーティング」が持てればよいということにはなりません。例えば、ミーティングの前にリーダーが、上意下達（情報は上下にのみ、横には伝達しない。自分のユニットのことだけ考えろetc）だと明確なシグナルを出していたら、良いミーティングはできません。ミーティングの前から横のコミュニケーションを奨励し、悪いニュース

グレイエリアの意思決定には
経営チームメンバー間の対話が不可欠

でも、ミーティングの前でも伝達（口頭でもメールでも）されるようにしなければならないのです。開放的な組織文化をどう作りあげるかの問題でもあります。

最後に、今日のテーマに関連して、特に日本の経営者に伝えたいメッセージはありますか。

長年日本の経営幹部候補に教えてきた経験を踏まえて申し上げると、グレイエリアの意思決定に直面したとき、彼らは重要な強みと、弱みとなる可能性のある特徴を持っているように思います。

強みは、ほとんど直感的に、幅広いステークホルダー（利害関係者）のことや、多くの経営上配慮すべきことに気づける点です。言い換えると、全体を見渡して広い視野から自らの責任を考えられるのです。

これは一般的なアメリカの経営者が本来複雑な考慮すべき事柄の範囲を、財務的、あるいはその他の数値に限定してしまい、株主の利益を主に（時にはそれだけを）考えがちであるのと対照的です。つまりアメリカの経営者は、判断の範囲を狭め、自らの責任を限定的に考えてしまうきらいがあるのです。

世界がより複雑で不確実になりつつあります。また競争がグローバル化し、企業に対する社会一般や政治、政府、そしてメディアの目がより厳しくなりつつある現在、日本の経営者のアプローチは重要な強みとなります。

一方、日本の経営者がグレイエリアの問題に直面したときに、弱みとなりうる特徴として、明確な決定を下しそれを内外に伝達することに躊躇する点が挙げられるでしょう。もちろん、時には曖昧であることが政治的に賢い（あるいは単に不可避の）戦術になります。しかし男女を問わず部下はリーダーに明確性、方向性を求めます。単に越えてはいけない倫理上、法律上の一線についてだけでなく、リーダーがグレイエリアの問題についてある意思決定をしたら部下にどのように考え行動してもらいたいのかについてもです。

リーダーにとっての挑戦は、あらゆる種類のノイズに埋もれてしまうことなく自らのメッセージを組織の内外に伝達することです。そのためには多くの場合、正確な言葉遣いと明確な文章、反復、そしてあるグレイエリアの問題を解決するために定めたアプローチへのぶれないコミットメントが求められます。N

日本への示唆

白黒のつきにくいグレイエリアの問題への意思決定を先送りせず迅速に対処するために、バダラッコ教授は、次のような実践的なプロセスを踏むことを提唱している。

❶いくつかの選択肢を考える
❷直感や判断力に基づき、それぞれの選択肢がもたらす帰結を検討する
❸その上で、それらの帰結がどのような意味を持つのかについて、以下の5つの問いを発して決断する
- どのような帰結が本当に重要なのか
- どの義務が本当に重要なのか
- 何がうまくいくのか
- 我々は何を体現しているのか
- 後で振り返ったときに私は何を誇りに思うのか

❹そして実際に事後的に振り返る（リフレクション）

グレイエリアの問題について考える、あるいはリフレクション（反省・省察）を行うというと、組織のトップが一人で静かに行うというイメージが浮かぶが、バダラッコ教授はチーム内での対話を通して行うべきであるという。発言する、問いかける、他人の発言を聞くといった行為が問題の本質を把握し、よりよい意思決定をする上で役立つという指摘は重要である。加えて、帰結を検証するための問いは実践的であると同時に個々のチームメンバーの内面まで照らす深遠なものも含まれているだけに、真剣な対話が保証される。

また外から見ると強力なリーダーと思われている人たちが、このようなプロセスを有効に機能させるために、チームアプローチを採用し、時には演技（と思われるような言動）をすることによって環境を整えているというお話は興味深かった。本節冒頭に説明した日立の川村会長にも同様に当てはまる。

なお、本書の他の節でも、さまざまな新しいリーダー像というか、新しいリーダーシップスタイルが示されている。インタビュー後のフォローアップで、その点を指摘したところ、バダラッコ教授は、それと対置する形で、「私の示しているのは、『ナビゲーター、ないしガイドとしてのリーダー』だ」とのコメントを寄せてくれた。

【注】

12）ジョセフ・L・バダラッコ著、山形浩生訳『マネージング・イン・ザ・グレー：ビジネスの難問を解く5つの質問』丸善出版、2019年
13）高木晴夫他訳『静かなリーダーシップ』、翔泳社2002年
14）エイミー・C・エドモンドソン著、野津智子訳『チームが機能するとはどういうことか』英治出版2014年

変革のアジェンダ 2：イノベーションを生み出す

4

イノベーティブな組織に生まれ変わる

企業文化の再構築

経営チームが「身をもって範を示す」

継続的なイノベーションを起こす。今日の企業にとって最重要の課題だといっても過言ではない。経営陣にとっての変革のアジェンダとしては、それを可能にするような企業文化をいかに生み出すか、すなわちイノベーションを促す企業文化への変革ということになる。本節では、企業文化変革の一例という観点から、(注1)経営チームがどのように対処すべきかを論じる。

まずここで、「発明」と「イノベーション」の違いについて指摘しておこう。発明とは、特許に象徴されるような新規性だけを表すのに対し、イノベーションというのは新規性のみならず、それがなんらかの価値を伴うものを指す。(注2)つまり冒頭に述べた今日的課題というのは、イノベーションを通じた価値の創出をいかに継続的に行えるかと言い換えても良い。

現在の日本企業の直面している問題は、新しい技術や製品を生み出せないというよりは、新しいものを用いて価値を生み出すビジネスに育てられないところにある。1979年に発売され、世界的／歴史的なブレークスルー商品の一つに数えられる「ウォークマン」を世に生み出したソニーが、オーディオのみならず音楽事業も傘下に持ちながら、アップルのiPod/iTune事業を生み出せなかったという事実が象徴的である。(注3)

その原因としては、第1章で分析した多くの点がここでも指摘できるが、端的に言えば成功体験が邪魔している。すなわち、想定される市場規模が小さい、既存事業を浸食する恐れがある、自社の要求スペック水準を満たすとコストが高くなりすぎる、などの理由でリスクが取れなくなっているのである。

一般的に企業文化の変革は難しいし、時間もかかると言われている。(注4)しかし、一人のカリスマが行う場合には短時間でも可能である。典型的な例が経営破綻した日本航空を二年弱で再生させた稲盛和夫であろう。ターンアラウンドの事例でもあるが、政府の要請で会長に就任した彼が京セラから持ち込んだものは「アメーバ経営」という哲学だけだったという。具体的には、あと二人が京セラから役員として乗り込んだが（チームではなく「実行部隊」として）、それだけで社員の意識改革を成功させた。(注5)

経営者がチームとして企業文化の改革に取

り組む場合、難易度は上がり、時間がよりかかるかもしれない。やるべきことはカリスマによる変革の場合と同じであろうが、まさに「カリスマ性」が欠如しているがゆえに、組織全体に経営の「思い」が浸透し、社員がその思いに呼応して、行動を変容させることは難しい。イノベーションを促進する企業文化への変革に即して考えると、経営チームが効果的に機能する上での、特に重要なポイントは次の諸点であろう。

1 行動原理の統一 (Shared Principles)

カリスマが体現する経営哲学同様、一貫した原理原則を経営チームが共有し、自らが実践する。チーム内では自由闊達な意見交換（心理的安全性、あるいは小森哲郎のいう「言える化」(注6)）が不可欠だが、チーム外に対しては、一枚岩的な言動、つまり、同じメッセージを繰り返し発信し、行動で具現化する。

例えば新しい試みを奨励し、失敗(注7)を許容するとか、オープン・イノベーションを取り入れるためにＮＩＨ（自前主義）を克服するとかといったことを目指す場合、単なる標語だけでは長年の仕事の仕方（すなわち企業文化）は変わらない。経営チームの各メンバーが、あらゆる局面で標榜した原理原則に基づく行動（特に意思決定）をして「ぶれない」姿を示すことが重要である。

現場訪問などの機会を捉えるだけでなく、時にそのような場（野中・竹内の言う“ba.”(注8)）を能動的に設定することも効果がある。そのような場において経営チームメンバーの言動を見聞きした社員の中に信奉者が出てきて、同じように行動しはじめ、組織の仕事のやり方として定着するまで行う。

2 当事者意識（Ownership, Sense of Urgency）の確保

前項とも関連するが、経営チーム全体がイノベーションの重要性に真にコミットし、行動することが求められる。より具体的には、チームの構成員が自分の担当に関わりなく、イノベーション創出促進という目標の下で、オープンなコミュニケーションを確保し、自らのタスクを調整する。経営トップ層がサイロに閉じこもり、経営会議でも「相互不可侵」の原則に則り、自分の担当以外の分野のことには口を挟まない状態では、イノベーション創出は、スローガンの域を超えることはない。

また、伝統的に、主力事業部門や、営業や生産といった特定の機能部門の発言権が強く、経営層でもそのような肩書き以外のヒエラルキーが存在していると、たとえその強い立場の役員がコミットしたとしても、オープンなコミュニケーションが阻害され、全社的な新しい文化への移行が進まない。

コンピューター・アニメーション・スタジオのピクサー（Pixar）は、創造的な作品を生み出し続けることを使命とする企業であり、まさにイノベーションを促進する文化を持つ企業の鑑と見なされているが、共同創業者のエド・キャットムルによると、「トイストーリー」の成功の陰で、クリエイティブ部門（アーティストや技術スタッフ）と制作部門（納期や予算など工程を管理するスタッフ）の間に深い溝が生じ、「会社が破滅しかけないようなことを完璧に見過ごしていたことが後で分かった」という。

同社の経営チームは、全ての社員を尊重し、誰でも意見が言えるよう意識的に行動していたにもかかわらず、クリエイティブ部門が制作部門を二級市民的な扱いをする慣行が定着してしまい、後者は率直な意見も言えずに不満を募らせてしまったのである。(注9)

したがって、経営チームのリーダーはそういったチーム内の「序列」のようなものを均す必要がある。本節のインタビューに登場するお二人の教授が提唱する、「企業に存在する6つの思い込み（mindset）の除去」や、「実験重視の企業文化構築」は、その対処方法といえる。お二方は主に企業全体の課題として語られているが、「隗」として経営チー

ムがコミットし、実践し始めることが重要である。

　また、既存事業の効率性を高めて収益を確保しつつ、イノベーションを起こすための組織や仕組みも併存させるというやり方も多くの企業で試みられている。この二者は求められていることが異なり、必要とされる組織能力、そして人材に求められる資質・能力や、その人達の評価基準も違うため、共存させることは非常に難しい。時には新規事業による既存事業のカニバリゼーションも許容しなければならないので、事業担当レベルではなく、トップの経営チームがコミットしていなければバランスを取ることは難しい。

　この点は、ノベーションを促進する文脈では、組織的「両利き性」の確保として論じられることがある。「両利き性(ambidexterity)」とは、知の探索と深化を同時にこなすことを指す。この概念の生みの親であるチャールズ・A・オライリーとマイケル・L・タッシユマンは著書『両利きの経営―「二兎を追う」戦略が未来を切り拓く』（東洋経済新報社、２０１９年）の中で、経営チーム（彼らは「幹部チーム」と呼んでいる）が両利き性を確保する上での要件を以下のようにさまざまなところで指摘している。

―　幹部チームが成長プロジェクトのスポンサーになるだけでなく、チーム内で探索と深化はどちらも等しく重要だという合意が形成されていることも大切だ。幹部チームの中で戦略やビジョンについて明らかなコンセンサスがなければ、情報交換が進まず、非生産的な対立が増え、外部の変化への対応力が次第に落ちていく。探索と深化の間でバランスをとるだけでも、既にさじ加減が難しいのに、幹部チームから出されるシグナルにバラツキがあると、それが一層難しくなるのだ。[注10]

　両利きの組織の構想を実行する際に戦略的抱負は必要だが、それで十分ではないのも明らかだろう。感情に訴えかけ、共通のアイデンティティをもたらす抱負を全社的に浸透させるには、幹部チーム全体がオーナーシップを持って臨む必要がある。[注11]

　チーム重視のモデルでは、幹部チームは意思決定、資源配分、現在と未来の間での妥協などの方法を一緒に学んでいく。この選択肢では、より高次の協働や参加型のリーダーシップスタイルが育まれる。チームメンバーは重大な問題について異議を唱える義務があることを共有している。また、問題を見つければ、歯に衣着せずに指摘し合う。[注12]

　内部的に矛盾をはらんだ探索ユニットと深化ユニットを共存させるには、包括的で感情に訴える抱負、基本的価値観、幹部チームの強い結束力が必要になる。[注13]

AGCに見る経営チームによる変革

　そしてオライリーと加藤雅則、ウリケ・シェーデが著した『両利きの組織をつくる』（英治出版、２０２０年）では、ケースとして２０１５年以降、AGC（旧旭硝子）の経営チームが行った変革を詳しく取り上げている。[注14]同社は２０１０年に史上最高益を計上した後、製品のコモディティ化の進展、東日本大震災による工場被災などの要因で業績が悪化し、２０１４年の営業利益は２０１０年の４分の１近くにまで落ち込んだ。その中で島村琢哉が新しいCEOに指名され、改革に乗り出す。

　ここで取り上げられているAGCの経営チームとは、島村CEO、平井CTO、宮地CFOの３名を指す。島村自身が明示的にそれまで同社にはなかった「ワンチーム」と言う表現を使ったという。[注15]そしてチーム外からはまさに一心同体として認識されていた。[注16]

　この経営チームは、リーダーシップ、人材、

イノベーティブな組織に
生まれ変わる

組織カルチャーの問題に集中的に取り組んだ。(注17)まずＡＧＣ Ｐｌｕｓという新経営方針で「素材を製造する会社」から「素材を開発する会社（顧客のイノベーションを素材開発というソリューションを提供して支援する）」への転換を宣言した。中期ビジョンとして「２０２５年のありたい姿」を策定（これには次世代の幹部候補20人が参画した）し、その中でコア事業（ガラス、化学品、セラミックス）の効率化と戦略事業（モビリティ、ライフサイエンス、エレクトロニクスの領域から新たな成長事業を生み出す）を定義した。

島村は、中期ビジョン策定だけでなく、新しい原理原則の定着を図る「場」として、階層別に対話集会を実施した。例えば、就任後二年目後半から三年目にかけて、経営チームと全カンパニー（事業部門）、そしてコーポレート部門の幹部が対話合宿（一泊二日）を連続的に行った。目的は、幹部層の意識改革だったという。(注18)

加えて、この幹部合宿で直接経営幹部の状態を確認した経営チームは、合宿後の定期人事異動で、必要な組織の組み換えと幹部人事を行った。具体的には、長年特定の事業をリードしてきた幹部を交代させるといったセンシティブな異動を含んでいた。この人事断行によって経営チームの本気度が伝わり、経営幹部が新しい企業文化へシフトする上で寄与

図表3-4-1　AGCの組織デザイン

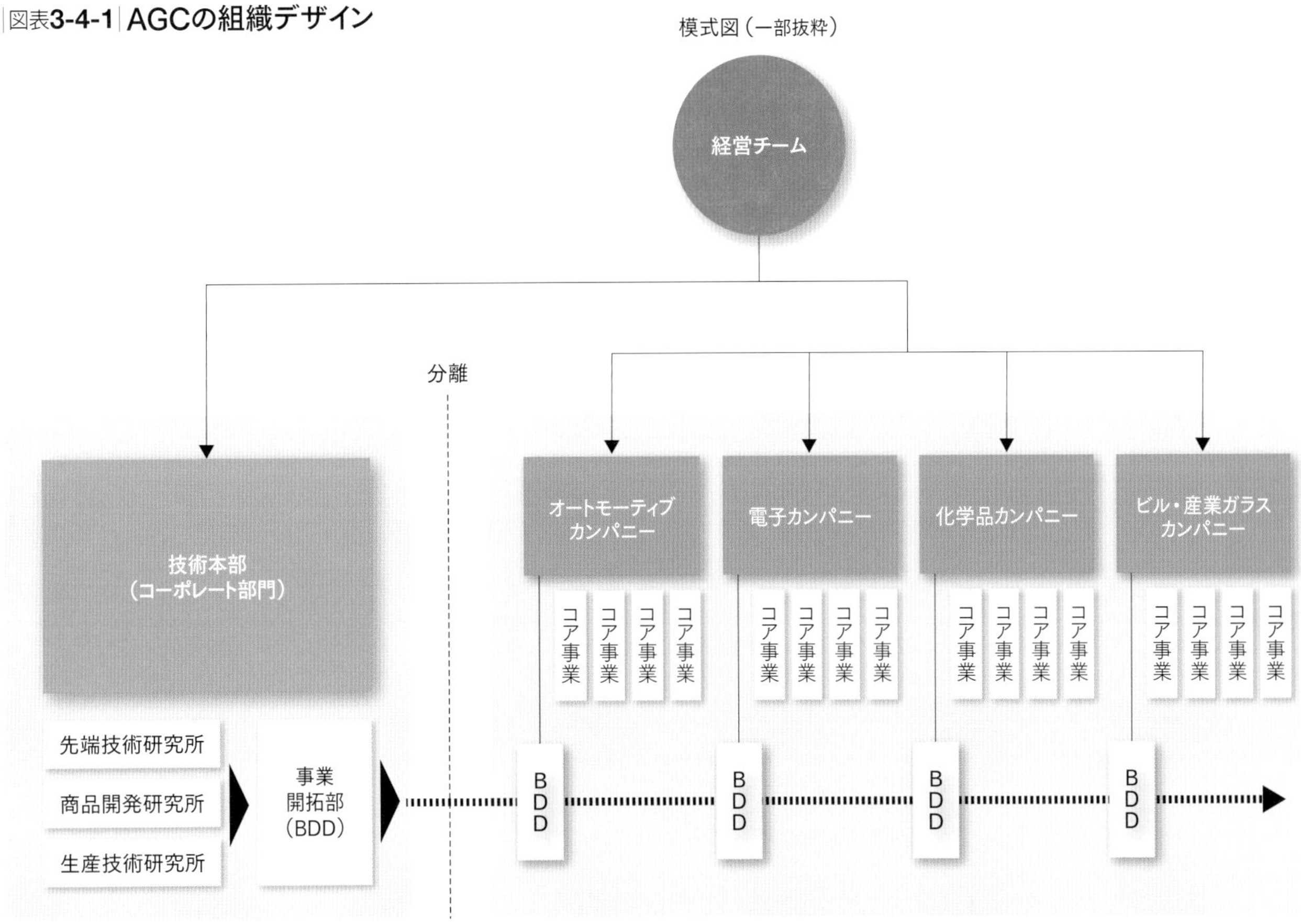

（出所）加藤雅則等『両利きの経営をつくる』英治出版 2020年：No.902

したと考えられる。[注19] まさに場をうまく利用したことが分かる。

　ではこの経営チームは、どのように既存事業と新規事業のバランスをとったのか。組織的には、新規事業開発を担当する技術本部を経営チーム直轄にした上で、その中の事業開拓部（図表3-4-1のBDD）が、既存事業（各カンパニー）のカウンターパートと協力して事業化することを求めた。そして運営については、以下のように記されている。

> 既存事業と探索事業の感情的なテンション（緊張関係）への対処、探索事業の分離と統合（融合）など、両利きの経営には高度なバランス感覚が求められる。（中略）経営者には、異なる特性の事業を束ねる「器と決断力」が求められる。既存事業と新規事業の間に生じる感情的なテンションを受け入れ、双方を納得させる器量が求められるのだ。AGCでは、長期の技術トレンドを平井CTOが見極め、宮地CFOが戦略の観点から事業ポテンシャルを評価し、島村CEOが全体のバランスを差配している構図がある。その結果、感情的なテンションやコンフリクトについて、探索事業側と既存事業側の両方をインタビューすると、どちらのサイドからも「まぁ、島村さんたちが言うなら仕様がない」というコメントが多かった。[注20]

　両利きの人が少ないように、組織的両利き性を実現させることは難しい。AGCは希少な成功例といえるが、単にそれを模倣するのではなく、その前提条件となる、経営チームレベルでの当事者意識の確保が求められる。N

【注】

1）
より顧客志向を高めるとか、安全重視といったことも企業文化を変える方向性となる。

2）
本節のインタビューに登場するハーバード・ビジネス・スクールのステファン・トムキ教授の示唆による。

3）
そもそもウォークマンのときも、技術者の抵抗を乗り越えたのは創業者の力だったが……（P. Ranganath Nayak and John M. Ketteringham, *Breakthroughs!: How the Vision and Drive of Innovators in Sixteen Companies Created Commercial Breakthroughs that Swept the World*, Rawson Associates 1986参照）

4）
ジョン・コッターも一番難しいとして、8ステップの最後にすべきとしている。『企業変革力』第10章参照。

5）
大田嘉仁『JALの奇跡』致知出版社2018年に詳しい。

6）
『企業変革の実務』ダイヤモンド社参照

7）
ここでいう「失敗」とは学習効果の得られるものを指す。単なるミスではない（この点もステファン・トムキ教授の示唆による）。

8）
Ikujiro Nonaka and Hirotaka Takeuchi, *The Wise Company*, Oxford University Press 2019:Chapter 6.

9）
エド・キャットムル著、石原薫訳『ピクサー流創造するちから』ダイヤモンド社、2014年：第3章

10）
『両利きの経営』：No.3994

11）
同書：No.4452

12）
同書：No.4473

13）
同書：No.5151

14）
加藤雅則等『両利きの組織をつくる』英治出版2020年

15）
「AGCの組織デザイン上の要となっているのが、経営チーム（島村CEO、平井CTO、宮地CFO）の存在だ。社内では「トップ3」と呼ばれているが、そのような呼称は島村CEOの時代になって初めて生まれた呼び方だ（それまではトップは一人しかいなかった）。島村CEOは、就任当初から「ワン・チーム」という表現をよく使う」（同書：No.1196）。

16）
「島村CEOは社員に向かってワン・チームを唱えるだけでなく、自らの経営チーム自体がワン・チームであることを大切にしているのだ。」インタビューした幹部社員はこう語っていた。「重要な情報はトップ3の誰かにインプットしておけば、その情報はいつの間にか三人の中で共有されているのですよね。多忙な三人がどうやってコミュニケーションをとる時間を作っているのか不思議です」（同書：No.1201）。

17）
同書：No.1287

18）
同書：No.1350

19）
同書：No.1855

20）
同書：No.1026

21）
Ed Catmull, "How Pixar Fosters Collective Creativity," *Harvard Business Review*, Sep. 2008

22）
マイケル・A・ロベルト著、スカイライトコンサルティング訳『決断の本質 プロセス志向の意思決定マネジメント』英治出版、2006年（原著は2005年）

23）
ステファン・トムキ「ビジネス実験を重ねる文化が企業を成功に導く」『ダイヤモンド・ハーバード・ビジネス・レビュー』2020年6月号

冒頭でも指摘したが、変革の中でも企業文化を理想とする状態に変化させるのは最も難しく、一般には時間もかかる。インタビューでは二人の教授からイノベーションを促進するような企業文化への移行に関して二つのアプローチを紹介していただいた。なお、ロベルト教授は経営チームについても造詣が深く、我々の示した第1章の概念図の構築に当たっても多くの貴重な示唆をいただいた。

INTERVIEW

組織的な思い込みの排除

ブライアント大学 カレッジ オブ ビジネス教授
マイケル・ロベルト
Michael A. Roberto

「引き算型」のイノベーション

NSAM（以下太文字）：**先生の近著の基本的なメッセージは、従業員の創造性を解放するために組織にある6つの思い込み（mindset）を取り除く、ないしは変えるべきということだと思います（図表3－4－2）。これは言ってみればイノベーションへの「引き算型アプローチ」です。最初の質問は、この「引き算」をどうやって行うかです。思い込みを変えるのは大変難しいと感じるのですが。**

マイケル・ロベルト教授（以下略）：引き算という言葉は念頭になかったですが、確かに多くの研究を読むと、よりイノベーティブな組織を作るには何かを加えようというものが大半でした。つまり、創造性の豊かな人を採用しろ、新規事業担当組織を作ってスピンアウトしろ、スカンクワークの仕組みを導入しろといったことです。

でも周りを見回してみると多くの企業がこれらのことを実施しているにもかかわらず、うまくいっていません。だから何か重要なことを見落としているのではないかと考えたのです。そして経営者にインタビューしてみると、彼らはいくつかの障害についていつも言及していることに気づきました。これらの障害が邪魔をしているとすれば、リーダーの仕事は、言ってみればゴールまでの道のりをきれいに片付けることになるはずです。創造性豊かな、賢い人々に何をしろなどと指示する必要はないのです。ですからそこをメインテーマにあの本を書きました。

実は本の当初の目的は、大企業で「デザイン思考（design thinking）」がどう実践されているかだったのです。どの会社もデザイン思考を取り入れ、IDEOに行って彼らの実践を見たり、彼らをコンサルタントとして雇ったりと、多くの資金を費やしていました。でもあまりにも多くの会社で効果が見られないことが分かったのです。ですから最初のインタビューで尋ねたのは、「何が起きたのですか」ということでした。そうしたら経営者たちは障害について語り始めたのです。例えばP&Gは長年、デザイン思考をうまく取り入れている企業と見なされていましたが、導入に関わった多くの人が会社を去っていました。変革が進まないことにフラストレーションを感じてです。多くの事例で導入したという事実は素晴らしいことだと報道されますが、実行に移そうとすると行き詰まってしまうのです。

ではどうやって障害を取り除くのか。例を挙げてお話ししましょう。「基準に関する思い込み（Benchmarking Mindset）」についてですが、私はベンチマークをして、競争相手を研究してはいけないと言っているのではありません。リーダーは競合を見る目を広げて考えるべきだと言いたいのです。直接の競合だけでなく、類似の分野にいるプレーヤーを観察したり、マイケル・ポーターのいう代替品を提供する企業を調べたり、といったことです。ですから各章で私が主張したいのは、そういった行動を単に止めろということではありません。むしろやり方を再検討しろということなのです。

もう一つ例を挙げましょう。「集中に関する思い込み（Focus Mindset）」では、グーグル・ベンチャーズのウォールームについて触れましたが、多くの企業が同様に特別研究室のようなものを設置しています。私の主張はこれらを廃止せよということではありません。多くの研究から明らかになっているのは、イノベーターは、単に集中だけしているのではなく、時にはあえて集中しない（unfocus）ということです。集中しないとは、人々の視野を広げ、目先の問題から一寸距離を置いてみるといったことです。だからこれらの活動を単に止めるのではなく、運営方法を見直せと言うことなのです。

同様に「構造に関する思い込み（Structural Mindset）」でも、全ての階層をなくせと言いたいのではなく、イノベーションを生み出すために組織だけをいじくってもうまくいかないということなのです。構造だけでパフォーマンスを向上させることはできません。

このようなアプローチで成功している経営チームの例を挙げていただけますか。

この手の質問に答えるときには慎重にならざるを得ません。我々のような研究者、あるいはコンサルタントですら、企業の内部、特に経営層で何が起きているかをうかがい知ることは難しいからです。そういう留保をつけ

図表3-4-2 創造性を阻害する6つの組織的な思い込み（mindsets）

1 直線的なPDCAプロセスに乗せようとする

クリエイティブな発想が生まれるには反復の過程が必要で、直線的な過程をたどっても生まれない。こうした特性を理解しようとも受け入れようともせずに、分析からアイデアを生成して実行に移そうとする組織は多い。

2 ベンチマーキングを重視する

ライバル企業を徹底的に研究する企業は多いが、それにより執着が生まれ、結果的には独自路線ではなく他社を模倣する戦略を採用してしまう。

3 予測を求める

次に来るものを知りたいと強く望むあまり、自分には未来が分かると過信する。アイデアが生み出す利益の大きさばかり追求していては、かえって創造力を抑え込むことになる。

4 組織をいじくる

創造力の鼓舞やパフォーマンスの改善を促す目的で、組織の構造を変えようとする経営者は多いが、組織図の線引きの仕方を繰り返し変えることの効能には限界がある。

5 集中させるために隔離する

とにかくチームが集中できる環境を整えれば優れた創造力が発揮されると思い込んでいて、社内で隔離することも厭わない。だがクリエイティブな発想は、集中している状態とそうでない状態を行き来することで生まれる。

6 「そんなもの」という類の批判を許容する

早い段階で互いにアイデアを批判し合うようにと奨励する経営者は多いが、異議や反対意見を前向きに取りまとめられないせいで、多くの優れたアイデアが実を結ばずに枯れてしまう。

（出所）マイケル・A・ロベルト著、花塚恵訳『Unlocking Creativity－チームの創造力を解き放つ最強の戦略』東洋経済新報社、2020年：第1章を元に野村マネジメント・スクール作成

> リーダーの仕事は、ゴールまでの道のりをきれいに片付けること。
> 創造性豊かな、賢い人々に何をしろなどと指示する必要はないのです
>
> ――ロベルト教授

て申し上げると、数年前、ピクサー（Pixar）のエド・キャットムル（Ed Catmull）にインタビューしたことがあります。彼は社長としてCEOのスティーブ・ジョブズに仕えていましたが、ディズニーが同社を買収した後は、ウォルト・ディズニー・アニメーション・スタジオの社長に就任しました。

彼自身、『ハーバード・ビジネス・レビュー（HBR）』に論文も執筆していますが[注21]、彼の素晴らしい実績を支えているのは、偉大な人材を集め、心理的に安全な風土を創り、ビジョンを適切に共有し、チームメンバーが創造性を発揮しやすいような権限委譲を行った（giving autonomy）リーダーシップでした。ディズニーがピクサーを買収した後、彼にディズニーのアニメーション部門全体を任せたのは、その実績を買ってのことです。

ですから、彼は良いチームを構築したリーダーの例だと思います。私が彼にインタビューしたときには、彼はとても思慮深く、良いチームを構築するために共有すべき行動原理とか基本的ルールについて慎重に考えを巡らせていました。特に彼が相手にするアニメーターたちは創造性豊かな人々なので、成功するには微に入り細を穿つような管理はする必要がないのです。

また、彼は私に非常に効果的なプロセス（具体的にはピクサー社内のブレイン・トラストという仕組み）についても語ってくれました。同社では時折、映画の進捗状況を話し合う会議が開かれます。経営チームが、映画のプロデューサーや監督と同席するのですが、エドはまずこの会議を有効なものとするため、行動原理とか基本的ルールについてこのようにしたいということを慎重に提示するのです。

教師としてのリーダー像

最終章には、リーダーは良い教師のようにふるまえというメッセージがあります。この点をもう少し敷衍していただけますか。

これはかつてHBSで私のアドバイザーだった故デービッド・ガービン（David Garvin）教授と交わした会話に遡ります。当時私は彼と、あるターンアラウンドに直面した（ボストンにあるハーバード・ティーチング・ホスピタルの）CEOについてのケースを執筆していました。そのCEOが「良い教師たること」について語っていたのです。ここでいう教師とは大学教授ではなく、子供たちの先生のことです。人に「あなたに最も影響を与えた先生は誰ですか」と尋ねたとしたら、返ってくる答えは「私に競争優位を規定する5つの力を教えてくれたビジネススクールの教授です」ではないでしょう。HBS100周年のときだったと思いますが、昔の卒業生に尋ねたところ、20～30年前に習ったフレームワークのことはほとんど覚えていないとのことでした。覚えているのはケースメソッドの経験、例えばどうやって問題にアプローチするかといったことでした。

ですから良い教師とは、時にあなたに難しい質問を問いかけたり、信じてくれたり、新しいアイデアを紹介してくれたりした人のはずです。

私が最初に著した本[注22]の終わりでHBSの学長だったジョン・マッカーサーの「HBSで

Michael A. Roberto
現職：ブライアント大学 カレッジ オブ ビジネス教授
専門分野：戦略的意思決定
経歴および業績：1995 年 ハーバード・ビジネス・スクール経営学修士、2000年 ハーバード・ビジネス・スクール経営学博士を取得。同年から2006年までハーバード・ビジネス・スクールで教鞭を執る。多くの企業でリーダーシップ開発やコンサルティングも行う。
野村マネジメント・スクールでの担当講座
「トップのための経営戦略講座」で「意思決定論」のモジュールを担当

我々が教えているのはどうやって教えるかということだ（What we teach is how we teach)」という発言を紹介しました。ここでいう「教える」とは、講義をするということではありません。むしろどう行動すべきかに近いことです。私が新しい本で伝えたかったのも同じようなアイデアです。ケースメソッドでの偉大な教師とは、解答を生徒に与える人ではなく、討議を通じて生徒が分析の枠組みを組み立てるのを助ける人です。

組織のリーダーも同様で、必ずしもチームメンバーに答えを与えてそれを実行しろと指示するのではなく、チームを一つにまとめ、問題にアプローチする視角を考え、分析を求めるのが良いリーダーと言えます。

一見専制的に見えるリーダーでも、部下に難しい問いかけをするものの、多くの責任を与えるのであれば、それは良い点と言えます。キャットムルが言っていました。スティーブ・ジョブズに仕えるのは大変だと。でも、多くの責任を与えられ、非常にやりがいのある仕事を任されたとも述べています。だから彼と一緒に仕事をするのはとてもエキサイティングだったそうです。

あなたの人生における最良の教師もそういう人じゃないでしょうか。教育の分野で言われているのは、最善の教師は難しい課題を与えるものの、それが難しすぎて取り組むのを諦めてしまわない程度にすることができるということです。

企業リーダーも同じです。あるときHBSにエマソン・エレクトリックのチャック・ナイトが来てくれました。彼はとても率直で、「私と仕事をするのは大変だと思う」と認めていました。でも彼の部下だった人々は、「私は彼と仕事をして多くを学んだ。若いときでも多くの責任を与えてくれ、面白い仕事をさせてくれた」と言うのです。

先ほど我々が書いたケースに登場する病院のCEOの話をしました。彼はまず多くの人々を関与させました。そうやってインプットを得ていたとはいえ、病院を救うために彼自身が数多くの難しい意思決定を下さなければなりませんでした。ただ、その一方で、彼は病院のターンアラウンドが成功した暁にはこんなことができるようになるという長期ビジョンを伝えることも忘れませんでした。

現在のコロナ禍も同じです。経営者はいつまでも議論をしているわけにはいかず、厳しい決断をすぐ下さなければなりません。従業員もそのことは理解しています。数週間前、私はホーム・デポのリーダー約150人とオンラインでワークショップを行いました。今、彼らの事業は、人々が在宅勤務をするようになって大繁盛しています。彼らがまず実施したのは、彼らの商品を自宅まで届けてもらったり、駐車場でピックアップしてもらったりするためのプロセスを構築することでした。在宅勤務する人がオンラインで注文すると、駐車場でピックアップする場所の番号を伝えられ、それを持ち帰るだけで、他人とコンタクトする必要がありません。

このような仕組みを短期に作り上げるためには、リーダーたちは多くの迅速な意思決定をしなければなりませんでした。ただ、鍵となったのは、従業員がCEOを信頼していたという事実です。つまり、従業員はこの事態でCEOが多くの意思決定を矢継ぎ早に行わなければならないことを理解していたので、ある意味で「CEOに裁量権を与えた」わけです。彼はCEOになってしばらく経っており、人々が彼を知るようになっていたから可能になったので、彼が新任でまだ信頼が確立していなかったら難しかったでしょう。

日本の経営者へ：完璧主義からの脱却を

最後に何か日本の企業リーダーへのメッセージをお願いします。

ここまで、我々はアメリカの企業リーダー像に関する問題点を議論してきました。つまり個人としてのリーダーに焦点を当てすぎて、チームなどその他の要因を軽視する傾向があ

> チームを一つにまとめ、問題にアプローチする視角を考え、分析を求めるのが良いリーダー
> ――ロベルト教授

組織的な思い込みの排除

ることです。日本の経営者へのメッセージとしては、私の新著の翻訳の冒頭に若干書きましたが、思いがけない競争相手の出現などによって不意打ちを受けたとき、俊敏に対応する能力（ability to be nimble and agile）を構築することが課題ではないかと思います。私だけでなくステファン・トムキ教授も野村マネジメント・スクールの「トップのための経営戦略講座」で指摘してきたように、イノベーションを成し遂げる上で、実験やプロトタイピングはとても重要で、多くの企業で実践項目に取り入れられているのですが、企業文化に根付いている完璧主義（perfectionism）が問題となり得ます。ただ、これは多くの米国企業、あるいは世界中の大企業の多くについても当てはまることです。実験やプロトタイピングに長けているということは言い換えれば、完璧でないことを受け入れること（being willing to be imperfect）ですが、これが難しいのです。

最近オープンテーブルのCEOを退任したクリスタ・クォールズ（Christa Quarles）という人がいます。同社はスマホ上で簡単にレストランを予約できるサービスを開発している会社ですが、非常に成功して全米に大きなネットワークを構築しました。

ニューヨークタイムズ紙の記事によると、同社で彼女が主張していたのは、完璧にアプリを作ろうとするのは新しい機能を加えるプロセスを遅らせることだから、「早期に、何度でも、荒削りでも（Early, Often, and Ugly）」を開発のモットーとせよということだったそうです。どんどん良いものにしていくのだから、ある段階では完璧でないことを受け入れなければならないということです。ただ、残念ながら多くの企業は、反復（iterating）が苦手です。頭では実験やプロトタイピングの重要性を理解しても、実際に行おうとすると完璧主義が邪魔をしてしまうのです。

もう一つは、特に他のアジア諸国との比較で感じることですが、若い人材をもっと海外に出すべきではないかということです。HBSの生徒の40％はアメリカ以外から来ていますし、講師陣も非常に国際的です。このナレッジベースやネットワークを利用しない手はありません。特に若い層がこういったものから受ける新しいアイデアなどの恩恵は非常に大きいので、日本企業にとっての課題だと考えたわけです。

韓国や中国は近年、世界中に若い人を出して学ばせており、この点をうまくやっています。しかも世界中の目が中国に集まっているので、海外企業も最も有能な経営人材を東京ではなく、上海に送るようになっているので、日本国内においてもベストな海外の知性やネットワークに触れる機会が減ってしまっています。データと言うよりも感覚で話していますが。中国、そしてインドの市場が巨大故にそうなってしまっていると感じるのです。N

『アンロッキング・クリエイティビティ』
東洋経済新報社、2020年

経営者がイノベーションを起こそうとすると、通常、創造性の高い人材を集め特別な組織を作ったり、優れた企業を模倣したり、買収したりと、既存事業に「足し算」をして革新的な企業体質に変革しようとする。

著者は、別のアプローチを提唱する。社内には創造性豊かな従業員が既に十分いるので、それを存分に発揮してもらえるよう、障害となっている組織的な思い込みを取り除けば良いと。例えば、何事にも直線的・逐次的なPDCA（計画・実行・評価・改善）プロセスを適用するのではなく、早い段階での失敗を許容し、修正を迅速かつ反復的に行っていくべきであると主張している。

【注】

21）
Ed Catmull, "How Pixar Fosters Collective Creativity," *Harvard Business Review*, Sep. 2008

22）
マイケル・A・ロベルト著、スカイライトコンサルティング訳『決断の本質 プロセス志向の意思決定マネジメント』英治出版、2006年（原著は2005年）

INTERVIEW

真の実験重視の企業文化構築に向けて

ハーバード・ビジネス・スクール教授
ステファン・トムキ
Stefan H. Thomke

好奇心の啓発とデータ重視の徹底

NSAM（以下太文字）：二つの質問に焦点を当てたいと思います。第一は、実験重視の企業文化をどのように構築するか。先生の御著書には、ブッキング・ドット・コム（Booking.com）やアマゾン、グーグルといった、「生まれつきデジタル」の企業の例が多く挙げられています。彼らがデジタル技術を使った実験に積極的なのは当然とも言えますが、従来型の企業が実験を重視する企業文化を持つようにするにはどうすれば良いのでしょうか。そして第二の質問は、その変革過程におけるリーダーシップの果たす役割についてお尋ねしたいと思います。

ステファン・トムキ教授（以下略）：提起された二つの質問はまとめてお答えできると思います。私が実験重視の企業文化と呼んでいるものを既存企業が構築するのは、おそらく最も挑戦的な課題と言えます。

『ハーバード・ビジネス・レビュー（HBR）』誌の2020年3－4月号に、"Building a Culture of Experimentation"という論文を書きましたが、[注23]その中に示した、いくつかの要素についてお話ししましょう。核となる要素は、企業が「生まれつきデジタル」かどうかに関係なく共通しています。それに、自社は「生まれつきデジタル」ではないと考えているところでも、特に新型コロナウイルスの感染拡大の中で、より多くの部分をデジタルに移行せざるを得なくなっており、そのペースは加速しています。

私は5つの重要な要素があると考えています。最初が、「好奇心を啓発する」こと（cultivate curiosity）です。組織の底辺からトップリーダー層に至るまで、「サプライズ（驚き）」を価値あるものだと考えるようにならなければなりません。サプライズの価値を金額で表すのは、コストの数値化に比べて難しいです。これから何が起こるか分からないことを数値化しようとするからです。

だから企業文化として、組織全体がサプライズを良いものとみなすようになる必要があります。このようなマインドセットが定着すれば、好奇心が組織全体に広がり、人々は失敗をコストのかかる過ちではなく、学習機会と捉えるようになります。

それではどうやって啓発するか。まず好奇心旺盛な人を採用します。私はブッキング・

ドット・コムの経営トップにインタビューしたとき、「どうやって好奇心旺盛な人かどうかを見極めるのですか、テストでもするのですか」と尋ねました。彼は「いや、私にはとても簡単な見極めるための方法があります。それは採用面接のときに、相手がどのくらい多くの質問を私にしてくるか、その数です。例えば一時間の面接の間に、私に対して何も質問しない応募者だったら、その人はあまり好奇心のない人と考えても良いと思います」と答えてくれました。私は確かに賢い方法だと思いました。

　そのような好奇心旺盛な人を採用した後も、その好奇心を涵養する必要があります。好奇心を持って多くの疑問を投げかけることが、仮説の構築につながります。仮説は、実験のインプットになりますから、疑問を出さないと実験ができません。そして実験には学習目的があります。学習目的のない実験は本来実験とは言えません。ですから学ぼうとする意欲のある人が求められます。

　二つ目の要素は、「データが意見に勝るという原則に固執する」ことです。組織の意思決定が、意見や直感に基づいてなされると、どうしても組織のヒエラルキーが影響を及ぼすようになります。上司の意見が部下のそれより重視されるとか。それを揶揄的に指すHiPPO（元々カバ-hippopotamus-の略語だが、ここでは最も給料をもらっている人の意見-highest-paid person's opinion-の意）という言葉すらあります。HiPPOが尊重される組織において、実験重視の文化を構築するのは至難の業です。なぜか、それが人間の性（human nature）で障壁となるからです。我々には我々の前提に合った「良い」結果は、すぐに受け入れ、合わない「悪い」結果について真剣に検討しないというバイアスが働いています。私が本のために調査して分かったのは、先端企業においてすら、10の実験のうち、8～9は予想された結果を生み出しません。逆に言えば、全体の10～15％の実験しか「成功」しないのです。

　つまり、我々は（専門家と言われる人でも）ほとんどの場合、間違っているんだということを受け入れなければならないのですが、それは通常難しいのです。本来、だからこそ実験をするべきなのですが、事実よりも意見に重きが置かれたり、ヒエラルキーが大きな影響を与えたりする組織では、それらが邪魔をしてしまいます。そんな企業でも、新製品やサービスの市場投入という究極の「実験」はするのですが、遅きに失してしまいます。その時点で成功するかどうかという「実験結果」が分かるのでは、失敗のコストがとても高くなってしまいます。

実験を民主化しつつ倫理問題に配慮する

最初の要素として、「好奇心を啓発する」ことを挙げられましたが、通常、組織はサプライズを嫌い、それをコントロールする仕組みを導入しています。計画や予算はその典型です。好奇心を啓発するための仕組みとこれらの伝統的なコントロール・メカニズムはどうバランスさせれば良いのでしょうか。

　それはとても重要なポイントです。意思決定においては根本的な非対称性があります。意思決

Stefan H. Thomke

現職：ハーバード・ビジネス・スクール教授
専門分野：イノベーション・マネジメント
経歴および業績：アリゾナ州立大学電気工学修士、マサチューセッツ工科大学修士・博士（経営学および電気工学）。マッキンゼー社コンサルタントを経て、1995年からハーバード・ビジネス・スクールで教鞭を執る。2004年同校教授に就任。
野村マネジメント・スクールでの担当講座
「トップのための経営戦略講座」で「イノベーション・マネージメント」のモジュールを担当

> 好奇心を持って多くの疑問を投げかけることが、仮説の構築につながります
> ――トムキ教授

何かにコストを賦課するのは相対的に容易です。プロジェクトのプロポーザルがあって、それにいくらかかるかのコスト計算は、MBAプログラムの一年生なら誰でもできることです。ところが、そのプロポーザルを実行するとどのくらい収入があるかを予測することは、ずっと難しい。特にそれがイノベーションのような新しいことであれば、不確実性が高く、アップサイド、つまり収入を見積もることがより難しくなります。コストについての不確実性はそれほど高くありません。ですから何らかの仕組みを導入していないと、不確実性の低い方が常に勝ちます。なぜなら、そもそも人間は不確実性を嫌います。ビジネス略語でFUD（fear, uncertainty and doubt＝恐怖・不確実性・疑念）という言葉があります。日本語に同様なものがあるか知りませんが、恐怖、不確実性、そして疑念を持ち出せば、どんな素晴らしいアイデアでも潰すことができるという意味です。

　一つ例を挙げましょう。米国にコールズ（Kohl's）という大手小売業企業があります。彼らはアマゾンのような「生まれつきデジタル」企業ではありません。彼らがあるときコスト削減策を練っていました。そのうちの一つに開店を一時間遅くするという案がありました。それによってどれだけコストが節約できるかは、まさにMBAの一年生向けの計算演習です。その値についての不確実性はほとんどありません。

　問題は、収入への影響をどう見積もるかです。今まで行われたこともないし、多くの要因が絡むので簡単な演習というわけにはいきません。例えば顧客の行動がどう変化するかは分かりません。スプレッドシートを使って推測したり、他社の例を探したり、コンサルタントを雇ったりすることはできるでしょうが、直面している状況に当てはまるかどうかは分からないのです。経営トップはどうやって意思決定すべきでしょうか。この案を潰す一つの方法が、FUDです。つまりこの案を全店舗に展開したとき、大幅な収入減となるかも知れないと恐怖を喚起するのです。

　意思決定の際の、この非対称性のジレンマから抜け出す道が実験を行うことです。全社的にコミットする前に、いくつかの店舗をサンプルとして選び、統計的な分析手法を用いたきちんとした実験を行うのです。その結果をもって、信頼性のある予測を行い、意思決定を下すのです。実際、コールズは実験を行い、収入面での悪影響はほとんどないことが分かりました。このように実験は、不確実性をいくらか減少させることによって、大胆と思われる施策を行う勇気を与えるのです。

　第三の重要な要素は、「実験を民主化する」ことです。ここでいう「民主化」とは、組織内の誰でもが、上司の事前の許可を得る必要なく実験を行えることを意味します。ブッキング・ドット・コムはまさにその実例です。新型コロナウイルスの感染拡大前には、彼らのウェブサイトには、月間約5億人が訪れていましたが、同社では何百万人もの顧客を対象にしたライブ環境での実験（live experiments）を社内の誰もが始められます。

　そして実際に社員の75％が、活発に実験を行っています。かなりのスケールで実験が行われているわけです。デジタル企業であろうとなかろうと、現場の社員が実験を行うために上位者からたくさんの許可をもらわなければならないとなれば、実験をスケールアップすることはできません。

　もちろん、すぐ「そんなことしたら危険じゃない？」という懸念が浮かぶでしょう。もちろん社内の誰もが、ライブ環境で多くの人を対象に実験することができるためには、チェック＆バランスの体制が整備されている必要があります。例えば、ブッキング・ドット・コムでは、誰でも他の社員によって行われている実験を中止することができます。稀にしか起きませんが、従業員にその権限が委譲されているのです。

　もう一つのチェック＆バランスの仕組みは、完全な透明性の確保です。まず、ある実験を開始する前に、誰でもその実験の内容を知る

真の実験重視の
企業文化構築に向けて

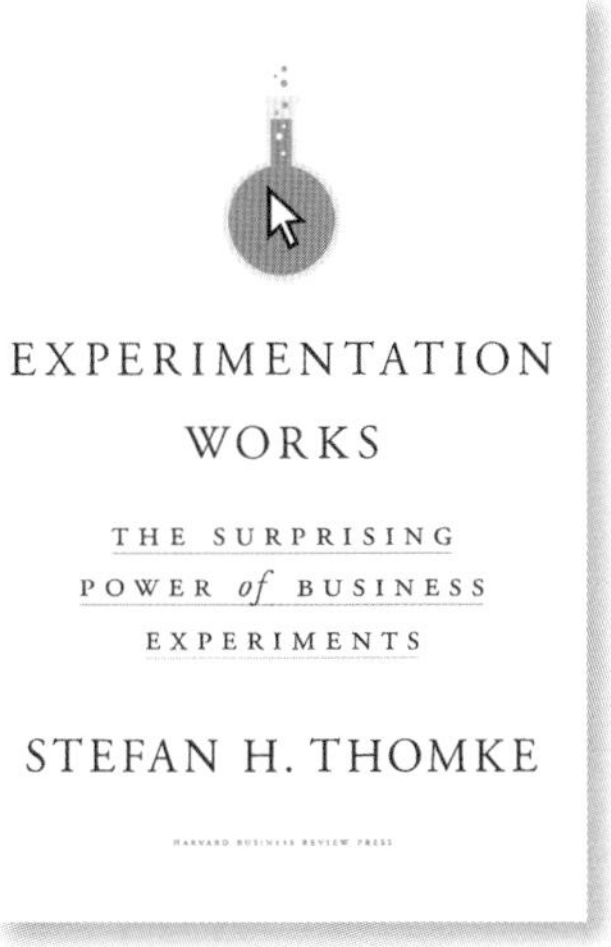

Experimentation Works
Harvard Business Review Press
2020年（2021年、日本経済新聞出版社から邦訳が出版される予定）

　本著で著者は、新しい製品やサービスを開発するにあたっては、経営者の勘や経験、あるいは近頃はやりのAI（人工知能）ですら頼りにはならない、顧客に実際に提供して反応を見るという実験を繰り返す以外にないと、ビジネス上の実験の重要性を強調している。デジタル化の進展により、実験のコストは劇的に低下しており、経営者として組織全体に実験の文化を定着させることが競争優位につながるということを豊富な事例を紹介しながら論じている。

ことができます。そして周囲の人々が、その実験の担当者にいろいろな情報をフィードバックします。仮に私が「良くない」あるいは愚かな実験をしようとしているとすると、社内の誰かがすぐにメールをよこして、なぜそれが良くない実験であるかを指摘するのです。あるいは、その実験が、社内の誰か別の人によって二日前に行われていれば、同様に「それは私が二日前に既に実験しており、こういう結果を得たので反復不要です」という連絡が来るのです。

　もちろん過去の実験を全て記録したデータベース（アーカイブ）が整備されていますから、本来はまずそこを検索して重複した実験は過去に行われていないかどうかは分かるようになっています。

　彼らが、このようなシステムにしているのは、実験のスケールメリットを享受したいからですが、もし委員会のようなものを設置して実験の承認プロセスを導入すると、そこがボトルネックとなって時間がかかってしまい、その目的を達成することができないと知っているのです。

　第四の要素は、「倫理的問題に敏感であれ」ということです。実際のユーザーを対象にライブの実験を行う以上、その実験は倫理的に正しいものでなければなりません。彼らを騙して彼らの望まないことをさせたり、ブッキング・ドット・コムの例に則して言えば、経済的に余裕のない人に非常に高価なホテルの部屋を予約させようとしたりしてはいけません。そういう類いのことはたくさんあります。これは新薬開発の実験と異なりません。人々に危険な化合物を試させてはいけません。どんな企業の実験にせよ、人々に害を与えるようなものであってはならないのです。

　確かにオンラインで何か販売するというような場合、害を与えるような実験というのは少ないかも知れません。でも医薬品開発同様、実験を行う者は、それが人々に害を与えるものでないかどうか、事前に考える必要があります。

　もちろん、何が倫理的かというのは複雑な問題です。人々に嘘をついて、存在しない商品を売ろうというのは分かりやすい例ですが、多くの問題はボーダーライン上で発生します。実験者は十分に倫理的だと考えていても、実験対象となる顧客の側はそうでないと考えるかも知れません。

　時に、現実はともかく、非倫理的だというイメージだけでも有害なこともあり得ます。フェイスブックが行った「感情の伝染（emotional contagion）」に関する実験はその例です。心理学では明らかになっていることですが、あなたが幸せで、人のいる部屋で、それを態度や発言に表すと、それが他人にも「伝染」します。私が教室に入って、いつもやっているように情熱的に授業を行うと、生徒にそれが伝染して情熱をもって反応してくれるようになるのも同じです。フェイスブックは、この感情の伝染が、対面のコンタクトではなく、SNS上でも起こるか、ライブで実験しようとしました。

　結果的に効果はそれほど大きくないものの、伝染は起こることが分かりましたが、実験の対象となったユーザーは、実験の意図を知って、フェイスブックが彼らの感情を操作しようとしたと感じ、不快になりました。

> ライブ環境で多くの人を対象に実験することができるためには、
> チェック＆バランスの体制が整備されている必要があります
> ――トムキ教授

もちろんコマーシャルとかテレビ番組も、常に視聴者の感情を操作しようとしています。視聴者もそれは分かっていますが、いつでもテレビを消したりできる、つまりコントロールできると思っています。フェイスブックの実験は、それを知らされていなかったが故に、ユーザーに不快感を与えてしまいました。そして新聞の一面に載るようなスキャンダルになってしまいました。

どうやって倫理性を担保するか。ブッキング・ドット・コムでは、まずオンボーディング・プロセスがあり、新入社員が研修を通じて架空の問題について討議したりして、何が倫理的で、何が非倫理的かを直感的に判断できるように指導しています。他社の例では、ガイドラインの設定があります。リンクトインは、「害を及ぼすな」という標語を含むガイドラインを持っています。

リーダー自らが実験を受け入れる

これらの要素を企業に植え付けていく変革過程におけるリーダーシップの果たす役割はどんなものになるでしょうか。

それが五つ目の要素になります。つまり、「経営者は新しいリーダーシップのモデルを採用せよ」ということ。言い換えれば、今まで通常リーダーが行ってきたこととは異なる役割を果たせということです。具体的には3つあります。まず、実験重視の企業文化を持とうとする組織では、リーダーがどんな実験を行うべきか、フォロワーに指示すべきではありません。ただ、方向性（偉大な挑戦課題と言い換えても良いかも知れません）は与えるべきで、単にたくさんの実験をせよとだけ宣言するのも間違いです。

そのような挑戦課題としては、例えば「我々は顧客体験の点でNo.1になる」というようなものがあるでしょう。そうすることによって全ての実験は、それを達成するために実施されます。その挑戦課題を細分化し、それぞれに測定可能なKPIを定め、あとは組織の自主性に任せるのです。

第二に、リーダーは、実験をスケール化するために経営資源と、システム、そして組織を整備しなければなりません。単に実験をやって良いというだけでは前に進みません。また、やみくもに試行錯誤を繰り返すのではなく、システマティックに規律をもって実験を行うために、統計的な分析手法も身につけてもらう必要があります。誰が実験を行い、オーナーシップを持つのかといった組織デザインも行わなければなりません。要は社員が実験しやすい環境を整えるのがリーダーの役割だということです。

第三は、リーダー自らが率先垂範して実験を行わなければなりません。彼ら自身も同じルールに基づいて行動せよということです。私が調査したことのある企業で面白い話を聞きました。会社の新しいロゴを決めようと幹部が話し合った後に。CEOが「皆の意見は十分聞いた。このロゴにしたいと思う」と発言したところ、参加者が、「おもしろいアイデアですね。実験してみましょう。そしてそのロゴが本当に良いものかどうかを後でお知らせします」と返したというのです。

リーダーも同じルールで行動する、つまり自分のアイデアも実験の洗礼を受けることを許容しなければなりません。そのためには謙虚さ（humility）が求められます。会議に臨んで、「私もよく分からない。私がCEOだからといって、君たちより良い情報を持っているわけではない。だから私のアイデアも検証される」ことを認めなければならないのです。

こうすることはとても難しいです。その一端は、我々ビジネススクールの教師に責任があります。受講生には「常に自信を持って力強く導け」と教えてきましたから。マネージャーは（時には運が味方して）正しい経営判断を下すことによって昇進し、トップになると、組織でベストの意思決定者と見なされます。ところが実験重視の企業文化を持つ企業

真の実験重視の企業文化構築に向けて

では、180度異なるタイプのリーダーが求められるのです。

もちろんすべての意思決定がこのようになされなければならないと言っているわけではありません。学習目的があることばかりではないですから、例えばどの企業を買収するかとか、ある種の交渉をしているような場合には、契約上の制約や戦略的な理由から、たとえ実験を行って結果が右へ行くべきだと告げていても、左へ行くという意思決定を下すことはあり得ます。

ただ、実験を行うことによって、意思決定プロセスに透明性をもたらすことができます。「顧客が望むからこういう変更を行う」と言っても、実験の結果、顧客が望んでいないことが分かったら、その変更を行う理由は他に求めなければなりません。つまり、意思決定者は本当の理由を正直に伝えなければならなくなるのです。

実験を真に受け入れる企業への変容の5段階

実験重視の企業文化に変革を成功させた企業の例を挙げていただけませんか。

IBMは一例です。三年の間に実験数を30倍に増やしました。ただ、通常、スイッチをオンするように、短期間に突然、実験重視の企業文化になるわけではありません。徐々に変化していくもので、私は、多くの企業を観察して、それを図表3-4-3のような5段階の成熟モデル（英語の頭文字をとってABCDEモデルと呼んでいます）にまとめました。いわば実験の初心者から上級者に移行していくようなもので、それぞれのステージには、特有の条件があり、企業によってはあるステージに留まってしまうこともあります。

例を挙げましょう。最初のステージを私は認知（awareness）の段階と呼んでいます。ここでは経営幹部が、ビジネス上の実験はイノベーションを生み出すために重要であることを理解していなければなりません。

私は、長年、HBSや野村マネジメント・スクールの講座を含め、多くの機会にこのことを主張してきましたが、私の意見に反論し、「実験は重要でない」と言う経営者に出会ったことはありません。私の発言にうなずいて同意するだけでは十分ではありませんが、それを認めることが出発点になります。その意味では、ほとんど全ての企業は少なくともこのステージにいることになります。

次の信念（belief）のステージに移行するには、リーダーは実験、特に良い実験というのはどんなものか、どんな要因によって実験が左右されるかなどを理解し、実験のためのなんらかのフレームワークやツール（統計的な分析手法・ノウハウなど）を組織内で採用する必要があります。そうすることによって、社員は何をすればよいかが明確になります。

実験のためには仮説が必要ですが、多くの企業を観察して感じるのは、人々は通常、仮説とは何かということについて、高校の授業で習ったという程度の曖昧な記憶しか持っていないということです。検証可能な仮説になっているかどうか、独立変数（インプット）は何か、従属変数（アウトプット）は何か、など基礎的な知識は身につける必要があります。

残念ながら多くの企業がこのステージで留

図表3-4-3　実験重視の企業文化構築への5つのステージ

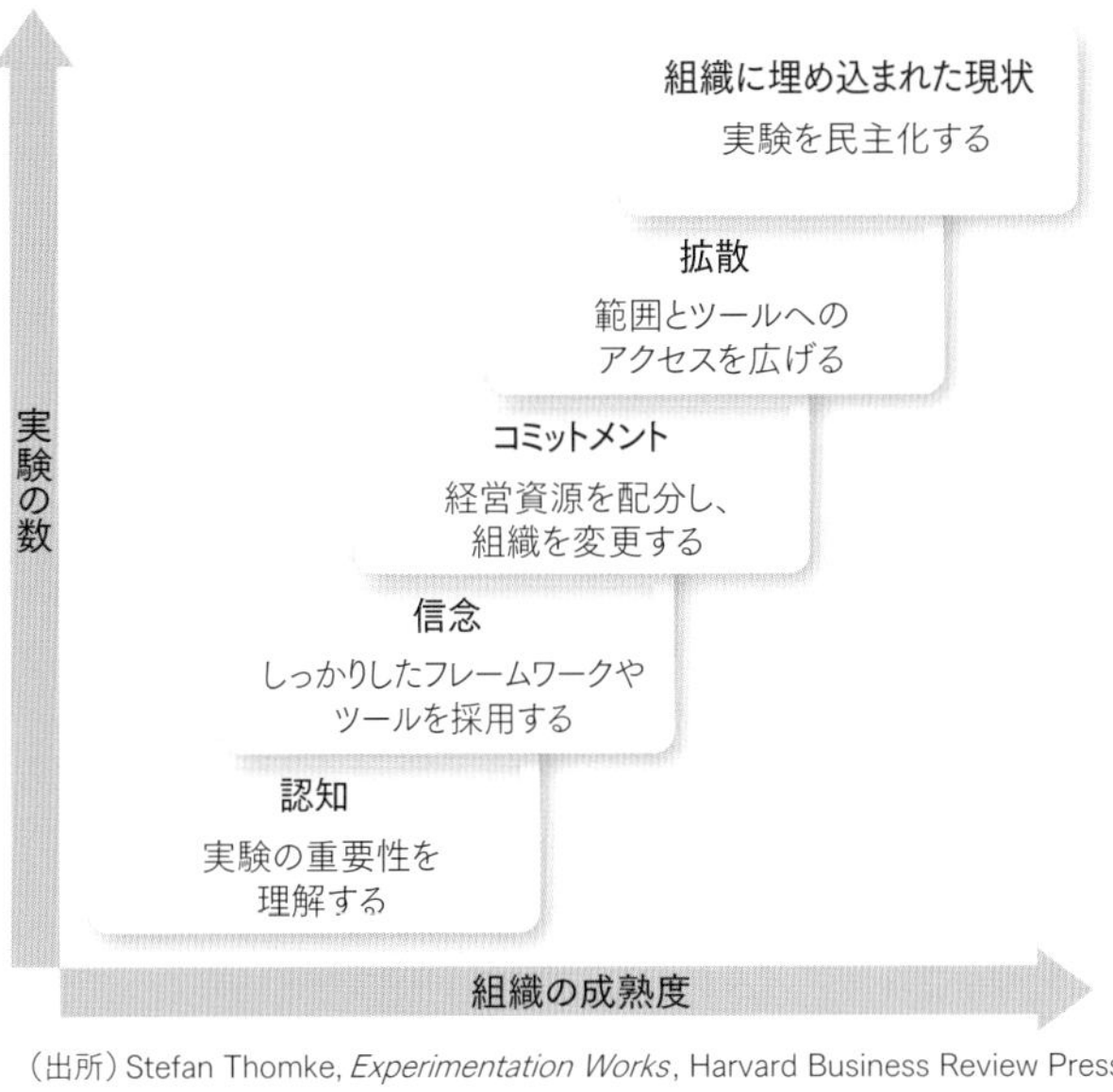

（出所）Stefan Thomke, *Experimentation Works*, Harvard Business Review Press 2020: p.217

まってしまっています。次のレベルはコミットメント（commitment）のステージですが、そこへの移行が難しいのです。

このコミットメントのステージに移行するためには、実験のために経営資源を割き、組織の調整を行わなければなりません。実験のオーナーシップを持つのは、特定の部門の少数の社員なのか、全社的に展開するのか、どんな経営資源を配分するのかなどをリーダーは自問自答しながら決めていきます。

次の拡散（diffusion）のステージは、誰でもが実験できる状態です。どう組織全体に拡散させるか、前にも述べたように、誰でもツールにアクセスして実験を行えるようにどうやって仕組みを作るかなどがリーダーの検討課題になります。大きな意思決定ですし、文化の果たす役割が大きくなります。

そして最後が実験重視の企業文化が「埋め込まれた」状態（embeddedness）で、一種の理想郷です。真に実験が民主化された状態で、このステージに到達したかどうかは、実験が呼吸のように無意識に行われているかどうかで判断できます。もはや実験すべきだなどと社員に言う必要もない状態です。

ちょうど投資案件の採算性を判断する際には、スプレッドシートを用いて財務分析をするのと同様、組織内である種の意思決定の前には実験を行うことが当然のように見なされている状態です。ここまで到達している企業はそう多くありません。依然としてBステージに留まっている企業が多いのです。

このモデルが示唆しているのは、どんな企業でもこのステージを踏んでいくということですね。

そうです。ただ、どんな行程でも、自転車で行くか、飛行機で行くかの違いがあるように、移行にかかる時間が決められているわけではありません。日本からシンガポールへ行くとして、泳ぐという選択肢もあり得ます。帆船で行くこともできますし、飛行機に乗ることもできるというようなものです。

企業文化変革のための新しいリーダー像

実験重視の企業文化を構築する上で、経営トップが一人のカリスマ的リーダーに導かれているのか、あるいは経営チームが主導するのかで、違いはあるでしょうか。

チームだから、あるいはカリスマだから効果的と言うことは言えないと思います。例えば、カリスマの定義にもよります。もしカリスマというのが、自分の意思を部下に押しつけるような人であれば、そのような文化を構築しようとしても失敗に終わるでしょう。しかしカリスマ性をうまく使い、社員を活性化させ、このアプローチを腹落ちさせることができれば、うまくいくでしょう。

私がこれまで述べてきたことは、多くの人にとって自然にできることではありません。人々にとって自然な状態というのは、同じことを反復したり、確実性を求めたりすることです。また、自分たちのバイアスや直感に基づいて行動するのも自然な性向です。ですからカリスマ性をその自然の状態から乖離させ、不確実性を受け入れるような状態に持って行くのに用いるのなら有益です。

ここで私が調査した中で、最高の発言を引用したいと思います。発言者は、ブッキング・ドット・コムのＣＰＯ（最高製品責任者）であるデービッド・ビスマンス（David Vismans）で、同社のNo.2ですが、私が同様の質問を彼に投げかけたとき、核心を突いた返答をくれました。私の「何か他社のＣＥＯへのアドバイスはありませんか」と尋ねたとき、彼は次のように語りました。

大規模な実験というのは技術的な問題ではなく、リーダーであるあなた自身が信条とすべき文化的な問題です。リーダーは自問自答すべき二つの大きな問題に直面します。あなた自身がどれだけ間違っているかを毎日突きつけられるかをどれだけ受け入

> 実験が呼吸のように無意識に行われているかどうか
> ――トムキ教授

真の実験重視の企業文化構築に向けて

れられるか、そして部下にどれだけの自立性を与えられるかという問いです。もしこれらの問いに対しあなたの答えが、自分が間違っていることを示されたくない、とか製品の将来を部下の手に委ねたくないというのであれば、実験文化の構築はうまく行きません。実験のメリットを十分に享受することはできないでしょう。

この言葉が全てを語っていると思います。リーダーは鏡に自分の姿を映して、どんなリーダーになりたいのかを自問自答するべきです。時にはステレオタイプ的なリーダー像を超える必要があります。実際、我々の考えるリーダーのあるべき姿は変わりつつあります。机をどんどんたたくようなハードコアのリーダー像は時代遅れになりつつあります。

御著書の中では、新しいリーダーの持つべき特質として、タッシュマンの言う「両利き性」の獲得やエドモンソンの言う「チームに心理的安全性を生み出す」ことの重要性にも触れていらっしゃいますね。

確かに、これらの特質は実験重視の企業文化を持つ組織を創出する助けとなります。一例を挙げると、失敗の果たす役割があります。誰でも失敗はしたくありません。でも良い失敗と悪い失敗があります。私の用語で言えば、失敗（failure）と過ち（mistake）を区別する必要があります。過ちというのは、何も学ぶことがない悪い結果のことです。そして失敗は、何か学ぶべきことがある結果を指します。ですから仮説が支持されなかったという意味での失敗と、実験そのものの失敗（仮説が支持されたかどうか分からない状況）は区別されなければなりません。実験のデザインがうまく行われないと、実験そのものの失敗が起こってしまいます。前に述べたように多くの実験は、仮説が支持されないという意味で失敗に終わります。それは多くの実験を行うことの副産物とも言えます。

実験をうまく利用している会社は、このことについてはあまり気にしません。例えば、あなたが年に１０００回の実験を行う責任者だとして、成功率が15～20%だとしても、１５０～２００の良い結果（仮説が検証され、その施策が導入される）を得られるのです。この数は多分、多くの企業が一年に実施する改善策より多いでしょう。10～20しか実験を行わない場合より良い状態になるのです。もっと言えば、数少ない実験しかしないのは非常に危険なことです。仮に年8～10しか実験をしないとすると、一年間何の成功もないということもあり得ます。そうすると何か成功させなければならないという、大きな圧力がかかることになります。そうならないようにリスクをあまりとらない「安全な」実験しかしなくなります。

時にはもう答えが分かっているような実験しかしないようになるかも知れません。得られる学習の価値は非常に小さくなります。逆に数多くの実験を行えば、いくつかの良い結果は得られるので、失敗を心配しなくなり、リスクもとるようになり、学習の価値も高まります。逆説的ですが、少ない実験しかないことは、たくさんの実験を行うことに比べてよりリスクが高いことになります。

日本の経営者へ：「分析麻痺」によるリスク回避に陥らないように

最後に日本企業の経営者に何かメッセージをいただけますか。御著書の中では、漸進的イノベーション（カイゼン）の重要性に触れられています。日本企業はカイゼンに強いと言われていますが、必ずしも実験重視の企業文化を持っているとは限りません。

良い質問です。一見すると日本企業は自然に優位性を持っているように見えます。でも、もしかしたら不利な点なのかも知れません。常にカイゼンしようという姿勢は、広い意味で科学的手法に基づいており、QCサークルなどの活動に由来する慣行が長く行われてきたのはプラスです。しかし、私の見るところコンセンサス重視の企業文化は、障害となる可能性があります。全ての意思決定、全ての実験にコンセンサスを求めるとなると、プロセスに時間がかかりすぎてしまいます。そもそも結果の分からないことにコンセンサスを得ることは無理です。だからリスク回避になりがちです。コンセンサスは意思決定後の行動を迅速化しますが、実験という環境では、全てを遅らせることになり、実施の障害になりかねません。

もう一つリスク回避との関係で言えるのは、全てを分析しようとする問題です。「分析麻痺（analysis paralysis）」という言葉があるくらいです。分析を延々と行うと、先に述べたコストとベネフィットの間の非対称性の問題がより顕在化します。つまり、どうしても分析可能であるコストサイドに集中しがちになるのです。ベネフィットの方は、不確実で分析しにくいので、そういうバイアスが自然に生じてしまいます。リーダーは意図的にベネフィットサイドに目を向けるようにさせなければなりません。

確かに改善活動はともすればコスト削減、不確実性の排除の方向だけに進みがちですね。

イノベーションというのは不確実性を機会に変える行為です。不確実性を排除しようとするとどうしてもコストサイド重視になってしまいます。オペレーションの効率向上は達成できますが、イノベーションからは遠ざかってしまいかねません。N

日本への示唆

イノベーティブな会社というと、通常「生まれつきデジタル」のハイテク企業やデザインファームのような所を想像する。すなわち、革新的なアイデアや創造性にあふれた人がいる会社というイメージである。しかし、お二方の議論の出発点は全く異なる。どんな企業でも、そのような人材を新たに採用しないでもイノベーティブになれるというのである。どのようにすれば良いのか。

ロベルト教授は、障害となっている組織的な「思い込み」を取り除けば、社員の創造性が解放されてイノベーションが生まれやすくなると主張する。具体的には次の6つである。

❶直線的なPDCAプロセスに載せようとする
❷ベンチマーキングを重視する
❸予測を求める
❹組織をいじくる
❺集中させるために隔離する
❻「そんなもの」という類いの批判を許容する

これらの思い込みは、長年にわたって必要に応じて構築されたものであるから、現実的には取り除くというよりは、緩和する、あるいは方向性を改める努力が求められることになるだろう。

一方、トムキ教授は、ビジネス上の実験という手段を利用してイノベーションを重視する企業文化の構築を説く。そのために必要な要素は次の5つである。

❶好奇心を啓発する
❷データが意見に勝るという原則に固執する
❸実験を民主化する
❹倫理的問題に敏感であれ
❺経営者は新しいリーダーシップのモデルを採用せよ

お二方とも経営チームに関する言及はそれほど多くなかったが、新しいリーダー像を提示されていたのが印象的である。それは「黙ってついてこい」スタイルのヒーロー型リーダーではなく、自らの誤りも受け入れる（トムキ教授）、教師のような（ロベルト教授）リーダーである。そして、経営チームが機能する要件である、行動原理の統一、とりわけ、自らがそれに従って内外に範を示すことの大切さを強調されていた。

【注】

23）
ステファン・トムキ「ビジネス実験を重ねる文化が企業を成功に導く」『ダイヤモンド・ハーバード・ビジネス・レビュー』2020年6月号

ビジネスモデルを変革する

経営チーム自身によるイノベーション

BMI：経営陣しかできないイノベーション

前節では、イノベーションを促進する上で経営チームのできることは文化の醸成だと主張した。しかし経営陣が直接関与するイノベーション（しかできないと言っても良い）(注1)がビジネスモデルの変更（あるいは新しいビジネスモデルを共存させる―例えば売り切りのカメラと「替え刃」モデルのプリンター事業）、すなわちBMI（Business Model Innovation）である。

本節ではスタートアップ時のビジネスモデルの模索や選択（例えばFacebookが広告モデルをとるかサブスクリプション・モデルをとるか）ではなく、既存企業がビジネスモデルを変革する際のリーダーシップのあり方に焦点を当てる。(注2)

既存企業がビジネスモデルを変革するのは容易でない。ビジネスモデルは、互いに複雑に関連する膨大な選択の結果からなる。これらの選択は、企業のバリューチェーン（価値連鎖）上のどこにでも含まれうる要素である。具体的には人事、IT、調達、ロジスティクス、オペレーション、マーケティング、セールスなどである。

ある選択の組み合わせから別の組み合わせに移行することは難しい。なぜなら、ある選択の組み合わせによってルーチン化された組織内の個人の行動を変えることが必要になるからである。

加えて、ビジネスモデルは時間の経過と共にある種の「資産」となる。ここで言う資産とは、ある企業が現在のビジネスモデルで事業を運営するにつれて増えていく資源や能力のことで、例えば、顧客や従業員の目から見た名声、あるいは特定の企業文化といったものを指す。

過去に企業が成功すればするほど、組織を変え、BMIを達成することが難しくなる。この資産が、変革を起こそうとする努力の足かせになるからで、例えば、新しいビジネスモデルがうまく機能するためには、顧客の目から見て新たな名声を獲得しなければならないが、もし確立した名声のある企業であれば、そのようなものを持たない企業に比べてそれが難しくなる。

より具体的に、ウォルマートを例にとって説明しよう。ウォルマートは売上高が世界最大の企業である。彼らのレガシー・ビジネスモデルは、郊外の物理的店舗の大規模ネットワーク、ＥＤＬＰ（毎日低価格）、ベンダー（納入業者）とのハードな交渉、店舗のマネージャーへの強力なインセンティブ、自社所有の大規模配送センターなどの選択を基に構築されている。

　これらの組み合わせが、低価格→大量販売→規模の経済→価格交渉力とデータ→低価格→……という好循環を生み出しているのである。この例では、低価格が選択に当たり、データが資産に相当する。

　アマゾンとの競争において、ウォルマートは自社のビジネスモデルを変革し、Ｅコマースのオプションを提供して、外部のベンダーと顧客を結びつけるプラットフォームになろうとしている。ただ、ウォルマートのレガシー・ビジネスモデルは、アマゾンの膨大な品揃えにうまく対抗できる準備が整っていなかった。

　加えて、ウォルマートはアマゾンのレビューのような個々の商品の質に関する詳細な情報を提供しなかったし、配送センターのネットワークも、元々店舗向けだったため、消費者に個々の商品を届けることにはあまり向いておらず、必要なロジスティクス能力も構築していなかった。

　つまり、ウォルマートがＥコマースで成功するためには、品揃え、顧客レビュー、注文受付センター、そして宅配能力などに多額の投資が必要であり、さらに人材の採用、訓練、報酬などの仕組みを変更することを意味した。それだけに留まらず、ウォルマートがどんな価値を提供しているのかについての消費者の理解を改めてもらう必要がある。

　これだけの変更をウォルマートの規模の企業が行うことは、不可能ではないにせよ至難の業である。

　もちろんＢＭＩを成功させた事例を挙げることはできる（私の考えでは、ウォルマートも最終的にはうまく成し遂げるだろう）。ＤＶＤの宅配モデルからストリーミングに移行したネットフリックスは、おそらく最もよく知られた例だろう。

　このような成功例から何が学べるだろうか。成功のために必要なことは何であろうか。この点は以下で詳しく説明していくが、とりあえずは、ＢＭＩ成功のための４つの柱（pillars）を提示しておこう。

　それらは、①現状維持は不安定で危険だという認識、②創造的なアイデアが検討される確率を高めるための、アイデア、アプローチ、そしてチームメンバーの構成についての多様性の受容、③ＢＭＩが成功するために必要な新たな一連の行動に向かって導く能力、④リスクテイキングおよび失敗を許容する態度、である。(注3)

ビジネスモデルは競争優位の源泉

　ある企業がある特定の製品や顧客セグメントにおいて競争優位を持つとは、顧客の支払い意欲と提供コストの差が競合より大きいことを言う。すなわち、その企業がライバル他社に比べて顧客にとっての価値をより多く生み出せれば、競争優位があると言える。より多くの価値を生み出せれば、多くの場合、その企業自身が獲得できる価値も大きくなるので、相対的に収益性が高くなる。

　当然のことながら、競争優位を持つためには、ライバルと比べた差異（差別化要因）がなければならない。もしライバルと全く同じだとすれば、生み出す価値も等しくなるので、定義上、どちらも競争優位性を獲得することはできない。それゆえ、競争優位を生み出し、優位性を高めて行くには、業界の通念とは異なるやり方で事業運営をし、競争する方法を見いだす必要がある。ここにＢＭＩが果たす大きな役割がある。

　ビジネスモデルとは、価値を創造し獲得するためのロジックであるとも言える。そしてビジネスモデルは３つの構成要素からなる。すなわち、①アクティビティ（先ほどのウォルマートでは、例えばＥＤＬＰという価格付けの方法）、②資産（配送用トラックとか店舗ネットワーク）、③ガバナンス構造（不動産は保有するがトラックは保有しない、など）、の3つである。

どの要素も差別化、BMIの源泉となり得る。

例えば、ウーバー（Uber）は自動車を保有することなく、需要と供給をマッチさせる料金算出のアルゴリズムを開発・運用することでタクシー会社のような事業を行っている。

またネットフリックスは、物理的店舗を一店も保有することなく、世界最大のビデオレンタル事業を営み、さらに最近では、どの競争相手も行ってこなかったコンテンツ制作事業にまで乗り出している。

そして、建設用電動工具や材料を製造販売するヒルティ（Hilti）は、工具を売り切るのではなく、保有し続けて顧客に「フリートマネジメント」というサービス契約を提供することを選択した。

ビジネスモデルの構築方法は無限に考案できる。そのうちどれが適切かを決める基準はあるだろうか。優れたビジネスモデルは、価値の創造と獲得が、時を経るに連れてよりよくなされるようなダイナミクスを持っている。

言い換えれば、ビジネスモデルは強力な好循環を生み出せるように組み立てられなければならない。LCCであるライアンエアの例を考えてみよう。同社の全てのビジネスモデルに関する選択は、できる限り低コストを達成できるようになされている。コストの低さが低料金を可能にし、稼働率が上がることによってさらなるコスト低下がもたらされる。

ウーバーは、低料金、使いやすいアプリ、宣伝、優れた顧客向けサービスによって、より多くの利用者を引きつける。そして利用者が増えればドライバーの稼働率が上がるので、より多くのドライバーも引きつけられる。ドライバーの数が増えれば増えるほど、サービスがより迅速で便利に提供でき、さらに料金も下がるという好循環が生まれるのである。

パワフルな好循環は、そのビジネスモデルを採用する企業の差別化を支える資源や能力、すなわち、強固な「資産」を築く。このような資産の例としては、顧客を引き寄せる低料金エアラインという名声（例：ライアンエア）、強力な同窓生ネットワーク（例：HBSやNSAM）、製造現場の経験知（トヨタやホンダ）、特定のOS（オペレーティング・システム）を採用するコンピューターの設置台数（マイクロソフトのウィンドウズ）などが挙げられる。

このような資産を築き上げた革新的なビジネスモデルを持つ企業に対抗することは、後れをとった競争相手にとって至難の業である。

なぜBMIは難しいのか

変革が必要になっても、大きな確立した企業がBMIにしばしば失敗する理由を理解するフレームワークを、HBSのジャン・リブキン教授（第3章2参照）が開発している。それによると、失敗の種類には4つある。

❶気づけない

「脅威とか機会などない」

新しいビジネスモデルがあまりにも異なるので、既存のプレーヤーは新しいライバルの出現に気づかない。例えば、伝統的な自動車メーカーは電気自動車（EV）事業への参入が遅れた。2012年のテスラによるモデルSでの新規参入によって、初めて彼らはEVテクノロジーがもたらす脅威と機会に気づいたのである。

❷動機がない

「脅威や機会は認識した。しかし自らが変わる必要性を感じない」

競合するビジネスモデルが台頭してきても、既存プレーヤーはまだ「自社はうまくやっている」と思っている。言い換えれば、新しいビジネスモデルを認識するが、それと自社のモデルの相互作用について思いが至らない。代替的ビジネスモデルが対処すべき脅威だとは思わないのである。

ネットフリックスが創業間もない頃、当時レンタルビデオ店のネットワーク最大手であったブロックバスターは、ネットフリックスのDVD宅配モデルを脅威だとは見なさなかった。同様に、ウォルマートも長年アマゾンのEコマースモデルを、自社の伝統的なブリック&モルタル店舗モデルの脅威になるとは思っていなかった。

どちらの場合も、新しいビジネスモデルが訴求していたのは、両社の核となる顧客層とは異なる人々だった。問題は、多くの場合、新しいビジネスモデルが次第に訴求する顧客層を拡大し、ついには、既存のプレーヤーのビジネスモデルを凌駕して、彼らの領域を侵食してしまうことである。

❸インスピレーションの欠如

「脅威ないし機会があるのは分かっている。変革の必要性についても。しかしどうして良いかが分からない」

どう変革すべきか良いアイデアを思いつくのは難しい。ここでの最大の問題は、経営者が過去について（とりわけ過去の成功に結びつくビジネスモデルの諸側面について）捨て去ることができず、それらを損なわないようなBMIを追求することである。多くの場合、それは不可能であり、あり得ないビジネスモデルを求めて時間と資金を無駄遣いする。

ネットフリックスは、ストリーミング事業が軌道に乗ると、当初のDVD宅配モデルを迅速に切り捨てた。しかしブロックバスターは、ネットフリックスのDVD宅配モデルによる参入に対してまずい対応をした。ブロックバスターは、成功していたブリック&モルタル店舗モデルを捨てることができず、結果としてネットフリックスのDVD宅配モデルに比べて魅力のないハイブリッドソリューションを提供しようとしたのである。

❹コーディネーションの失敗

「脅威も機会も、そして変革の必要性、さらには何をすべきかも分かっている。しかし、組織が思うように動かない」

うまくデザインされたビジネスモデルは、非常に多くの互いに関連する構成要素から成る（前述したアクティビティ、資産、ガバナンス構造の3種類である）。そのシステム全体が変わらなければならない。そのため、一般的には多くの構成要素を同時に変革することが求められるが、これは簡単ではない。時間、忍耐力だけでなくリーダーが何を成し遂げたいかという明確なビジョンが必要である。

また、リーダーは失敗を許容し、時には失敗に報いることすらする心構えがいる。ヒルティのフリートマネジメントへのBMIは好例である。建設会社に電動工具を売り切る従来のビジネスモデルと比べ、フリートマネジメントでは、販売、報酬体系、訓練、採用、法務、ロジスティクス、アフターサービス、ITインフラ、財務および経理、そしてR&Dすら新しいアプローチが必要となる。これら全ての分野を同時に変えるのは容易ではない。効果的な変革ができないのがコーディネーションの失敗である。

このフレームワークに加え、私は5番目の失敗を加えたいと思う。

❺相互作用の失敗

「脅威も機会も、そして変革の必要性、さらには何をすべきかも分かっている。そして組織を思うように動かせる。しかし、その後に生じる異なるビジネスモデル間の相互作用を考慮し忘れた」

例えば自動車産業におけるEV化のトレンドは、業界内の競争が激化することを意味する。新規参入障壁が、依然として高いとはいえ、かつてほどではなくなるからである。車の複雑性が低下すると、設計を相対的に容易に、かつ迅速に行えるようになり、サプライヤーの数も減り、生産組み立て工程も簡素化され、欠陥も減り、メインテナンスの必要性も低下する。

業界内の競争が激化すると、ＥＶの製造工程が比較的簡単であることにより、収益性は過去に比べて低くなると考えられる（戦略的相互作用の結果）。自動車産業はＰＣ産業のようになってしまうだろう。すなわち、ＥＶ化後に生じる相互作用を考慮しないと、各企業は単純にトップ企業のビジネスモデルを模倣して収益性を低めてしまうだろう。

それぞれの種類の失敗に対しての一般的な対処法がある。①の認識の失敗に対して、企業は「戦略的センサー」を保有して、同様のニーズに応えようとしている企業の動向をモニターしなければならない。インテルのＣＥＯだったアンディ・グローブの言葉を借りれば、「パラノイアだけが生き残る」のである。ただ、これは台頭するイノベーターのビジネスモデルが既存企業のそれと違えば違うほど難しくなる。

②の動機の失敗に対して、経営者は行動変容をもたらすための４つの方法を用いることができる。

(1) **能力を構築する**：従業員の行動が変わるためには、彼らが新しい行動様式に移行するための適切なスキルを持っていなければならない。そのためにコーチングや訓練を提供する。

(2) **理解しコミットする**：従業員が自らの行動を変えるために、何を変えなければならないかを明確にしなければならないし、そうしたいと思うように仕向けなければならない

(3) **ロールモデルとリーダーシップの提供**：リーダー自らの行動が変わらなければ、従業員は行動を変えようとはしない。

(4) **システム、プロセス、構造の整合性をつける**：これらが望ましい方向への変化を促すようになっていれば、従業員の行動を変化させやすくなる。

インスピレーションの失敗に対して、「デザイン思考（あるいは体系的・発明的思考）」の技法を使うことに加え、一般的にＢＭＩには大きなトレードオフが伴うということを認識し、受け入れることが重要である。

通常、「今やっていることを諦めなくて良いなら喜んでイノベーションを起こすよ」というのは適切な思考法ではなく、企業は現在行っている活動がたとえ現時点ではかなりの価値を生み出していたとしても、長期的に新しいやり方が勝利を収めるために必要だとすれば、それらを放棄する覚悟をすべきである。もちろん、このためには失敗を罰しないリーダーシップが求められる。

コーディネーションの失敗を極力生じさせないためには、独立しつつも、モニタリング可能な事業ユニットを設立し、そこで新しいビジネスモデルを検証してみることを推奨したい。そうすることで、新しいビジネスモデルの開発に当たって邪魔をされずに実験を行うことができ、また新たなビジネスモデルに移行すると職を失いかねない従業員によるサボタージュもされにくくなる。これは、ヒルティがフリードマネジメントへの移行の際に実施したことである。

相互作用の失敗に対しては、まず異なるビジネスモデルがどこで自社の既存モデルとぶつかるか（例えば、顧客か、サプライヤーか、人材獲得か）を見定めることが重要である。そして相互作用のあり方がどの程度競争的、あるいは協力的になるかを評価し、どうやったら自社に有利になるように相互作用に影響を与えられるかを考える。その結果次第で、ビジネスモデルに修正が必要かどうかを検討する。

未来を見据えてBMIを能動的に始めることは可能

確かに、企業がＢＭＩに乗り出すのは、多くの場合、市場のニーズや機会を見いだしたからではなく、新規参入者やより俊敏なライバルに脅かされて進めざるを得ないと感じたときである。そのような対応では、イノベーターがもはや止めようのない、価値創造および価値獲得の好循環を創り上げてしまっており、時遅しということになってしまう。

ＢＭＩを能動的に進める方法は数多くある。まず経営者は、現在の市場に提供されている製品・サービスを検討し、顧客が我慢しながら購入し消費しているような点、いわゆる「ペインポイント（痛点）」を特定すべきである。そして「これらのペインポイントをなくすために、我々は自社のビジネスモデルをどうデザインし直すべきか」と問うとよい。ペインポイントがなくなれば、顧客の支払い意欲は高まるだろう。

次に、「新しいビジネスモデルを旧来のそれよりも高いマージンを確保できるようなコストレベルで運営することができるだろうか」と考える。ヒルティのフリートマネジメントへの移行はこのアプローチの好例だ。

二つ目は最初のアプローチの対局で、顧客が現時点の市場で過剰な取り扱いを受けているところがないかどうかを探す。もしそのような点があればそれを取り除く、すなわち自社の提供商品・サービスの中で、コストはかかっているものの顧客があまり価値を見いださないフィーチャーを取り除く方法があるかも知れない。このアプローチの好例は、ライアンエアによるＬＣＣへの移行である。

三つ目は、非顧客のニーズやウォンツを検討することで、ある場合には、最も効果的なＢＭＩへのアプローチとなる。非顧客とは、現在自社が提供する商品・サービスを用いない、個人（ＢtoＣ）、あるいは法人（ＢtoＢ）を指す。このアプローチは「ブルーオーシャン戦略」として知られている。

任天堂のＷｉｉ（ハードコアのゲーマー以外をターゲットとするゲーム機）、イエローテイル（通常はワインを飲まない人をターゲットとするワイン）、シルクドソレイユ（子供ではなく、富裕な大人をターゲットとするサーカス）などが実例である。

戦略というのは常に未来を扱う。したがって、経営者は自社の属する産業の市場トレンドについて、よく理解しておくことが非常に大事である。ここでトレンドと言っているのは、テクノロジーの動向、人口動態や顧客の嗜好の変化、政治的な優先順位付け、規制動向などを指す。その中でも、どうなっていくかについての不確実性が低いものや、自社の事業に大きなインパクトを与えかねないものについては、検討が必須である。

ビデオストリーミングがＤＶＤ宅配モデルを時代遅れにすることに疑いの余地はほとんどなかった（ストリーミング・テクノロジーがもたらす限界コストは非常に小さいし、消費者にとってより便利ゆえに）。良い戦略立案というのは、常に業界トレンドや未来に向けてのシナリオが含まれている。よく考えられたシナリオがＢＭＩのためのインスピレーションの豊かな源泉となる。一つの好例はテスラで、同社がディーラーと提携しないようにしていることが挙げられる。

この変革プロセスにおいて、チームアプローチが効果的に機能するためのキーファクター

ＢＭＩのアイデアは、組織内のどこからでも生まれるが、変革にコミットするぞという決意はトップから示されなければならない。多様なスキルや考え方をもつ人々のグループを束ねてＢＭＩを主導するのはトップ経営チームの仕事である。よく知られていることだが、効果的なイノベーションのチームは、問題解決へのアプローチが異なる４つのタイプ

の人材がうまくバランスされている。具体的には、①明確にする人（clarifiers）、②アイデアを生み出す人（ideators）、③発展させる人（developers）、そして④実施する人（implementers）の4タイプである。（注4）

明確にする人は、BMIの諸課題が適切に取り組まれているかどうかを確かめるための問いを発する。成功への障害となりかねない事項を検討し、克服すべき主要な障害を特定する。

アイデアを生み出す人は、BMIに伴う課題に対応するための数多くのアイデアを生み出す。彼らは創造性・想像力に富み、失敗を恐れず、状況にうまく適応する。多くのアイデアを提供するが、いくつかは実行可能でなさそうなものも含まれる。

発展させる人はアイデアを生み出す人の提供するアイデアの中から最善のものを選び、共同して実行可能なコンセプトに仕立てる。彼らは現実的で、体系だった考え方をし、忍耐強い。表面上問題なさそうなアイデアの欠陥を探り出すことに長けている。

実施する人は、実行計画を作成して実施に移し、進捗をモニターする。行動志向であり、時にはアグレッシブすぎると見なされることもある。また望ましいペースよりも早く行動しようとする傾向がある。

これら全ての資質を一人の個人が完璧なバランスで保持することはできない。それゆえ、チームとして働く方が質の高いBMIのアイデアを生み出せる。筆者自身の経営史の研究でも、BMIや製品イノベーションには適切なバランスが重要なことが分かっている。ホンダの創業者である本田宗一郎は、明確なビジョンと激しい気性で知られている。彼はアイデアを生み出す人（発明の天才と呼ばれた）であり、かつ発展させる人（有能なエンジニア）であった。彼はテクノロジー面でのリーダーシップの必要性を理解しており、内燃機関について熟知し、従来のオートバイのエンジンと比べて半分の重さで二倍の馬力が出せる燃焼室を開発した。

ホンダの草創期から本田は財務や経営のノウハウを持つ藤沢武夫とチームを組んだ。藤沢は明確にする人、かつ実施する人であった。彼は本田を説得し、市場に受け入れられやすいモデルを開発するようにした。50CCスーパーカブはその伝説的な例である。また1959年の米国進出以降の同市場での爆発的な成長も、4つの資質のバランスの重要性を実証する。N

【注】

1）
「BMIはリーダーシップからしか生じない。製品の漸進的なイノベーションに焦点を当てている現場のチームからではない」（ブッキング・ドット・コムCPO）（最高製品責任者）デビッド・ビスマンズの発言（Stefan H. Thomke, *Experimentation Works: The Surprising Power of Business Experiments*, Harvard Business Review Press 2020: 183.）

2）
本節の冒頭部分は他と異なり、野村マネジメント・スクールのスタッフによる執筆ではなく、ハーバード・ビジネス・スクールのラモン・カサデサス＝マサネル教授がインタビューを前にまとめた、“NSAM 40th ANNIVERSARY INTERVIEW”と題するメモの要約である。

3）
カサデサス教授は、必ずしも経営チームの文脈でこれらの要素を語っているわけではないが、この4つは、我々が経営チームをうまく機能させる要件として挙げる、①当事者意識（危機感の共有）、②多様性、③行動原理の統一、④心理的安全性、に対応している（第1章参照）。

4）
例えば、https://foursightonline.com/参照

前節に続き、本節でもお二人の教授からお話を伺った。HBSのラモン・カサデサス＝マサネル教授は、ビジネスモデルを機械、戦術をその操作方法に例え、BMIの必要性、難しさを豊富な事例で補足していただいた。アイビースクールのロバート・オースティン教授には、イノベーション・マネジメントの専門性を踏まえたBMIへのさまざまなアプローチをご紹介いただいた。

INTERVIEW

ビジネスモデルイノベーション（BMI）は競争優位の源泉となる

ハーバード・ビジネス・スクール教授
ラモン・カサデサス＝マサネル
Ramon Casadesus=Masanell

ビジネスモデルの優位性維持は難しい

NSAM（以下太文字）：まずビジネスモデルの競争について、具体例でお尋ねしたいと思います。我々のプログラムでは、リブキン教授が「デルに対抗して（Matching Dell）」というケースで、たとえ業界環境が中にいる企業にとって悲惨なもの（5forces分析をしても魅力のない業界）であっても、マイナスの力を弱めたり、競争相手をジレンマに陥れたりすることで、利益を上げられるということを見事に示してくれます。このケースではデルは新興企業で、いわゆる直販モデルをゼロから立ち上げることができました。一方、競争相手は既に再販業者などの販売チャンネルを有しているがゆえに、簡単には直販モデルを構築することができず、まさにジレンマに陥ったわけです。でも今や、そのモデルの有効性は失われたように見え、デルは苦戦しています。何が問題だったのでしょうか。直販モデルが時代遅れになったのでしょうか。

ラモン・カサデサス＝マサネル教授（以下略）：当時、ＩＢＭ、ＨＰ、コンパックなどは再販業者を経由してパソコンを販売しており、需要者である大企業とのリレーションシップは、これら再販業者が握っていました。しかし時間の経過と共に、他社も直販モデルを採用するようになりました。その結果、このモデル自体がコモディティ化し、デルのみが保有していた優位性は失われてしまいました。誰もが同じビジネスモデルで競争するようになると、結果はたたき合いになり、最も低コストの企業しか残れなくなります。ＩＢＭがこの業界から去ったのは、それが理由だと思います。彼らはＰＣを導入した１９８０年代当初はそれなりに儲けたのですが、最終的にはＰＣ事業をレノボに売却することになりました。

ただ、他社が皆直販モデルをコピーする前に、自社の立場を守るためにデルができたことは何かあったかと問うても、それは難しかったでしょう。現在、彼らはさらにローコストで提供できるような体制を整えているように見えます。オンラインでの注文や問い合わせはしやすいし、パソコンのみならずテレビなども販売しています。サポートも充実させていますが、ほとんどの人の名前がインド人のようですから、コールセンターはインドにあるのかも知れません。

いずれにせよ、航空業界におけるライアンエアのようなポジショニングを目指すのかどうか。顧客層もっと選択する必要があるかも知れません。その層のニーズに合わせて最もローコストの提供者となるのです。

もし私が同社にコンサルタントとしてアドバイスをするとしたら、ビジネスモデルとしては基本に戻った上で、ローコスト以外の価値を提供すること、例えば当初から得意としていた中堅企業向けのカスタマイゼーションで追加的な価値を獲得することを提案するでしょう。どの顧客層にもアピールするのではなく、特定の顧客の最も欲するPCを迅速に提供するのです。それは良い価値提案だと思いますので、その顧客は20~40%高い価格を喜んで支払うでしょう。彼らが実際、その方向に進んでいるかどうかは分かりませんが、一つの道だと思います。

レノボやエイサーとコスト以外で差別化するためには、もちろん1000万台同じPCを出荷するメーカーと同じ低コストにはできないかも知れませんが、カスタマイゼーションをシステム化することで競争できるレベルのコストに引き下げられるかも知れません。その上で、顧客の支払い意欲を大幅に高めるのです。

近年多くの企業がDX（デジタル・トランスフォーメーション）に挑戦しています。これもビジネスモデル・イノベーション（BMI）の一形態だと思うのですが、苦労している企業も多いように思います。GEなどはその典型でしょう。この点について何かお考えはありますか。

あまり考えてこなかったトピックですが、思いついた点をお話ししましょう。DXという言葉で多くの人が異なることを考えています。当初意図していたような結果がもたらされていない原因についての一つの仮説は、BMI一般に言える、諸活動のコーディネーション問題が生じている可能性です。デジタル化したときにうまく機能するような諸活動の調整のあり方は、それ以前のノンデジタルのときのそれとはかなり異なっているのかも知れません。両方の世界でうまく機能させるというのは簡単ではないでしょう。

一例はウォルマートです。最近ウォルマート・ドット・コム（Walmart.com）のケースを執筆しましたが、アマゾンなどに比べ、Eコマースの分野では苦戦しています。店舗スタッフは、自らのビジネスが浸食されると感じて、新しいビジネスモデルには協力的ではありません。店長や店舗スタッフのインセンティブが店舗売り上げだけにリンクしているので、オンラインではなく店舗での売り上げを伸ばそうとします。店舗という既存資産を最大限利用しようとするのです。

これは実際にウォルマートの社員とのインタビューで分かったことで、デジタルへの移行は、「生まれつきデジタル」であるアマゾンのようには行かないと語っていました。

ヒルティ（Hilti）によるフリートマネジメントへのビジネスモデルの移行は、DXの例ではないですが、新しい事業ユニットを創設し、スイス市場におけるCEO直下の組織としてスタートしました。社内の他の事業ユニットからのサボタージュを受けないようにするためです。

Ramon Casadesus=Masanell

現職：ハーバード・ビジネス・スクール教授
専門分野：競争戦略
経歴および業績：1993 年バルセロナ自治大学経済学士、2000年ノースウェスタン大学ケロッグ経営大学院にて経済学博士を取得。2011年ハーバード・ビジネス・スクール教授に就任。同校では「ビジネスモデルを通じた競争」等のコースを担当。"Journal of Economics & Management Strategy" エディターやマッキンゼー社ミニMBAの講師も務める。
野村マネジメント・スクールでの担当講座
「トップのための経営戦略講座」で「競争戦略II」のモジュールを担当

異なるビジネスモデルの共存は可能

デジタルに限らず、一般論として、そもそもある企業が異なるビジネスモデルを共存させることは可能でしょうか。例えばヒルティは顧客にフリート・モデルと伝統的な取引（工具の売り切り）を選択させているのですか。

そうです。この点についてはいくつか研究がありますが、まず一社の下に複数のビジネスモデルがあるケースというよりは、業界内で異なるビジネスモデルが競争する場合についてで、いわば5つの力（5forces）の枠組みでいう代替品の観点からのものです。今までの例で言えば、デル vs. IBM、ウォルマート vs. アマゾンのような事例です。ある意味では、異なるビジネスモデルは顧客にとって相互に補完的な関係にもなり得ます。

つまり例えば、新しいデジタルのモデルは、既存のビジネスモデルを助け、より効果的に機能させる助けともなり得るのです。この点に関連するケースをいくつか書きました。一つはデンマークのバーチャル携帯電話ネットワーク事業者（MVNO: Mobile Virtual Network Operator）であるテルモア（Telmore）です。[注5] 同社は固定資産を持たずTDCという国有の既存企業の携帯網を利用して非常に低コストで携帯電話事業に参入しました。当初、既存企業にとって同社は脅威でしたが、結果的に相互に補完的な関係になりました。

なぜならお互いのビジネスモデルは全く異なっており、得意分野を書き出してみると（いわゆる価値提案）まるでXという文字のようにお互いが正反対になっています。一方が得意とするところは、他方が不得意なのです。既存業者から見ると、ネットワーク資産の稼働率をテルモアのようなバーチャル事業者は引き上げるわけで、結果的にコストを下げる効果を持ちます。

しかも既存業者の価値提案とは異なるので顧客層も異なっており（テルモアのターゲット顧客は若い、プリペイドで利用する層）、必ずしもTDCが対象とする顧客が奪われることにはなりませんでした。結果的にTDCはテルモアを買収し、この補完的事業を傘下に収めました。

別のもう少し複雑な例を挙げましょう。これは英国のベットフェア[注6]という「賭け」の企業についてです。この産業は英国では非常に大きく、伝統的なビジネスモデルはブックメーカーで、スポーツチームに関するオッズ（勝者への掛け率－確率）を提示し、人々がそれに基づいて金を賭けるというものでした。それに対して、ベットフェアは全てオンラインで事業を行っており、物理的な店舗は持っていません。そして株式市場と同様に、勝つ方に賭けさせる人と負ける方に賭けさせる人をマッチングさせる機能を提供しています。

伝統的な仕組みは言ってみれば寡占的なモデルであり、それに比べるとベットフェアの提供するシステムはより価格（この場合オッズ）形成の点で効率的だと言えます。ですから一見すると、両者は対立的な競争をしているように見えますが、結果的には補完的な関係となりました。

なぜか。ここでも両者の価値提案が大きく異なっていたからです。ベットフェアのターゲットはハイテクに詳しい人々で、家からコンピューターで賭けを行うのに対し、伝統的な顧客の行動はより社交的な側面（店舗、そして競技場へ実際に出向き、店員や友人と会話を交わすなど）が強調されていました。

加えて、伝統的なブックメーカーが自社の抱えるリスクのヘッジ手段としてベットフェアのシステムを利用するようになったのです。ベットフェアの側では、ブックメーカーの提示する価格を取引の出発点（early indication）とすることができました。もちろん競争はあるけれども、両者お互いにプラスとなる相互作用も多く、データを見ると両者ともに成長し、収益性も向上したのです。この事例でも、伝統的ブックメーカーがベットフェアを買収し、傘下で両方のビジネスモ

> 異なるビジネスモデルは顧客にとって
> 相互に補完的な関係にもなり得ます
> ――カサデサス＝マサネル教授

デルを提供しています。

　この点のもう一つの事例は航空業界です。LCCとプレミアムエアラインを両方傘下に持つ企業は多いです（BAなど）。ただ、LCCのライアンエアと効果的に競争できている企業はないようですが。私も南米チリを本拠とするラン航空（LAN Airline）のケースを書きました。[注7] 彼らは貨物航空と旅客事業両方に強く、やはり異なるビジネスモデルを相互補完的に有していると言えます。

　補完的というのは、基本的資産である航空機の稼働率を高めるという点からです。客室はB2Cビジネスで貨物室はB2Bビジネスを行う。両者を持つことで、単独で事業を行うより良い結果をもたらされるとき、補完性が発揮されると言えます。

　最後に私がコーポレートレベルの戦略のケースとして教えているディズニーを取り上げてみましょう。ある意味では、コーポレートレベルの戦略というのは、複数のビジネスモデルをどう運営していくかということになります。彼らの場合、それらを結びつける核にミッキーマウスなどのキャラクターがあって、それを元に各事業が一つのコーポレートの元にまとまることで補完性を発揮しています。授業ではシナジー（相乗効果）という言葉で語っていたことと同じですが、補完性という観点からも見ることができます。

航空業界でLCCとプレミアムセグメントを両方行っているが、うまくいっていないという例を挙げてくださいましたが、複数のビジネスモデル間に補完性をもたらせるかどうか、その差を生み出す経営力、リーダーシップの力はどんなものでしょうか。

　私の考えでは、エアラインがLCCとプレミアム事業を両方行うことで、補完性をもたらすことは難しいと思います。顧客という意味では補完性が実現できそうですが、むしろ経営資源、特に人的資源の観点からは対立的になってしまいます。組合の有無とか、既存の労働協約とかが、低コストキャリアとなるために必要な柔軟性を得る上での障害となります。ですからリーダーシップの問題というよりは、ビジネスの特性から来る問題です。

　私はビジネスモデルを機械のようなものとしてとらえています。補完性があるということは、二つの異なる機械を一緒に動かすと、よりよく機能するということです。私はビジネスモデルと戦術を次のように区別しています。ビジネスモデルは機械であり、どんな経営資源（パーツ）を使って作り上げるかが問題であり、戦術はそれをどのように利用するかという問題だということです。

　エアラインで言えば、LCCというのは機械であり、実際にどのくらいの低価格を提供するかが戦術となるのです。そして戦術の上位概念である戦略はどんな機械を使いたいかという意思決定に関わる問題と言えます。どうやって競争したいか、それを効果的に実現するにはどんな機械が必要かということです。

　例えば、ライアンエア（B）のケースの最後に4つの選択肢（①撤退か、②ビジネスクラスを導入するか、③フィーダーエアラインになるか、④LCCになるか）が示されますが、これこそ戦略的な意思決定です。この意思決定の結果如何で必要となる機械（ビジネスモデル）が異なります。

つまり戦略がビジネスモデルの選択を規定すると言うことですね。

　その通りです。大きな意思決定が戦略で、そこからビジネスモデルという機械が選択される。戦術はいわばそれをいかに操作するかということです。機械が自動車であれば、二人乗り、四人乗りなど異なる（ビジネスモデルの）選択肢があり、そのモデルをどう運転するかが戦術なのです。

経営チームによるBMIの鍵

次に経営チームに関する質問をさせてください。先生はチームの構成員の4つのタイプ

（明確にする人、アイデアを生み出す人、発展させる人、実施する人）を紹介し、ホンダのケースを用いて非常に説得的に説明されています。先生がホンダのチームで説明されているのは、我々の経営チームに必要な要素の概念図で言うと、構成員の多様性に当たると思います。つまり本田、藤沢のペアは相互補完的な役割を果たしていました。また当事者意識―ownership（危機感の共有）という点についても触れられていました。それ以外の要素の重要性を示すような他の事例をご紹介願えませんか。

他の例はあまり思いつきません。戦略のケースの問題は、それを実行する人にあまり光を当てていないことです。先の比喩を用いれば、どうやって機械を準備したかの話が中心になっています。テスラのケースでもイーロン・マスク個人についての言及はあまりありません。

だから竹内教授の書かれたホンダ（B）のケースが思い浮かんだのかも知れません。このケースには本田宗一郎のことがたくさん書かれているからです。このケースをHBSで教えると、必ず議論の中に経営チーム（本田＋藤沢）が出てきます。同様にディズニーのケース討議でもアイズナーとウェルズ（元CFO）のチームのことが言及されます。このようにあちらこちらにちょっとは出てくるのですが、ケース討議の中心が人についてということはほとんどありません。

経営チームの概念図と関連するトピックとして今思い出したのは、イノベーションには行動変容が必要となるのですが、それをどうやって実現するかについてのフレームワークです。

これは私のアイデアではなく、マッキンゼーで開発されたものですが、能力構築（capability building）というものです。NSAMの概念図と整合性がとれるかどうかは分かりませんが、少なくとも行動を変えてもらうには、能力を開発し訓練しなければなりません。教育機関はそれを実現するところです。

具体的には「なぜ変わらなければならないかを理解する（Understanding and Commitment）」「明確性（Having Clarity―危機感を共有するために必要）」「ロール・モデリング（Role Modeling）―リーダー自身が変わって、見せる」「報酬など仕組みの整合性をとる（Aligning Systems and Processes）」です。この4つのアイデアが概念図にある行動規範（Behavioral Principles）に対応するかも知れません。

日本の経営者へ：多様性を積極的に受容せよ

最後に何か日本の経営者へのメッセージをお願いします

過去5年、NSAMのファカルティ・チームの一員として、「トップのための経営戦略講座」で教えてこられたのは喜びです。多くの日本人経営者と交流する機会を持つことができました。加えて、日本企業の効果的なマネジメントとかリーダーシップのあり方について多くのケース教材を執筆してきました。

これらから学べることはたくさんあります。例えば倫理観、推進力、細部へのこだわり、効果的な運営プロセスの設計、他者への敬意などは非常に際立っています。

BMIに関連して、私のお伝えしたいことは次の4点であす。第1に、「進んで実験せよ」ということです。特に実験が安価に行え、何がうまく行き何がうまく行かないかを判断する上での参考になるような状況においてはです。第2に、「不確実性を歓迎し、リスクをとれ」と申し上げたい。

第3には、「失敗を心地よいものと考え、イノベーションを起こそうとしてうまく行かなかった人々に汚名を着せるな」が挙げられます。そして最後に、「異なるバックグラウ

> 多様性や相違を受容することは、自社の競争優位性を高める
> イノベーション重視の企業文化を育む
> ――カサデサス＝マサネル教授

ンドやキャリアを持つ多様な人々からなるチームがなし得る視野を広げる貢献を過小評価するな」ということを指摘したいと思います。多様性や相違を受容することは、単に社会的責任であるばかりではなく、自社の競争優位性を高めるイノベーション重視の企業文化を育むことになります。

既存企業がBMIを成し遂げるためにどうすべきかを考える上で、とりわけ適切だと考えるレオ・ブスカーリア（Leo Buscaglia）(注8)の言葉を引用して終わりたいと思います。

笑うことは愚かに見えるリスクを冒すことだ。

泣くことは感傷的だと思われるリスクを冒すことだ。

他者に手を差し伸べることは、お節介のリスクを冒すことだ。

感情をあらわにすることは、自分の本当の姿をさらけ出すリスクを冒すことだ。

多くの人の前で自分のアイデアや夢を語ることは、それらを失うリスクを冒すことだ。

愛することは、見返りに愛されないリスクを冒すことだ。

生きることは、死ぬリスクを冒すことだ。

希望を持つことは、絶望するリスクを冒すことだ。

試みることは、失敗のリスクを冒すことだ。

それでもリスクはとらなければならない。

なぜなら、最大のリスクは、何もしないリスクを冒すことだから。

リスクをとらない人は、何もせず、何も持たず、そして無意味だ。

苦悩や悲しみを避けることができるかも知れない。

しかし学ぶことも、感じることも、変わることも、成長することも、さらには生きることもできない。

自分自身にとらわれ、全ての自由を放棄した奴隷になってしまう。

リスクをとる人だけが自由なのだ。

ありがとうございました。

【注】

5）
Ramon Casadesus-Masanell, Celso Fernandez, Moritz Jobke、"Launching Telmore," Harvard Business School Case #9-708-414, Jul. 2007, revised in Feb. 2010.

6）
Ramon Casadesus-Masanell, Neil Campbell, "Betfair vs. UK Bookmakers," Harvard Business School Case # 9-709-417, July 2008, revised

7）
Ramon Casadesus-Masanell, Tarun Khanna, Jordan Mitchell, Jorge Tarzijan, "Two Ways to Fly South: Lan Airlines and Southwest Airlines," Harvard Business School Case #9-707-414, Nov. 2006, revised in Mar. 2010.

8）
米国の教育学者。『葉っぱのフレディ』の著者としても有名。

INTERVIEW

必要な変革の性質を見極め、必要な能力を構築する

ウェスタン大学アイビー・ビジネス・スクール教授
ロバート・オースティン
Robert A. Austin

ＢＭＩを成功させることの難しさ

ＮＳＡＭ（以下太文字）：**先生は最近執筆されたＧＥのケースで、同社がＤＸに苦戦している様子を描かれています。**（注9）**何が問題なのでしょうか。より一般的にビジネスモデルイノベーションはなぜ難しいのでしょうか。ＤＸに限らず自社のビジネスモデルを成功裏に変革できた企業の事例があればご紹介願えませんか。**

ロバート・オースティン教授（以下略）：確かに一般的にトランスフォーメーションと呼ぶような大きな変革を成し遂げることは難しいです。今日リーダーにとって（企業を率いる人に限らずどんな組織のリーダーにとっても）最も困難な課題だと言えるかも知れません。社会が大きく変わっていますので、組織変革は不可避にもかかわらずです。

　ただ、まず2種類の変化を混同しないように注意を喚起したいと思います。同じように語ってしまうと混乱を来しますので。一つ目の種類の変化は、自分自身が起こしたのではないものです。世界情勢など自社の環境とか競争相手がもたらしたもので、二つ目はリーダー自身が起こし、そちらへ組織を向かわせようとする変化です。どちらの変化も対処することが難しいです。外から与えられた変化への対応は喫緊の課題です。なぜなら、変化に対応しなければ生き残れないかもしれないからです。

　しかし、自ら演出する変革の方がもっと難しいものとなります。なぜなら、簡単に危機感を共有することができないからです。自分以外の多くの構成員にとって変化しなければならないという差し迫ったモチベーションがないのです。

　一つの成功事例として頭に浮かぶのは、ＧＥほど歴史のある会社ではありませんが、サティア・ナデラ新ＣＥＯの元でのマイクロソフトです。以前の同社は昔のＩＢＭ同様、成功した旧来のビジネスモデルに安住してしまう方向へ進んでいたように思います。デスクトップＰＣのＯＳ関連の事業に留まって、ＩＢＭの１９９５年の売り上げ規模と同じくらいで成長が止まってしまうかに見えました。ＩＴ業界は爆発的に成長を続けていたにもかかわらずです。実際、大きなリーダーシップの交代がなければそうなっていたかも知れません。

ですから私はビル・ゲイツが新しいリーダーたちに大きな自由度を与えたことを高く評価します。私は過去に同社と仕事をしたことがあるのでよく分かるのですが、当時（スティーブ・バルマーがCEOだったときまで）と今日では全く異なる会社と言って良いほど変化しました。今日当社はもはや世界最大の時価総額を誇る会社ではないかもしれませんが、それでもアップルなどとその地位を争う位置につけています。これはバルマー時代には予想できなかったことです（私は地位が大きく下がるだろうと思っていました）。

多くの会社にとってなぜ変革は困難なのか。研究が進みその理由が少し分かってきました。特にHBSのクレイトン・クリステンセンとジョー・バウワー（Joseph Bower）の貢献が大きいと思います。依然多くの人がクリステンセンの言うディスラプションとかジレンマについて誤解しています。我々が提供しているような経営者教育プログラムで長年教えていて、受講生がこの概念を内部化する上での難しさが何点かあることに気づきました。

授業でこの概念に触れると、彼らは「私はこのジレンマに陥ることはない。なぜならこの概念について聞いたことがあるし、考えたこともあるので、避けることができるから」と一様に述べます。しかし、彼らは困難さを過小評価しています。新しいテクノロジーになんでも惜しみなく資金を投資すれば良いということではないのです。経営者が周囲を見回したとき、業界にディスラプションをもたらす可能性のある会社は数多く存在するでしょうが、ほとんどはいなくなってしまいます。

ところが、どれが自社に脅威をもたらし、どれがいなくなってしまうのかを事前に判断することは簡単ではありません。後者のほうが数の上では圧倒的に多いのです。全てのビジネスモデルを模倣することはできません。新規分野に投資しすぎると、短期の業績に影響が出て、CEO以下の経営陣にとって深刻な事態をもたらしかねません。

私はアイビースクールで学生たちにクリステンセンの開発したバックベイ・バッテリー（Backbay Battery）のシミュレーション[注10]をやらせていますが、事前にクリステンセンのディスラプションについて話してあるので、学生たちは絶対にジレンマには陥らないと思っています。でもこのシミュレーションの面白いのは、彼らが、「俺たちは他の経営者より賢いぞ」と思って新しいビジネスに投資し始めて第5～7ラウンドあたりで、「あなたは、既存事業に十分注意を払っていないので取締役会によって解雇されました」というメッセージが告げられるところです。経営者は難しい舵取りを迫られるのだということをちゃんと理解していないわけです。

ディスラプティブ・テクノロジーが魅力あるものになるまでには予想より長い時間がかかることが多いのです。だから継続的な投資は必要ですが、既存事業をないがしろにすることもできません。売り上げターゲットや今期の業績未達は許されないのです。

もう一つ古典的な例を挙げましょう。私も講師を務める野村マネジメント・スクールの「デジタル時代の経営戦略講座」でも取り上げている、ネットフリックス対ブロックバスターのケースです。ブロックバスターもストリーミングが将来の主流になり、既存のビジ

Robert A. Austin

現職：ウェスタン大学アイビー・ビジネス・スクール教授
専門分野：イノベーション・マネジメント、デジタル戦略
経歴および業績：ノースウェスタン大学インダストリアル・エンジニアリング修士、カーネギーメロン大学経営学博士。フォード、ノベルなどで働いた後、ハーバード・ビジネス・スクール、コペンハーゲン・ビジネス・スクールで教鞭を執る。
野村マネジメント・スクールでの担当講座
「デジタル時代の経営戦略講座」

ネスが脅かされることを懸念していただろうと考える方が自然です。ただ、２０００年代初頭当時、同社の経営者が恐れていたのは、マイクロソフトなど多くのＩＴ企業であり、ＤＶＤを宅配していたネットフリックスが脅威となるとは考えていなかったと確信を持って言えます。真のディスラプターが首に「私がディスラプターです」という標識を下げているわけではないのです。

もう一つ、なぜディスラプションが起こるかについて、人々が見落としている点は、クリステンセン理論の中心的命題です。１９９６年のクリステンセンとバウワーの論文に出ています(注11)が、彼らはそこで、現在のＲＯＩの高いものから投資すべきだとビジネススクールで教えていることをそのまま実行すると、ディスラプトされてしまうと論じています。

また別の点として、収益性の高い事業から低い事業へシフトすることの難しさがあります。ＩＢＭも、儲かっていたメインフレーム事業からクライアントサーバー事業への移行は困難を極めました。

成熟している事業が長期的には維持できないと分かっていても、特に公開企業の場合、短期的な業績に悪影響が出るので、その分野のカニバリを許容して新たな低収益分野に移行することはできないのです。結局、「今日は止めておこう」となってしまいます。

変革が困難な理由の最後の点は、真にディスラプティブなテクノロジーを同定して投資することの難しさです。私がカナダの五大銀行の一つを対象にした経営者教育プログラムを実施したときに経験したことですが、彼らは、自分たちが競争相手より賢く、将来のためにディスラプティブ・テクノロジーに投資していると主張していたものの、それらは実はクリステンセンのいう持続的イノベーション（sustaining innovation）だったのです。

つまり彼らの説明してくれた投資は、全て既存事業の改善をもたらすものでした。そういった投資を行うのは簡単です。ＲＯＩが相対的に高いからです。クリステンセンの論じるディスラプティブ・テクノロジーへの投資は、少なくとも当初のＲＯＩは低いものです。

だから、将来のための投資をしているとお互いの肩をたたき合って安心している経営者は、実際のところ持続的イノベーションに投資しているに過ぎないのです。

レベッカ・ヘンダーソンやキム・クラークといった、他のＨＢＳの教授が論じていることからも得るものがあります。彼らはアーキテクチュラル・イノベーション（architectural innovation）という概念を提唱しています(注12)。共著の論文の中で、彼らはイノベーションを４つに分類しています。通常人々はラディカル（革新的な）とインクリメンタル（漸進的な）イノベーションを区別しますが、彼らはそれに加えてモジュラーとアーキテクチュラルの二つのタイプを識別しています。

アーキテクチュラル・イノベーションというのは、それぞれの部品は変わらないけれどもその組み立て方、まさに建築の仕方が変わるようなイノベーションのことです。ほとんど条件反射のようになってしまって組み合わせを変えることはあまり考えることができません。

彼らは扇風機のメーカーの例を挙げて説明しています。流体力学（空気工学）や音響のエンジニアがいて扇風機を作っていますが、新しいタイプの扇風機を作ろうとしても、条件反射的にそれまでのやり方で作ろうとしてしまい、資源配分の仕方などを変えることができません。

彼らの説明が興味深いのは、経営者が何をどう変えるか分かっていても変革を起こせないという点です。なぜかというと、既存の専門性を異なるやり方で相互作用させなければならないけれども、それが難しいからです。

ここでトゥッシュマンとアンダーソン（Tushman and Anderson）のコンピテンシー破壊型イノベーション（Competency Destroying Innovation）の議論も参考になります(注13)。彼らが主張したのは、イノベーションが起こると、ある企業がそれまで得意とし

> 真のディスラプターが「私がディスラプターです」という標識を下げているわけではないのです
>
> ――オースティン教授

てきたことが重要でなくなってしまうということです。

　ＧＥのＤＸがうまくいっていないこともこの概念でうまく説明できます。ＧＥは世界で最高の産業機械の営業部隊を擁していました。ＤＸを進めようとしたとき、この営業部隊の果たす役割を根本的に変えてしまったのです。機械を販売する役割から、ソリューション・アーキテクトに変貌させ、顧客の損益に関わって、節約分をＧＥと折半する契約を結ばせようとしました。営業部隊の得意としてきたことはほとんど役に立たなくなってしまいました。これがコンピテンシー破壊型イノベーションです。

ＢＭＩを成し遂げるための鍵

**　それでは企業はどのようにしたらＢＭＩを成功裏に実施することができるのでしょうか。**

　逆に言えば、既存の専門性を異なるやり方で相互作用させることこそが成功の鍵です。マイクロソフトの変革の事例に戻ると、変革の結果、旧来得意としてきたことが重要でなくなるとすれば、新しいもので置き換えなければなりません。同社で言えば、強みであったデスクトップＰＣ向け商品・サービス中心のビジネスからの移行を意味しましたが、クラウド・コンピューティングの能力を獲得することをうまく行ったのです。ですから、今や彼らはクラウドビジネスでもメジャープレーヤーとなっています。この移行には意識的な努力がたくさん必要だったと推測します。

　これはまれなことで、多くの企業は組織などを変更するものの、新しく得意となる能力の開発を忘れてしまうのです。例えば１９８０年代に中小企業向けネットウェアで一世を風靡したノベル（Novell）ですが、将来は新しいオープンＩＰパラダイムになることは明らかだったにもかかわらず、巨大なインストレーションベースから来るメインテナンスの収入が（年々徐々に少なくなっていたものの）あったので、自分自身を変革して新しい能力を獲得することができなかったのです。

**　トゥッシュマンの話が出たところで一つ質問です。彼とオライリーが最近主張している「両利き性」の概念についてはどう思われますか。当然基本的なところで、コンピテンシー破壊型イノベーションの考え方と共通するところがありますね。**

　もちろんです。考え方の自然な進化と言えます。多くの企業は、新しいテクノロジーなどを市場に受容されるのを待ってから採用しようとします。そこでは新規参入の熾烈な競争が起こります。そのうち一社または数社のビジネスモデルが市場に選ばれ勝者となると（ジェフリー・ムーアの言葉を借りればキャズム[注14]を越えると）、その企業がすべきことが変わります。何かを発明するフェーズから販路や製造、商品・サービスラインをスケールアップするフェーズに移行するのです。

　すなわち、このとき探査（exploration）から深耕（exploitation）へと自社のモードを変革させねばなりません。彼らの「両利き性」の議論というのは、モードが変わり、全社的にリターンの極大化にシフトしている中で、どうやって探査の部分を維持するかとい

『ビジネスリーダーにITがマネジメントできるか』
共著、淀川高喜訳　日経BP社 2010年

　ITマネジメントに関する多くの企業ケースを執筆してきた著者たちが、それらを融合し、架空の金融サービス会社IVKを舞台にした小説仕立ての教科書。同社の主力事業を担当していた主人公は、経営立て直しのために外部から招聘されたCEOの指示で、突然IT担当（CIO）に任命される。IT技術に関する知識はなく、これまでIT部門を批判していたビジネス側の経営者が一転、批判される側に回り、IT投資の優先順位付け、セキュリティ対策、外部ベンダーとの付き合い方などの課題に直面する。

うことです。

数十年前の話ですが、私の友人がヒューレット・パッカード（HP）のラボに勤めていて、たくさんの種類の新商品、例えば携帯電話用小型カメラなどを開発していました。しかしHPの営業部隊は深耕のモードにあって、誰も新製品には興味を示さなかったのです。その状態を私の友人は、「150キロの球を投げているのに、誰も捕ろうとしてくれない」と嘆いていました。全ての人のインセンティブが、既存製品の売り上げとリンクしており、小型カメラなどは将来的に有望ではあっても彼らのボーナスの額に直結しなかったのです。これなどは企業が直面する問題をよく示している事例だと思います。

日本企業を含む多くの既存企業が同じ状態に陥っているのではないでしょうか。私の知るデンマーク企業の経営者が「大企業はイノベーションを興せない。終わり（Big companies don't innovate, period.）」と発言していたので「それは言い過ぎでは？」と尋ねたところ、「もう一度言う。大企業はイノベーションを起こせない。終わり（Let me repeat myself. Big companies don't innovate, period.）」と繰り返されてしまいました。彼は大企業のイノベーション担当役員だったので、フラストレーションを端的に表したのでしょう。

一度自社をヘンダーソン&クラークの言うアーキテクチュラル・イノベーションによってスケールのモードへ変革してしまうと、もはや新製品などはなかなか自然には出てきにくくなってしまいます。

この点については私も調査したことがあります。多くの企業の一般的な対処方法はトゥッシュマンらのいう組織的両利き性（organizational ambidexterity）、すなわちイノベーション担当部署を別組織にすることです。イノベーション・ファクトリーとかイノベーション・ラボといった名前をつけて。ところが、彼らが成功してそれが親会社の既存事業、あるいはその市場にとって脅威となると、いわば組織の「免疫機能」が働いて、イノベーションを統合することを拒絶したり、スクラップにしたりしてしまうのです。

ノベルの当時のCEOのエリック・シュミット（現アルファベット／グーグルCEO）のペットプロジェクトで仕事をしたことがありました。そこに、あるとき本社から人がやってきて、「この新商品のプライシングについては本社の委員会の認可を受けなければならない」と言ったのです。当時このプロジェクトにいた誰も本社にプライシング委員会があるということを聞いたことがありませんでした。

我々はスタートアップ企業のように行動していましたので、コーポレートの委員会の認可などは受けたくありませんでした。そこでエリックの所へ行って、「この委員会に行く必要はありませんよね」と頼むと、彼は「私に任せろ」と答えました。ところがエリックがグーグルへ去ってしまい、我々は庇護者を失いました。その途端本社の免疫機能が働いてしまいました。

私の研究によると、この組織的両利き性はあまりうまく行かず、むしろトゥッシュマンらの言う文脈的両利き性（contextual ambidexterity）の方がまだ望みがありそうです。これはイノベーションを既存事業の深耕を担当し、生産や販売をスケーリングしている組織の中で維持することです。

この点について私は具体的にクリエイティブな小企業で調査しました。(注15) スケーリングに苦労している企業群ですが、それらが同時にイノベーション力を維持するために経営者が求めている共通の四つのファクターを抽出しました。

第一が強力な交流、規律、会話に関してのコミットメントの共有で、必ずしも優先順位について同意できない人とも、話をすることについては合意して実行するということです。具体的には、深耕（既存事業）部門と探索（新規事業）部門双方の担当者の間に常にインターアクションがあることを指します。

イノベーションを既存事業の深耕を担当し、
生産や販売をスケーリングしている組織の中で維持する
――オースティン教授

二番目が誰も自分の担当部署だけでなく他の役割についてもコメントすること。つまりあなたが探索サイドの人間であっても、生産や販売など深耕サイドのことについてコメントすることです。当然逆も求められます。他の側からのコメントだからと言って軽視されることはありません。

第三は健康的なコンフリクト（healthy conflict）の有用性を信じていることです。両者の緊張関係をなくすのではなく、建設的に維持していました。この点は多くの企業経営者にとって直感に反するかもしれません。普通コンフリクトがあれば、経営者はそれを解決しようとする（しばしば一方が―特に深耕サイドが―「勝利する」形で）からです。

この健康的なコンフリクトがある状態と、いわゆる心理的安全性がある状態というのは両立するのでしょうか

対立しているとは思いません。我々が調査したクリエイティブな事業を行う企業では、その二つが共存していました。第二のファクターに戻りますが、誰でも仕返しを恐れることなくコメントすることができます。「これは私の事業だから余計なお世話だ」という発言はできないのです。明示的にはしていませんが、心理的安全性なしにこのファクターが機能することはないでしょう。

第四のファクターは顧客の問題を解決することへのコミットメントです。顧客が何か問題解決を求めたら、内部のコンフリクトは一端「休戦」し対処するということです。コンフリクトは解決されたわけではなく、とりあえずその特定の顧客にとって有益なソリューションを協働して提供しようとするのです。

リチャード・ノラン（Dick Nolan）と私が『スローン・マネジメント・レビュー』誌に寄稿した論文で[注16]、スチュワード（執事）とクリエイターの間のバランスをとることについて論じました。前者は企業全体の資源を管理したり、株主の利益を守ったりする人々のことです。後者は、インターネットの黎明期のイノベーションがどうなされたかを調査したときに出てきた概念で、彼らは必ずしも責任を持って資金を使うというようなことには頓着しない人々です。彼らは新製品を創造して世界を変えるんだといった大きなことを狙っていました。

我々の主張は、企業が成功するためには両方の人が必要だということです。多くの企業でクリエイターを管理することは難しいと感じられています。だからクリエイターの存在を容認しない企業もあります。また、両者が信頼し、橋渡しができる人材を開発すべきだとも主張しました。

そしてその例としてエリック・シュミットを挙げました。彼はノベルのＣＥＯになる前は、サンマイクロシステムズでＣＴＯでした。彼は今日でもテクノロジーにとても詳しく、事業サイドからもエンジニアサイドからも信頼を得ていました。

他には既に述べた点をこの論文でも繰り返しています。常にコンフリクトはあると思えとか、全てのコンフリクトを解決しようとするなとかです。

BMIを成し遂げる上で、伝統的な上意下達（command and control）型のマネジメントスタイルが良いのか、それともチームアプローチが良いのかについてご意見はありますか。

私にとってはこの質問が最も回答するのが難しいと思います。ただ言えるのは、どちらか一方がイノベーションにとって良いということはないということです。それぞれにプラスマイナスがあります。上意下達のスタイルは、私の言う必要なコンフリクトを抑圧してしまいます。

ただ、昔ノランと共にシスコのＥＲＰ導入のケースを書いたことがあります[注17]。当時シスコは５０００億ドル規模の企業で、１９９０年代後半に急成長を遂げました。ケース執筆中に気づいたのは、この会社は上意下達のスタイルを重視しているということです。決してフラットなマトリクス組織ではありませんでした。当時モーガレッジというCEOがいました。彼は上意下達スタイルの信奉者で、シリコンバレーの企業がフラットな組織に行きすぎていると感じていました。シスコの急成長を支えたのは上意下達スタイルであり、他の企業はフラットで分権的な組織ゆえに早い成長を遂げられないと考えていたのです。

ただ、シスコの成長はBMIとはいえず、同一のビジネスモデルが爆発的に成長しただけなのかも知れません。彼らは適切な時期に適切な場所にいた、すなわち世界がIPテクノロジーに移行する中で、誰もがルーターを必要としていたのです。また、「両利き性」の議論と関連させると当時のシスコは製品をイノベートする必要はなく、キャズムを渡り終え、深耕モードでただ拡大（スケーリング）すれば良かったということなのでしょう。だからイノベーション力を維持するには上意下達スタイルではうまくいかないかも知れません。

日本の経営者へ：カイゼンからカクシンへ

最後に何か日本の経営者にメッセージをいただけますか。

私は野村マネジメント・スクールで過去10年教えてきましたが、その前にも日本企業の経営者に教える機会がありました。ある企業がスポンサーとなり、その企業の顧客40社からCIOが箱根に集まった研修でした。場所が箱根ということからも分かるように、スポンサーにとっては社交イベントでもありました。その当時からの印象ですが、多くの日本企業は深耕モードに安住していたように思います。カイゼンはこのモードにとても適合的ですが、カクシンはそうではありません。日本企業にとってプロセス・イノベーションはより自然にできるものの、「両利き性」を維持してラディカルなイノベーションをおこし、顧客やビジネスモデルに大きな変革をもたらすことはそうでもないということです。

私は当時、この40社を対象とした調査をしました。投票システムのようなものを使って次のような問いに答えてもらいました。「革新ということばから想起されるのはプロセス・イノベーションですか製品やサービスのイノベーションですか」という問いです。

40社中39社の人がプロセス・イノベーションだと回答しました。もちろんプロセス・イノベーションが悪いわけではなく、効率性向上は日本企業が長年にわたって得意としてきたことです。ただ、プロセス・イノベーションは顧客に対し、価格引き下げなどを通じた間接的なインパクトしか与えないのに対し、ラディカルなイノベーション、あるいはBMIはより直接的なインパクトがあります。

顧客にとってただ間接的に実感するイノベーションなのか、喜んで対価を支払おうとするイノベーションなのかには差があります。日本企業は後者のことをもっと考えるべきではないかと思います。

日本企業は継続性の維持については一日の長があります。経営の継続性です。4年ぐらい前まで、野村マネジメント・スクールの「デジタル時代の経営戦略講座」（当時の名称は経営者のためのITマネジメント講座）で用いていた、ノランと私たちが書いた『ビジネスリーダーにITがマネジメントできるか』(注18)という本の冒頭に出てきますように、米国では、ある会社がカムバックを果たそうとしていて、そのために外部からCEOを招聘しています。前CEOは、収入が頭打ちになり、株価も落ちたので失職しました。この点について、講座に参加していた日本の経営者の方々は、これがまさにとてもアメリカ的だと指摘していました。このような認識が現在でも同じならば、それは健全なことだと思います。米国はあまりにも短期志向になってしまいました。

私の元同僚に、20年で売り上げ500万ドルの会社を50億ドルの規模まで成長させて、引退後HBSに来た人がいました。彼がよく次のように言っていました。もし彼がこの会社を今立ち上げたとしたら、50億ドルの会社に成長させられなかっただろう。なぜなら、その過程であまりにも多くの間違いを犯したので、途中で解雇されていただろうからと。もはや、米国はあまりにも短期志向で継続性が保てないと嘆いていました。

現在、ノランとまた新たな本を執筆しているのですが、そこでは本質的なことよりも、短期のギミックに目が向けられすぎていることを指摘しようとしています。

この点でも日本企業は、ちゃんと本質の方を選ぶ傾向があります。例えば会計を操作するのではなく、ちゃんと商品やサービスを改善するという点です。最近GEについて明らかになったのは、長年にわたって、一株あたり利益を常に増やすために会計上のギミックを利用していたということです。そして、その慣行が長年の間に同社を「腐食させてきた」のです。このような病に日本企業がとりつかれないことを望みます。

日本への示唆

既存企業のBMIの成功事例は少ない。お二人とも指摘していたが、従来の成功体験を完全に捨て去り、折衷案でない新しいモデルに移行する（そしてそのための新しい能力を構築する）ことは困難を極める。それでも、その困難を克服した事例からは貴重な教訓が得られる。

カサデサス教授は、端的にBMIを成功に導くための条件を端的に4つ挙げている。すなわち、①現状維持は不安定で危険だという認識、②創造的なアイデアが検討される確率を高めるための、アイデア、アプローチ、そしてチームメンバーの構成についての多様性の受容、③BMIが成功するために必要な新たな一連の行動に向かって導く能力、④リスクテーキングおよび失敗を許容する態度、である。いずれも、我々が1章で示した経営チームが効果的に機能する要件（危機感の醸成・共有、多様性、心理的安全性など）と重なっている。

オースティン教授も、企業がイノベーション力を維持するために経営者が求める4つのファクターを紹介している。第1が組織間での強力な交流、規律、会話に関してのコミットメントの共有。2番目が誰も自分の担当部署だけでなく他の役割についてもコメントすること。第3は健康的なコンフリクト（healthy conflict）の有用性を信じていること。そして第4のファクターは顧客の問題を解決することへの優先的なコミットメントである。これはご自身の研究に基づく、BMIに限定されない、一般的なイノベーション・マネジメントにおける要件だが、これらも経営チームのそれと共通点が多い。

お二方とも、更に言えば前節のお二人の教授も含め、日本企業のイノベーションへのアプローチは、改善など差異を少なくすることを志向しているが、その努力とは別に差異を意図的に拡大することの必要性を語られていたように思う。両立させるのは非常に難しいが、経営トップレベルが、多様な構成から成るチームであることは、（カリスマの期待できない）多くの企業にとってはやはり前提となりそうだ。

【注】

9）
Genevieve Pelow and Robert D. Austin, Digital Transformation at GE: What Went Wrong?," Ivey Publishing Case #9B19BM110, Sep.13, 2019

10）
Clayton M. Christensen, Willy Shih, "Strategic Innovation Simulation: Back Bay Battery v3", Harvard Business School Simulation, #8873-HTM-ENG, Aug. 2019.

11）
Clayton M. Christensen and Joseph L. Bower, "Power, Strategic Investment, and the Failure of Leading Firms," *Strategic Management Journal*, Vol. 17, No. 3, (Mar., 1996): 197-218.

12）
Rebecca M. Henderson and Kim B. Clark, "Architectural Innovation: The Reconfiguration of Existing Product Technologies and the Failure of Established Firms," *Administrative Science Quarterly*, Vol. 35, No. 1, Special Issue: Technology, Organizations, and Innovation (Mar., 1990): 9-30

13）
Michael L. Tushman and Philip Anderson, "Technological Discontinuities and Organizational Environments," *Administrative Science Quarterly*, Vol. 31, No. 3 (Sep, 1986):439-465

14）
ジェフリー・ムーア著、川又政治訳『キャズム』翔泳社、2002年

15）
Robert Austin, "e-Types A/S," Harvard Business School Case #9-606-118 June 2006 (revised in Jan. 2007)

16）
Robert D. Austin and Richard L. Nolan, "Bridging the gap between stewards and creators," *Sloan Management Review*, Winter 2007:29-36

17）
Robert D. Austin, Richard L. Nolan, Mark Cotteleer, "Cisco Systems, Inc.: Implementing ERP," Harvard Business School Case # 9- 699-022 Sep 1988 (revised in May 2002)

18）
淀川高喜訳、日経BP、2010年

変革のアジェンダ 3：M&A／アライアンス

6

企業経営者はチームアプローチでM&Aに臨め

乾坤一擲のM&Aを企業変革に活かす

対等合併（merger of equal）に代表されるような会社全体でコミットする大規模M&A／アライアンスは、変革の手段として最もドラスティックであり、経営陣の主要メンバーが一つになって取り組むこと、すなわち我々のいう「変革のための経営チーム」[注1]が有効に機能することが成功のために不可欠である。

本節では、この手段特有の経営チームに関する問題に焦点を当てて時系列的に論じるが、まず「成功」を定義しておこう。M&Aが成功したというのは、関与する企業がそれぞれ単独で存在していたのでは決して生み出し得ない新しい価値、いわゆる「シナジー」（相乗効果）を創造し、それがM&Aにかかるコストを上回ることを言う。シナジーは合併の結果として自然に生じるものではなく、変革の努力の結果である。しかも一事業部を補完するような小規模なM&Aとは異なり、変革の対象は買収対象のみならず自社にも及ぶ。自明のことのように聞こえるが、実際には「経営統合」して単に財務諸表が足し算されて大きくなっただけという状態に近い事例が散見される。規模が大きくなった分だけ管理が複雑になったり、調整コストが増大したりして、アナジーを生じる場合すらある。

Same Picturesを見ていること①：切迫感（sense of urgency）の共有

M&Aは「時間を買う」投資と言われる（それゆえに高くつく）。ある変革目的を達成する上で自社の経営資源（ヒト、モノ、カネ、ノウハウ）だけでは不十分、あるいは時間がかかりすぎる場合に選択される。例えば、グローバル化が今後の成長にとって不可欠だが、自力での海外ネットワーク構築が難しいといった場合である。

経営チームの構成員がその状況認識を共有していることは、M&Aを成功させるための最も初期の条件である。むしろチームが組成される前に、経営陣の間で一般的にそれが認識・共有され、意識の高さや持っているスキルによってメンバーが選抜されるというプロセスを経る方が望ましい。

2011年、武田薬品工業がスイスのナイコメッドを1・1兆円（当社にとって当時過去最大で、しかも6000億円は借り入れでまかなうという無借金経営方針からの転換も伴った）で買収する際、さまざまなリスクを指摘してこの取引に反対（というより慎重）だった多くの役員に対し、当時の長谷川社長は、「何もしないことのリスクを考えろ」と反論したという。一般的に重大な意思決定を下す際には多様な選択肢を比較検討することが望ましいが、コーポレート・ファイナンスの教科書に載っているようなあるプロジェクトのGo/No Goの投資判断だけでは、いわばコインの両面を見ているだけで、多様な選択肢を検討したことにならない。[注2]グローバルな製薬業界の集約化が進展している中で、潤沢なキャッシュを保有しているものの、新薬のパイプラインが先細りになっているような企業は買収の格好なターゲットになる。そのような代替案、「何もしないことのリスク」を明示的に検討することによって、武田では自らM&Aによって仕掛けていくしかないという切迫感が共有されたのである。

同様な切迫感の共有は、JTが1999年にRJRナビスコから米国外のたばこ事業（RJRI）を9400億円で買収し、JTIを設立した際にも見られる。国内のたばこ事業はほぼ独占状態で潤沢な現金を保有していたが成長機会は乏しかった。その中で「世界No.1のたばこメーカーになる」という壮大なビジョンを掲げたわけだが、多くのたばこ企業がひしめく中で海外に成長機会を求めるにはM&Aしかないという切迫感は共有され、もともと変革・挑戦を遂げるために民営化前後にJTに入社していた実務家トップ（執行役員レベル）がチームメンバーとなり、徹底した買収機会の精査・評価を行った。

逆に、共有に失敗した例として、2007年のペンタックスが挙げられる。デジタル化が急速に進展するカメラ事業の将来性を懸念していた浦野社長（当時）は、工場閉鎖や海外子会社の売却などのリストラだけでは不十分で、単独で生き残ることが難しいと判断していた。国内のライバルカメラメーカーとの統合交渉が不調に終わったとき、HOYAから打診を受け、合併を進めることにした。ただ、スピードを重視し、機密性を保てという法律事務所のアドバイスもあり、財務担当の役員と二人だけで交渉を進め、合併を決議する取締役会当日まで他の役員には知らせなかった。その結果、切迫感を共有していない大株主（創業家）や他の役員の反対で、社長解任という結末になってしまったのである。[注3]

Same Picturesを見ていること②
新しいビジョンの創出と共有

次のフェーズでは、M&A後の新しい企業の姿（ビジョンや価値観）を経営チームが共有することが決定的に重要である。そしてここにM&Aという変革手段特有の複雑さがいくつかある。

まず、当事者それぞれの経営チームをできるだけ早い段階で融合し、そこが新しい姿を描き、M&A後の変革（いわゆるPMI）を進めるチームの原型を構築することが理想である。

やや古い例だが、経営チームに関する専門書に載っている1989年の米国スミスクライン・ベックマンと英国のビーチャムグループ（現グラクソ・スミスクライン）の対等合併は示唆的である。[注4]

まず、それぞれの社内に、合併後のビジョンと戦略を考える経営チームが発足した。ビーチャムグループでは、経営委員会（Executive Management Committee）の構成員の一部が（当時のCEOの言葉によれば「各事業部の担当がそれぞれの責任範囲に焦点を当てるのではなく『チームモード』で新しい姿を描く」というマンデートが与えられた。そしてスミスクラインのカウンターパートとともに、1988年の11月半ばから数週間、ニューヨークの法律事務所の地下室に缶詰になって単一のビジネスプランをまとめたのである。

また、前述のJTによるRJRI買収では、同様なプロセスを経て、双方の共通価値観として「4Sモデル（株主・顧客・従業員・社会という4つのステークホルダーの満足度のバランスが長期的成長に必須）」を最初に合意した。

日本企業の大型M&Aの場合でも、当然このようなチームが結成されるが、実質的な議論に至らず、お互いの「表敬訪問」の域を出ない場合が多い。特にパートナーが海外企業の場合、言葉の壁もあり、結果として相互不干渉、シナジー創出は夢のまた夢ということになってしまいかねない。

二つの異なる出自を持つチームの融合は、必然的に、経営チームが機能するための要素である構成メンバーの多様性をもたらすが、統合後のポジションをめぐっての「椅子取りゲーム」に陥る危険性も大きい。そうならないためには、メンバーがそれまでの立場・責任の代表者として権益を守り拡大するという行動を抑制する仕掛けが重要である。他の節でも指摘されていることであるが、信頼感の醸成や、自分の専門外のことでも発言できるとか、失敗を許容する心理的安全性の確保は重要である。

M&Aによる変革にともなうもう一つの複雑性は、このフェーズから金融・資本市場との対話が始まる点である。株式交換などの方法でM&Aのための資金調達が伴わない場合でも、当事者各社の株主の承認（日本企業の場合は、メインバンクも含むことになる）を取り付けなければならないからである。実務的に通常IRを担当する役員だけで行うことは困難で、チームメンバーが自分の責任を越えて、合意された将来像（same picture）を外部に発信し続けなければならない。不協和音が明らかになると、HOYA-Pentaxのときのスパークス・アセット・マネジメントのような「介入」を招き、当事者の思い描いた改革が実現できないことにもなりかねない。

Shared Principles, 特に二律背反性の超克（両利き性）

M&A後の統合（いわゆるPMI）のフェーズでは、第3章3で紹介したターンアラウンドなどの変革と共通のチームの動き方が求められる。M&Aの場合、早期の成功事例（シナジー創出）を内外に示す上で、重複の排除や不採算部門の整理などを通じたコスト削減は、事前の新しい姿を描く時点で既に合意が取れており、取引成立と共に実施に移されることが理想である。

先述したJTの事例では、KKRというLBOファンド配下にあったRJRIは、長年にわたり成長に必要な投資を享受できていなかった。そこでJTは4Sモデルに則り、RJRIが必要としていた「ブランドへの投資」と「市場シェア回復までの時間」を投資し、市場シェア回復と、その後続くM&Aに関するCoE（Center Of Excellence）をJTI内に確立することを達成した。

しかし、日本企業の場合、労働慣行によって人員削減が難しいという事情もあり、せっかく「時間を買った」はずなのに、迅速に実施することができないケースが多々ある。かつての銀行合併の際に見られたように、隣同士に支店が残ったり、第一人事部、第二人事部が存在し、合併後入社した社員が一定数になるまで統合できないといった極端な現象はさすがに少なくなったが、「長期的視点」の美名の元に時間を無駄にしている事例はまだ散見される。

また、PMIの場合は、変革チームのメンバーのT字性、すなわち自らの担当分野での責任遂行と全社視点での改革推進という、時に二律背反となりかねない状況を乗り越えるスキルへの要請が高い。例えば、イノベーションの加速を目的としてベンチャー企業を買収したようなときは、最近よく耳にする概念である両利き性（ambidexterity）を発揮しなければならない。大規模M&Aであれば、自らの担当分野が従来のままということはほとんどない。新しい部下を迎え、融合を図りながらリーダーシップを確立するだけでも大変だが、「責任分担制」の罠に陥らず、経営チームの一員として変革のアジェンダを進めていかなければならないのである。

次に、成長率の加速や、R&Dの量的・質的改善といった中長期的なシナジーの創出にもチームアプローチが効果的である。次のインタビューのパートのコラムの中でウォートン・スクールのブラント・グルテキン教授が紹介している、いわゆるゴーン改革の後、継続的なシナジー創出を目的として日産とルノーが設けたルノー・日産BVと呼ばれる組織（チーム）の活動はその好例である。

また、M&Aという手段を「自家薬籠中の物」として継続的に価値創造を行っていくのも長期的な効果といえる。そのためには、ユニークな体験にとどめるのではなく、ノウハウ化することが大切である。

前述したスミスクライン・ビーチャムは、2000年にグラクソ・ウェルカムと合併し、グラクソ・スミスクラインとなった。そして、その後も2009年にはStiefelの買収により皮膚疾患領域のリーダーとなる。さらに、ファイザーとHIVに罹患した人々の治療とケアの向上を目指すヴィーブヘルスケアを設立したり、2015年3月には、ノバルティスのワクチン事業（インフルエンザワクチン以外）を取得して、両社のコンシューマーヘルスケア事業会社を統合し新合弁会社を設立と、M&A／アライアンスをうまく取り入れて成長している。

また、JTもRJRIに続く2007年のGallaherの買収（1・7兆円）では、RJRIでの経験を体系化したノウハウ集（BlueBook）に基づき、RJRIの経験者と新たなメンバーがチームを組む形で、統合計画の合意発表までを100日間でやり切った。これにより経営チームの両利き性（国内事業と海外事業両方のマネジメント力）を獲得し、その後の相次ぐ外部成長に活用していった。

【注】

1）
リーダーシップ論の大家であるジョン・コッターHBS教授のいう「変革の8段階プロセス」にある連帯チームとほぼ同じ概念である。（ジョン・コッター著、梅津祐良訳『企業変革力』日経BP、2002年：第4章）

2）
この点は、米国ブライアント大学のマイケル・ロベルト教授（野村マネジメント・スクール「トップのための経営戦略講座」講師も務める）の示唆による。

3）
「有訓無訓」『日経ビジネス』2019年2月18日号：5ページ。

4）
Jon R. Katzenbach, *Teams at the Top*, Harvard Business School Press, 1998:pp.67-69.

日本企業が主体となるM&Aは、件数の面では近年大幅に増えている一方で、企業の事業モデルを変革に至らしめるほどの大規模M&Aの件数はまだ数えるほどでしかなく、また価値創造につながる事例もまだ少ないと言われる。このような問題意識のもと、日本企業がM&Aを価値創造の手段として、有効に活用するためのヒントについて、カール・ケスター教授に話を伺った。

INTERVIEW

M&Aは短期的に見れば価値創造に寄与しているとは言えない

ハーバード・ビジネス・スクール教授
カール・ケスター
W. Carl Kester

NSAM（以下太文字）：まず、日本企業では企業の態様を変えるような大規模M&Aがあまり行われず、また行われても価値創造に寄与していないという見方があります。これについてご意見を伺わせてください。

カール・ケスター教授（以下略）：私が野村マネジメント・スクールで教鞭をとり始めた23年前に比べれば、日本企業は国内企業同士のM&Aだけでなく海外企業を対象とするM&Aも相当数実施するようになっていると思います。しかし、私が研究した範囲では、日本における大規模M&Aのほとんどは、買収側の企業が変わるというよりも、被買収側の価値創造を目的とするにとどまるものが多かった印象です。救済型のM&Aでは止血も必要ですので、買収直後に大規模なリストラを行うケースはありますが、その後の経営行動が見えにくい傾向を感じます。私が研究中に驚いた点は、買収後の統合がほとんど進んでいない事例が多かった点です。特に官庁主導とみられる銀行の統合が顕著な事例でした。彼らは合併後も合併前と全く同じオペレーションを継続しており、それぞれで独自の本社部門を維持し、人員数も店舗数もほとんど変わらない状況でした。統合を進めるというよりも、むしろ統合しないように社内でコンセンサスがあったのではないかと思うほどです。

そのような状況でしたので、価値を創出しているかどうかをM&Aの成功の基準として考えるのであれば、なかなか成功事例を探すのは難しいと言えるでしょう。

長期的な視点で見れば、業界のキャパシティが合理化され、残存者利益を獲得できる可能性があるので、非効率な状態を残していても利益を得ることはできる状況はあり得ます。しかし、そのような姿勢では短期的には何の価値も生み出していないと思います。

確かに大規模なM&Aが価値を創造しづらいという見方はあると思います。価値の測定についてご見解を伺わせてください。

まず、指摘しておかないといけないことは、長期的なM&Aの成功を分析すること、すなわち価値創造の如何を測定することは非常に難しいという点です。過去もそして現在も学術研究者や実務家が採用している一般的な手法は、M&Aの発表によって、取得側の株価がどのように反応するかを調べるというものです。これは米国だけでなく世界的に行われている手法です。合併の完了前の時点で株価への影響を調査するもので、価値が創造され

買収企業側はM&Aにより価値を享受できている訳ではない
――ケスター教授

る期待値がこの株価に反映されるはずという考え方が背景にあります。買収後完了して統合がなされて、実際に価値が創造なされる前の段階で、被買収企業の株主の株式上では価値が実現しているということになります。もちろん、発表だけで価値が生み出されるわけではありません。また、株価はM&Aだけでなく多くの要素に反応してしまうのです。例えば買収の対価を現金ではなく買収会社の株式とする場合です。これは買収株式の株価が現在過大評価されているとのシグナルを市場に出していることになる可能性があるため、株価はネガティブに反応するかもしれません。これでは買収会社の株主にとって、このM&Aは価値を破壊する行動になってしまいます。

その上で、学術的にはM&Aは価値を生んでいると言えるのでしょうか。

それではファイナンスの学術論文で分析されているM&Aの成否について、一般的な見解を見ていきましょう。大規模M&Aでよく指摘されることは、M&Aで生み出される価値の多くは被買収企業の株主が取得するという点です。買収会社側と被買収会社側の両者でROIを算定すると、一般的には3～6%程度は価値創出がなされていると言われています。しかし、誰が勝者で誰が敗者かを切り分けると、常に勝者は被買収企業側の株主なのです。そのROIは実に13～20%に及びます。買収側のROIはせいぜい1・5%～3%程度、悪くするとマイナスのリターンになる場合も多く、被買収側には遠く及びません。

両者ともROIはプラスを維持していても、シナジー効果を生み出すには至らないことが多いのです。M&Aを実施する際には、期待されるシナジー効果として、トップラインの成長などを打ち出しますが、実現が難しいことは言うまでもありません。むしろコスト削減の計画により生じる価値増分の方が、確実性は高いと言えるでしょう。

日本企業のM&Aでも、買収後の減損件数が3割程度あることなどから考えて、一般にM&Aから価値創造を実現するのは難しいと言えるでしょう。

高値掴みに留意するとともに、リスクにも目を向ける

一般的に、価値創造ができない事態に陥る原因としてどのようなものが考えられますか。

価値破壊の罠に陥るのを防ぐために何をすべきか、という点は重要な視点です。まず注意すべき点は買収時に過払いをしないことです。そのためには分析と規律が必要となることは言うまでもありません。分析する際に徹

図表3-6-1 M&A件数と金額（億円）の推移

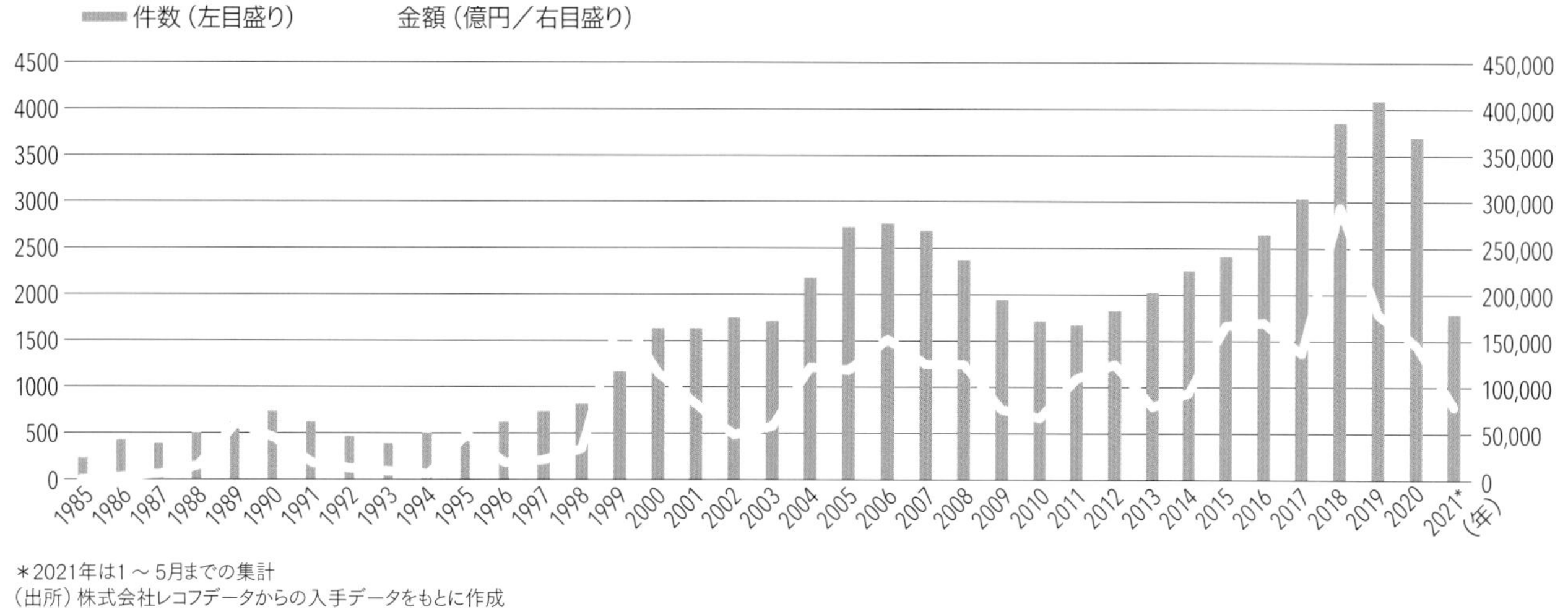

＊2021年は1～5月までの集計
（出所）株式会社レコフデータからの入手データをもとに作成

底的な評価を行い、評価手法、アプローチを複数組み合わせるべきです。そして、その内容を深く理解することです。シナリオによっては価値が創出されるように見える場合もあるでしょう。そこで次に考えるべきことは規律を維持することです。目の前に現れた買収案件を何とか成立させるためにハングリーになりすぎないことです。特に大規模なM&Aでは、取締役会が規律を維持するために重要な存在となります。買収案件に執心して冷静さを失ってしまうCEOにストップをかけなければなりません。CEOは、良い組み合わせであるとか、戦略的な価値を生み出す可能性があるなどと主張するかもしれませんが、戦略上正しくても、過大な支払いをしてしまえば価値を破壊することになってしまいます。

　一方で、M&Aが価値を生み出さない理由は、必ずしも高値だけではありません。化学業界の最大手であるダウケミカルが、スペシャリティケミカルのローム&ハースを買収した事例を紹介します。買収時、何としてでも手に入れたかったダウは、かなり制約的な取引条件を飲みました。ところがリーマンショック後の世界経済の混乱に遭遇し、当てにしていた資金調達ができなくなる一方で、取引を破棄した場合の違約金の問題などで、あの巨人が破綻の瀬戸際に立たされてしまったのです。

column ｜ **シナジー創出には経営チームの存在が寄与する**

　シナジー効果を絵に描いた餅に終わらせず、実際に創出させるにはどうしたらよいのでしょうか。

　ブラント・グルテキン教授：自動車業界における2つのM&A／アライアンスが参考になると思います。一つはドイツのダイムラーによるアメリカのクライスラーの合併（1998年）です。企業文化の違いなどからほとんどシナジーは生まれず、僅か数年で合併は解消され、2007年にはクライスラーはファンド（サーベラス・キャピタル・マネジメント）に売却されました。ある論評では端的に、「規模を大きくするだけでは、上手くいくはずがないのです。ひとつの「チーム」や「家族」として機能するような仕組み作りを怠っていたのでしょう」(注5)と指摘されています。結局ダイムラー経営陣の報酬体系が、米国のそれに近づいただけという酷評も聞かれるほどです。

　一方、同じ頃、フランスのルノーと日産のアライアンスが実現しました。発足当時は「弱者連合」などと叩かれましたが、いわゆる「ゴーン改革」を経て日産が復活したあとも、シナジーを追究する仕組みとして、合弁会社であるルノー・日産BVを設け、両社の機能横断的な取り組み促進によるシナジー創出を継続しています。

　さらに、この動きは技術開発や製品開発を含む、より広範な機能統合を進める統合へと発展します。2014年には共通プラットフォームを実現するコモン・モジュール・ファミリーなどを構築し、車両生産コストの低減化を推し進めるなど、長期的に両社の競争力向上に資する取り組みを行っていました。これらの取り組みは、施策の質もさることながら、両社の経営陣の間でアライアンス・スピリットを育み、コミュニケーションの活性化が図られていた点が成功要因であったと言われています。皆さんの指摘する「経営チーム」がルノーと日産という企業間にまたがり結成されたことで、これらの改革が円滑に進んだ点を指摘することができます。

　最近の「事件」によってアライアンスの先行きが不透明になってしまったのは残念ですが、シナジー実現のお手本としての実績が消えるわけではありません。

　最近の新型コロナウイルスの感染拡大の問題も同様ですが、不測の事態をすべて契約の中に織り込むことはできないのですから、取引条件には余裕を持たせておかねばなりません。

資本コストに対する意識を高めよ

M&Aの買収時のプロセスで日本企業が米国企業と比べて改善すべき点についてコメン

【注】

5）https://www.kuruma-sateim.com/market/daimler-chrysler/（2020/4/26アクセス）

トをお願いします。

日本企業は長らく資金調達を銀行に頼っていたこともあり、資本コスト（特にエクイティのコスト）の認識が十分でないといえます。価値をどのように創造し、計測するかという根本に資本コストの概念があるので、その出発点があやふやであるということは大きな問題です。2014年に発表されたいわゆる伊藤レポートは、資本コストの認識を高める上で画期的な取り組みであったと思います。

資本コスト、特に株主資本コストの認識は日本企業の間でも近年高まっていると思います。先進的な日本企業では統合報告書を開示し資本コストについて言及するとともに、「資本コスト経営」を標榜する企業も出るなど、「ファイナンスブーム」とも言える状況にあります。一方で、企業側が資本市場に対して資本コストを開示するというトレンドには若干の違和感を感じています。

その点はおっしゃる通りです。本来、資本コストは資本市場側で決まるもので、企業に対して求める「要求収益率」です。したがって、投資家側が資本コストに織り込めるような情報、例えば自社の競争優位性の程度、持続性、そして事業リスクといった見方について開示すべきで、「資本コスト」として開示すべきものではないでしょう。

また、資本コストは企業全体では一つの数値になるとしても、事業別にビジネスリスクが異なる以上、投資判断に用いるべき資本コストは自ずと分かれるはずです。

伊藤レポートでは、確信犯的とはいえ8%という単一の目標値を掲げています。これは企業側に、例えばROE8%を超える利益水準を目標にすればよい、という誤ったメッセージになっている懸念があります。

特にM&Aで言えば、分母にすべきは投下資本ですので、ROIC（投下資本利益率）を評価基準にすべきです。また、企業のビジネスモデルを大きく変えるようなM&Aであれば、事業リスクも変わるはずで、その点もハードルレートの設定上、考慮に入れるべきと考えます。

M&Aの文脈で言えば、社内で当該案件の意思決定に用いた「ハードルレート」について、対外的に情報提供していく可能性はあるかもしれませんね。

もちろん、投資家、資本市場側でそのハードルレートが、彼らが考える資本コストと同じ水準であるという保証はないという前提に立った上での開示になると思います。もし資本コストに比べて、ハードルレートが低すぎれば、投資基準が甘すぎるという評価となり、株価に与える影響はネガティブになりえます。

近年、日本でも、資本市場側との対話が重視されていると聞いていますが、この動きは妥当な資本コストが形成されるという意味で、

W.Carl Kester

現職：ハーバード・ビジネス・スクール教授
専門分野：コーポレート・ファイナンス、コーポレートガバナンス
経歴および業績：1981年、ハーバード大学経済学博士号を取得後、同年からハーバード・ビジネス・スクールで教鞭をとる。同校では、学務担当副学長（2006年～2010年）、ファイナンス学科議長（2005年～2006年）、MBAプログラムの上級副学長（1999年～2005年）を歴任。
学外活動では、メリルリンチグループ基金などの評議員や顧問を多数務めるとともに、JPモルガン、IBMなどでコンサルティングや社内研修に従事。
野村マネジメント・スクールでの担当講座
「トップのための経営戦略講座」「コーポレートファイナンス」のモジュール担当

主な著書：

Case Problems in Finance（Irwin）
国際的なファイナンス関連の事件を分析したケーススタディー集

Case Problems in International Finance（McGraw-Hill）

Japanese Takeovers : The Global Contest for Corporate Control（Harvard Business School Press）
※O'Melveny＆Myers CentennialGrant賞を受賞
1980年代および1990年代の日本のM&Aの動向を探るフィールド調査

非常に良い流れであると考えています。

一方で、資本コストをベースに株主価値の極大化を図るという、伝統的なファイナンスの考え方が変わりつつあるトレンドも感じています。特にリーマンショック以降、このような株主価値の極大化を中心に据える思考の枠組みには、欧米でも見直しが入っているのではないでしょうか。例えばハーバード・ビジネス・スクールのマイケル・ポーター教授の提唱したＣＳＶの概念や投資の世界のＥＳＧの考え方などが挙げられます。

私は、ＥＳＧは現時点ではまだアセットマネジメント会社のマーケティングギミック以上のものではないと考えています。そもそも定義も不明確ですし、それが投資パフォーマンスを向上させるという証拠は見られません。似たような原則をもって昔から投資を行っていた政府系ファンド（ＳＷＦ）に関する研究でも、パフォーマンス上の優位性は見られません。政府機関による投資ですから、経済的パフォーマンスは次善でも、政治的パフォーマンスさえ良ければＯＫなのかも知れませんが。

投資にあたって環境などに配慮することが悪いといっているのではありません。しかし、それが企業の低収益性や機関投資家の低パフォーマンスの言い訳になるのは、本来はおかしな話なのです。私が野村マネジメント・スクールで行っている講義では、ＮＰＶに基づく投資判断は、少なくとも株主の投資ホライズンの選好とは無関係に使えるということを論証しています。つまり、この枠組みで投資判断をすれば、長期投資を考える若い株主の利益も、年金を補完するものとして比較的短期のリターンを求める高齢者の利益も満たすことができるのです。しかし、ＥＳＧではそういったことを示すことはできません。ましてやＥＳＧの目的であるさまざまなステークホルダーの利益のバランスの最適化ができるとは言えないのです。

一方で、ＥＳＧのトレンド自体は不可避な流れになっていることも事実です。この動きは、ＰＲＩ（国連責任投資原則）が２００６年に提唱され、その原則への署名機関は年々増え続けることからも明らかです。日本のＧＰＩＦ（年金積立金管理運用独立行政法人）も２０１５年に署名しています。機関投資家とその背後にいる投資家の間ではますます所有とコントロールの分離が進んでいます。機関投資家はさらに大きな存在となり、その市場における影響力が甚大であることを考えなければなりません。ＥＳＧを無視した経営をしている企業は資金調達面で不利な状況に追い込まれるおそれがあります。

ポストマージャーでは経営陣がチーム化し行動すべき

話をポストマージャーに進めましょう。シナジー効果を顕在化するための成功のカギについてコメントをお願いします。

まずシナジー効果を実現するための真に実行可能で明確なビジョンを計画しなければなりません。それには、多くの準備、作業、リソースが必要になりますし、多くの難しい意思決定をしなければなりません。困難に立ち向かうときに、まずその場に飛び込んでから、何に飛び込んだのか知るのでは手遅れです。現地を実際に見て、何に飛び込み、どこに着陸しようとするのかを明確に意識してから飛び込むべきです。買収後も残る経営陣と適切な関係を築くことができれば、すぐに良質な計画を立案することができるでしょう。お互いがお見合いをして、統合後の絵姿について、願望や祈りに近い感情を持っているだけでは、シナジー効果が絵に描いた餅に終わってしまうでしょう。

例えばロンドンにある企業同士が合併する場合、ほぼ業界は同じでしょうし、お互いを理解しているケースが多いでしょう。この場合、お互いの会社の経営陣が会って話をすれば相互に理解することは容易なことでしょう。

M&Aは短期的に見れば
価値創造に寄与しているとは言えない

そのような状況であれば買収後の人材配置、余剰資産の売却など、取るべき施策は非常に明確になると思います。成功の鍵となるのはM&A自体が友好的な取引であることです。それぞれの会社の経営陣が1つのチームとなって、それぞれの専門知識を持ち寄ることで、最良の結果につなげることができるでしょう。

一方で、異なる業界の企業を買収して、自社のビジネスモデルを変革して成長の機会を模索するケースでは、成長を促すための強いインセンティブが必要になると思います。今までの事業を変革する切迫感がない状態であれば、なおさら強い働きかけが求められます。

M&Aで価値創造を顕在化させるために、経営陣がチームとして事に当たるという視点については本書で我々が指摘している内容と合致します。この点について、欧米の事例を示していただくことは可能でしょうか。

欧米のM&Aに関する報道では、あたかもCEOだけが立役者として取り上げられることが多いですが、実際には、非常に小規模な取引を除き、チームアプローチは必須です。プライベートエクイティファームなどのフィナンシャルバイヤーが事業会社を買収する場合、価値向上のために必要なCEOのスキルセットや価値向上を実現するための期限も買収前の段階である程度固まっています。しかし外部から有能な事業効率化のスペシャリストを連れてくるだけでは十分ではありません。企業変革を支える経営チームを組成し、彼らにインセンティブを付与することで、企業変革に強烈なドライブをかけるのです。

経営チームは互いに協力し合い、それぞれが効果的な役割を担えるようにしないといけません。そのような適切なチームを作るには自分だけがメリットを得られるように期待するのではなく、ギブアンドテイクの姿勢を保つことが必要です。

元々の経営者が抵抗する場合には、首をすげ替えてでもチームが結成され、効率化を短期間で実行していきます。企業価値を高めてできるだけ早くエグジットすること（他社へ売却するなり、株式公開をさせるなどしてキャピタルゲインを得ること）がファンドの目的だからです。

事業会社（ストラテジックバイヤー）によるM&Aの場合、期間は相対的に長くなります。それは主目的がシナジー創出だからです。そのためには自社を含めた改革が不可避で、事業担当者を含めたチームで取り組まなければなりません。逆にチームと言っても、CFOと事業開発、経営企画担当役員だけで構成されるチームでM&Aを行うべきではありません。経営トップや事業担当者がプロセスを理解し、その線に沿った改革を実施しなければなりません。

日本への示唆

ケスター教授が述べているように、M&Aにおける企業価値創造の成否は、適切な買収価格の設定、明確なPMI計画立案の如何にかかっている。一般的にM&Aによる価値創造は困難であることは過去の研究により明らかになっている。しかし一方で、買収後に想定したシナジーを顕在化させていくためには、買収側と被買収側の経営陣が経営チーム化することが重要であることを同教授は強調している。フィナンシャルバイヤーによる事例では投資前の段階での価値向上シナリオの構築や経営者の外部招へいがクローズアップされがちであるが、経営チームの結成、相互のインタラクションも重要である。ストラテジックバイヤー（事業会社）も、投資期間の差異はあるにせよ、フィナンシャルバイヤーの価値創造の手法を取り入れる考え方を今後は検討していくべきであろう。

一方、ウォートン・スクールのグルテキン教授は、シナジー効果創出の一例として、当スクールの講座でも取り扱っている、企業間にまたがる「経営チーム」を結成することが円滑なPMIに資する点を力説している。今後のM&Aにおいては経営チームの結成による企業価値創造を追求する姿勢が求められよう。

7 変革のアジェンダ4：デジタル変革

デジタル・サビー（DS: Digital Savvy）度が高いトップ・マネジメント・チームをデザインする

DX推進は経営チームの改革から

イノベーションは何を目的に行うのか？

それは当然、企業価値の持続的向上である。しかし企業価値向上につながるイノベーションを創発・実行できるか否かは、何が律するのであろう？ 効果的なイノベーションの創発に必要不可欠な企業内要素、組織ケイパビリティとは何なのであろう？

ＭＩＴ・ＣＩＳＲの議長であるピーター・ウェイル教授らは、長年に渡り企業のイノベーション、近年ではＤＸによる競争戦略・企業価値創造戦略に関する調査研究を積み重ねてきた。その中で、企業業績と組織ケイパビリティとの関係性に関する調査研究を２０１９年に行っている。教授らはその中で、経営陣の「経営レベルのデジタル・サビー度（Savvy：精通していること、以下「ＤＳ度」と略す）」に着目している。

研究結果によると「取締役のＤＳ度が高い企業ほど高業績をあげている」「ＤＳ度の高い取締役が３名以上いるか否かが業績の優劣を分ける」「この傾向はＴＭＴ（トップ・マネジメント・チーム：執行責任を持つオフィサーにより編成されるチーム）にも同様に当てはまる」といった大変興味深い結論を導出している。

デジタル・サビー度（Savvy：精通していること）とは何か？

この「Savvy」という言葉は、ＮＳＡＭの通訳を長年務めるベテラン通訳者にも「適切な日本語化が難しい」と言わせるほど、ニュアンスが難しい。英語で「Digitally Savvy」というと、デジタルに関するあらゆる事情や情報に精通しており、それを実践で活かせている、というニュアンスになるという。

ウェイル教授らの調査研究で注目すべきは、このＤＳ度の定義である。その定義は「デジタル領域での知識・経験」と「全社レベルでの経営判断経験・業務遂行経験」の２つの等しく重み付けられた要素から成る。すなわちデジタルの知識・経験を全社レベルの改革において活用した実体験の有無がＤＳ度を規定するのである。

日本でも昨今「ＤＸ人材の確保・育成」が叫ばれている。しかしそもそも「ＤＸ人材」の人材要件すら明確でない企業がほとんどなのが実態だ。本来人材要件とは、自社戦略を実行する際に必要なポジション要件（職務要件ともいえる）を明確にし、それを実現するためのコンピテンシーは行動特性を客観的に書き表したものだ。ＤＸ戦略の前に、多くの日本企業にとって、この「人材要件」自体に関する理解と経験が圧倒的に不足している。

幸いＤＸの必要性に対する危機意識は十分に醸成されつつある昨今、ウェイル教授らが提唱する「ＤＳ度」という定量的なメトリックスに着目し、自社の現状診断に着手するには恰好のタイミングといえる。

ハイレベルな経営判断を承認する取締役チームへの注目

リスクを内包する全社レベルの経営判断を企業内で承認するのは、特に欧米企業の場合、名実ともに取締役会である。ＣＩＳＲは世界中の比較的規模が大きい企業の取締役との長年にわたる協力関係を元に、本調査研究の基盤となる「取締役のＤＳ度」を、約20社の取締役の協力を得て定義した。次に「ＤＳ度」を規定するキーワード群を広範なアンケート調査により定量的に要素抽出した。更にウェブ上に開示される取締役の経歴書を、それらのキーワードで自動クローリング（特定にキーワードを企業の開示サイトより自動的に検索・収集する機能）し、そこに含まれるキーワードの表出頻度や文脈の中での相互関係等を分析し、分析対象企業の取締役チームのＤＳ度を推計、開示されている財務業績との相関分析を行った。欧米アカデミアに共通して見られる実践的な研究手法が興味深い。

取締役からトップマネージメントチーム（ＴＭＴ）へ注目のシフト

２０１９年に取締役のＤＳ度の重要性を説いたウェイル教授らの発表は、大きな反響を呼んだ。全社レベルの経営判断を承認するのが取締役ならば、個別の変革のための改革提言を起案するのは執行役員レベルのオフィサー達だ。（ウェイル教授はこのチームをトップマネジメント・チーム〈TMT: Top Management Team〉と呼んでいる）調査は同様の分析手法を通じて、欧米の売上高30億ドル以上の企業での相関関係を突き止めた。そしてＴＭＴを構成するメンバーのＤＳ度と業績は、取締役メンバーのそれよりいっそう強い相関関係があることを明らかにした。

ＤＸ元年といわれる今、日本企業にとっての示唆

日本企業の近代史には、いくつもの「ＸＸ元年」があった。「成果主義人事制度元年」「ＣＳＲ元年」「コーポレートガバナンス元年」「ＳＤＧｓ元年」等々。そして今「ＤＸ元年」が叫ばれており、長期化するコロナ禍で、ほとんどの企業が何等かのＤＸの構想策定を進めている。注意すべきは、これまでの「元年」のいずれもが日本企業の内面的資質やパフォーマンスに実質的な影響を与えてこなかったという事実である。なぜか？

それは、本来は手段であるべきの「ＸＸ」の部分自体が目的化して、かつ同じ業界の国内他社だけをベンチマークし、コーポレートの特定職能のスタッフによる閉鎖的な社内活動で終始したことが原因である。「ＸＸ元年」の度にコーポレートに専門組織ができ、事業部門は膨大なペーパーワークに翻弄され、ホームページにはそれまで見たこともない新たな報告書やディスクロージャーのコンテンツが増殖した。そして数年が経過すると、それら業務はルーチン化され、毎年同じような内容がＰＤＣＡの中で回され続ける。ほとんどの企業に身に覚えがある光景のはずである。「ＤＸ元年」も同じ轍を踏まないとは限らない。そんな日本企業にとって、企業業績と密接に相関する経営レベルのＤＳ度という客観的な指標が存在するという事実は、貴重な示唆を与えてくれる。N

DXは、いわゆる「ボーンデジタル（創業時からデジタル技術を核としたビジネスモデルを確立している）」ではない、伝統的かつ大規模企業にとって難易度が高い挑戦である。圧倒的多くの大企業はDXに失敗し、一方で一握りの大企業はDXによる抜本的な変革を遂げている。MITスローン・スクール・オブ・マネジメントの下部機関であるCISR（Center for Information Systems Research）の議長兼主席サイエンティストのピーター・ウェイル教授に、大企業のDX成功の要諦について伺った。

INTERVIEW

経営チームのデジタル・サビー（DS）度という新しい基準

マサチューセッツ工科大学（MIT）スローン・スクール・オブ・マネジメント　情報システム研究センター（CISR）議長
ピーター・ウェイル
Peter Weill

MIT・CISRという機関

NSAM（以下太文字）：本題に入る前に、MIT・CISR（Center for Information Systems Research）という機関について教えていただきたいと思います。日本ではMITのスローン・スクールは上位のビジネス・スクールとして著名ですが、CISRについて知っている人はほとんどいないのではないでしょうか。

ピーター・ウェイル教授（以下略）：CISRはスローン・スクールの下部機関で、1974年に創設された「情報システムとビジネスの学際領域に特化した研究機関」です。当時はITやDXといった言葉・概念すら生まれていない時代でした。しかし当時からCISRは、「情報システムだけ」の研究は工学系の高等教育機関等でやればよい、「ビジネスだけ」の研究にはビジネス・スクールがある、自分達の真価はその「学際領域」にあるという理念をもっていました。

またCISRのもう一つの重要なポリシーは、徹底したフィールド調査研究による情報発信・提言です。学者のための学術研究は実施しません。実在する企業やビジネスコミュニティーから学び、実行可能なソリューションを提言し、フィードバックし続けるのがCISRの使命です。

CISRの主な活動は、エグゼクティブ向けの研修講座の運営、各界と連携した共同研究開発、世界規模でのイベントの企画運営による専門家集団の形成・ネットワーキング、研究成果の出版です。現時点で100社以上のパトロン、スポンサーがCISRのさまざまな活動を資金面で支援しています。特にDXの分野での情報発信の量と質は世界最高峰の水準であり、外部のさまざまな評価機関、ランキング機関からも高い評価を得ています。

なるほど、45年以上前に掲げられたCISRの創業理念の先見性には驚きます。最近の研究テーマ、研究対象の業界・業種はどのようなものでしょうか？

CISRのホームページを訪れてほしいと思います。[注1] そこにはかなりの量の情報開示が行われており、最新の研究テーマは常に新陳代謝しています。これは最近に限ったことではないですが、我々の研究対象はいわゆるボーンデジタル（デジタル技術が萌芽した以降に創業した）企業、GAFAMや中国のBAT

Hといわれる企業群ではありません。我々の長年の焦点は、伝統的な大企業が如何にDXで成功するか？　如何に巨象を躍らせるか？　という領域にあります。だからこのインタビューにしても、今回の発行にしても、多くの伝統的な日本企業に「自分ごと」として捉えてもらいたいと思っています。

CPOとしての自分の役割

ところで、ウェイル先生は巷では「CPO」と呼ばれているそうだが、その「P」とは何を指すのでしょうか？

「Provocative：物議を醸しだす、問題提起する（プロボカティブ）」の「P」です。すなわち、講座の受講生であれコンサルティング先企業の役員であれ、彼ら・彼女らの思い込みや偏見に対して、CISRの調査結果をもって、徹底的に挑戦し、物議を醸しだすオフィサーということです。（笑）

その意味では2019年以降に発表された取締役やトップマネジメント・チーム（TMT）のDS度と企業業績の相関関係に関する提言も、相当な物議を醸していますね。まずはDS度の定義から教えてください。

我々の研究ではDS度は2つに分類され、

column | **本研究の調査方法概要**

「高DS度」を定義するために、CISRでは2つのMIT・CISRイベントに参加したエグゼクティブから「高いDS度」を表すいくつかの「形容詞・キーワード」をヒアリングし、初期の語彙集を作成した。更に、取締役会サーベイ調査の結果明らかになった9社の大規模なIT企業・製造企業のTMTメンバー（対象エグゼクティブ数N＝226名）の経歴書から、その語彙集を補足するキーワードを抽出した。自然言語処理アルゴリズムを活用し、S&Pグローバル・マーケット・インテリジェンス・プラットフォームというDBに格納されている、更に広範な企業（売上10億ドル超の主要市場での公開企業、N＝1745社）のCIOとCTOの経歴書から追加的なキーワードを抽出した。それらの統合的な結果は、251の「高DS度」を表すキーワード群となった。そしてそれらを2つのカテゴリー（すなわちデジタルに関する知見・経験と、その他の全社レベルでの知見・経験）に分類した。

更に同DBとコンピュスタット社のDBを活用して、主要市場で公開している2018年の売上30億ドル超の企業のTMTの経歴書をダウンロードした。これらの合計2,021社は、米国の売上30億ドル超の公開企業の86%を、そして全世界の売上30億ドル超の公開企業の55%を代表している。この母集団の平均企業規模は156億ドルであった。これらの経歴書から「名誉職的な役員の肩書、取締役の肩書、投資銀行家の肩書、アドミ関連のプロフェッショナルの肩書」を除去した残りの16841の経歴書を真の母集団として絞り込んだ。そして再度、自然言語処理アルゴリズムを用いて、それぞれの経歴書に含まれる情報をキーワード群と照合し「高DS度人材」か「それ以外」かに分類した。分類に関する判定基準は「デジタル関連」および「全社レベル」の知見・経験を表すキーワードが共に最低1つ以上経歴書に含まれている、というものにした。

TMTのDS度判定に用いたキーワード群

（出　所）Peter Weill, Stephanie Woerner and Aman Shah. “Does Your C-Suite Have Enough Digital Smarts?” *MIT Sloan Management Review*, Spring 2021, 63-67.

（出　所）© 2021 MIT CISR Peter Weill, Stephanie Woerner and Aman Shah. “Companies With a Digitally Savvy Top Management Team Perform Better.” MIT Sloan Center for Information Systems Research, *Research Briefing*, XX-3, March 2020.

計4つの要素（過去の経験・業務履歴）からなることが分かりました。①デジタルが自社に及ぼす影響を正しく認識できる業務経験、②一定程度のITに関する経験と理解。これら2要素は「デジタル領域での知識・経験」に分類されます。③全社規模での改革を主導した経験、そして個別のプロジェクトではなく、④全社視点でのビジネスモデルの経営判断に従事した経験。これら2つは「全社レベルでの経営判断経験・業務遂行経験」に区分できます。

以上は、20社の経営陣との個別インタビュー、ワークショップから抽出したDS度に貢献する要素仮説を、大規模アンケート調査により検証したものです。

なるほど、従来のCIOやCTOの典型的な経歴イメージとは随分と違うようですね。DXをリードする経営陣には、より広範囲の経験と高い視座が必要という理解で良いでしょうか。経営陣の反応はどのようなものでしたか？

この研究成果は、物議を醸しだしたというより、大企業の役員達に大きなショックを与えることとなりました。これらの結論は、徹底的に科学的・統計的に有効な手段を駆使した分析結果なので、反論するのが難しいと思います。結論は受け入れなければならないと考えています。

具体的にはどの部分が特にショッキングだったのでしょうか？

この調査研究の中心的な結論の1枚はこちらです（図表3-7-1）。TMTの50％以上が高DS度人材で形成される企業の財務業績は、50％未満の同業他社との比較で、売上成長率、純利益率、時価総額で、大きいギャップがありました。これは売上高が売上高約3000億円超（29億ドル超）の世界中の公開企業2021社が母集団で、米国の上場企

Peter Weill

現職：マサチューセッツ工科大学（MIT）スローン・スクール・オブ・マネジメント情報システム研究センター（CISR）議長
専門分野：デジタル戦略
経歴および業績：メルボルン・ビジネス・スクール情報システム・マネジメント講座教授、CISRディレクターを経て、現職。MIT・CISRは、デジタル時代に成功を収めるための変革方法に関する研究および企業連携を行っており、世界中に会員企業を有している。
米国メディアのジフ・デイビスが選ぶ「IT領域で最も影響力のある100人」で学術界では最高位の24位に選出された。
野村マネジメント・スクールでの担当講座
「デジタル時代の経営戦略講座」にて、「デジタル・ビジネスモデルの選択」「エコシステムの構築」「成長のためのデジタルパートナリング」などのモジュールを担当。

図表3-7-1 高DS度企業と低DS度企業の業績格差

トップクラスの業績を上げている企業はTMTの50%超が高DS人材で構成されている

売上29億ドル超の企業の
7%で
TMTの50%超が
高DS人材で構成されている

売上29億ドル超の企業の7%でTMTの50%超が
高DS人材で構成されている企業は：
同業のTMTの高DS人材比率が50%未満の企業と比較して

49% より高い 成長率
16% より高い 純利益率
53% より高い 時価総額

（出所）Peter Weill, Stephanie Woerner and Aman Shah. "Does Your C-Suite Have Enough Digital Smarts?" *MIT Sloan Management Review*, Spring 2021, 63-67.
（注）母集団は売上29億ドル超かつ3人以上のTMTを有する企業（N＝2021社）。時価総額＝時価総額／売上高で規格化して算出。

図表3-7-2 主要CxOポジションごとの高DS人材比率

売上29億ドル以上の大規模企業TMTにおける高DS度人材の割合

2021社：売上29億ドル超の米国市場での公開企業の86%、同全世界での公開企業の55%を代表する

肩書・役割名	高DS度人材の割合
CTO	47%
CIO	45%
事業部門長／地域部門長	35%
COO	24%
社長・経営職	24%
CEO	23%
マーケティング部門のトップ	23%
コーポレート部門のトップ	23%
HR部門のトップ	21%
営業部門のトップ	15%
CFO	12%
コーポレートコミュニケーション部門のトップ	11%
法務部門のトップ（CLO）	8%
コンプライアンス部門のトップ（CCO）	8%
IR部門のトップ	6%

（出所）Peter Weill, Stephanie Woerner and Aman Shah. "Does Your C-Suite Have Enough Digital Smarts?" *MIT Sloan Management Review*, Spring 2021, 63-67.

業の86%、全世界の上場企業の55%を反映しています。私がこの結果をプレゼンテーションした企業の役員達は、この調査分析手法について詳細に質問し、この結果が客観的・定量的事実だと分かると、それ以上の反論や反応は返ってきませんでした（笑）。

主要CxOポジションごとのDS度、業界ごとのDS度

かなり説得力のある分析結果ですね。しかも、母集団2000社のうちTMTの50%以上が高DS度人材であった企業はたったの7%ですね。かなり少ないイメージですが。

その通り。彼らにとっての更にショッキングだった調査結果は、本来DXを主導して全社構造改革をリードしなければならないCIOやCTO、さらには顧客接点を指揮するCMOといった主要なCxOポジションにおける高DS度人材の比率が（おそらく当人たちが想定した以上に）極端に低かったということです（図表3-7-2）。

これらの高DS度TMTを有する企業は、何もGAFAMや中国のBATH等のボーンデジタル（Born Digital）の企業ばかりではありません。ノースラップ・グラマン

図表3-7-3 平均値以上のDS人材を保有する企業群のイメージ

高業績の米国企業は業界平均以上のTMTの高DS度比率を有している

高業績の米国企業ではTMT構成メンバーの平均29%（平均11.8名中3.5名）が高DS人材であった

技術集約的・ハイテク企業		その他の企業	
Adobe	Facebook	Analog Devices	Marathon Oil
XILNK	Microsoft	Northrop Grumman	Dunkin' Brands
Alphabet	Twitter	Applied Materials	Quarte
VM Ware	Apple	NVIDIA	VISA
IAC	Intuit	Intel	Charles Schwab

（注）高業績企業とは産業毎の売上高成長率および純利益率で共に上位四分位に入る企業。平均的業績企業ではTMT構成メンバーの平均15%が高DS人材であった。

（出所）© 2021 MIT CISR Peter Weill, Stephanie L. Woerner and Aman Shah. "Companies With a Digitally Savvy Top Management Team Perform Better." MIT Sloan Center for Information Systems Research, *Research Briefing*, XX-3, March 2020.

(Northrup Grumman) やアプライド・マテリアルズ（Applied Materials）、マラソン・オイル（Marathon Oil）といった長い歴史を持つ大企業もあれば、ダンキン・グループのように食品・外食チェーンのようにDXとは縁遠いと思われがちな「あまりグラマラスではない業界」の企業も含まれています（図表3-7-3）。同グループのダンキン・ドーナッツ社では、店舗売上の3割以上が、同社が発行する専用アプリからの注文ということです。例えばアプリからの注文情報と位置情報、時刻情報等をデータ連携し分析すれば、顧客一人一人の消費者としての姿をより立体的に浮彫りにできます。もちろん、顧客別にカスタマイズされたオンライン・クーポンの提供等の囲い込み施策なども容易に実現できます。他の類似の飲食チェーン・嗜好品の小売業が顧客接点のデジタル化にほとんど着手できていない中、同社は今後長期化するコロナ禍で競争優位を確立するための入り口に既に立っているといえます。日本の大手コンビニエンスストア・チェーンでも、ダンキン・ドーナツほどの顧客情報は把握していないのではないでしょうか？

各社TMTのDS度は業界・業種ごとにどれほどばらつきますか？　何か傾向が見てとれるのでしょうか？

図表3-7-4にある通り、DS度（TMTに占める高DS度人材の割合の中央値）は、業界により大きくばらついています。驚きなのは、これまでDX改革事例の花形業界のように見られてきた金融・保険業界などは12%で、相対的に低い位置にあることです。一方で、宿泊・飲食サービスやユーティリティー・エネルギーサービスといった業界でDS度が平均的に高くなっています。自社にとっての顧客情報へのアクセシビリティという点では、これら3つの業界では大差はない状況です。強いて違いがあるとすれば、業界の規制緩和がもたらす業界内競争度合いの違いです。少なくとも欧米では、ユーティリティーなどはかなり昔に規制緩和が進み、宿泊・飲食サービスと同じレベルの業界内競争が発生しています。それに比べると金融・保険業界はまだまだ規制業種であり、競争も相対的に緩やかです。

DXに取り組む企業は、まずは、自社の高DS度TMT比率を、業界の中央値にまで引き上げるための行動計画を作成することが最初のアクションとなると考えています。

高DS企業は何が、如何に違うのか？

大変興味深いです。ボーンデジタル企業のプレゼンスがまだまだ小さい日本経済、日本企業の経営者から見ると、これらの高DS度企業が幅広い業界で見られるということは、かなり勇気づけられる結果と言えます。経営陣のリーダーシップと決断次第で、今後高DS度企業が正にDXできるということになるからです。

ところでこれらの高業績企業はそれ以外の企業とは異なるどのような施策を展開しているのでしょうか？　何がこの業績差異のドライバーになっているのでしょうか？

DS度が高い上位25%の企業と下位25%のKPIや全社レベルでの施策を対比してみました。図表3-7-5から明らかな通り、最終的な全社レベルの業績評価指標が大きく異なります。高DS度企業は伝統的・単純な財務業績指標ではなく「売上高新製品・サービス比率」や「売上高社内クロスセル比率」を注視しています。「DX計画の進捗度」も全社レベルの成果指標として認識している点もユニークなところです。

更に、社内の仕組み改革の領域では、よく言われる「アジャイル開発」の適用範囲を全社レベルに拡張した「ラピッド組織学習」の実践度合いに大きく格差が見てとれます。ラピッド組織学習とは、例えば、会計期間等に囚われずOKR（Objective – Key Results）のサイクルを高速回転させているか、プロト

図表3-7-4 業界ごとの高ＤＳ度人材比率のバラツキ

TMTメンバーの高DS度人材比率は業界によりばらつきが大きい

	高DS度TMT人材の数の中央値［単位：人］	高DS度TMT人材比率の中央値
情報	3.6	30%
専門家、科学・技術サービス	3.3	26%
宿泊、飲食サービス	2.1	20%
アドミ・サポート業務、廃棄物処理、治療サービス	2.3	18%
エネルギー・ユーティリティ	1.8	18%
不動産・レンタル・リース	1.9	16%
製造業	1.5	15%
鉱業・採石・オイル＆ガス掘削	1.3	14%
金融・保険	1.4	12%
運輸・倉庫	1.1	12%
小売・商業	1.1	12%
卸売・商業	1.1	12%
ヘルスケア・社会福祉	1.5	10%
建設	0.7	9%
アート、エンターテインメント、レクリエーション	0.6	9%
農業、林業、漁業、猟業	0.0	0%

（出所）Peter Weill, Stephanie Woerner and Aman Shah. "Does Your C-Suite Have Enough Digital Smarts?" *MIT Sloan Management Review*, Spring 2021, 63-67.

（注）業界区分は2017年の北米産業区分システムによる。公益企業・団体、教育機関、NPO、アドミ関連職務はTMTの母集団には含まない。

タイプ開発はミニマム・バリュープロダクツ（ＭＶＰ：Minimum Viable Products：必要最低限の機能をもった製品・サービスのこと）の思想で行われているか、社内のベスト・プラクティスが迅速かつ柔軟に流通し活用されているか、エビデンスベーストの意思決定がされているか等、詳細に定義されています。業務プロセスの「モジュール化」とその再利用・組み合わせに注力している様子が分かります。更に、最新のＡＩや機械学習を駆使して、意思決定を極力「自動化」する努力も高ＤＳ企業では進んでいます。

意思決定の「自動化」となると日本企業にはハードルが高い印象も受けますが。

実際に自動化を実現して、そこからその良

図表3-7-5 高ＤＳ度ＴＭＴと低ＤＳ度ＴＭＴのＫＰＩ・施策の違い

TMTのDS度の大小は企業業績に大きいな影響をもたらす

		DS度上位四分位企業	DS度下位四分位企業
業績結果	イノベーション（直近3年間の新オファリングからの売上比率）	59%	18%
	クロスセリングの売上比率	53%	15%
	DX改革の進捗度	69%	30%
施策	ラピッド学習（例：テスト＆ラーン、最小限のプロトタイピング、ナレッジ共有、エビデンス・ベースな意思決定）	80%	25%
	モジュール・モジュラー思考（オープン＆アジャイル）	80%	33%
	自動化された（オペレーション上の）意思決定	80%	35%
リーダーシップ	指揮命令パラダイムからコーチング＆コミュニケーション志向への変革	83%	28%
	デジタル組織文化の醸成	85%	30%
	厳格な成果責任	85%	41%
	イノベーションの称賛（狙いを定めたエッジコンピューティング＋API活用）	85%	30%

（出所）Peter Weill, Stephanie Woerner and Aman Shah. "Does Your C-Suite Have Enough Digital Smarts?" *MIT Sloan Management Review*, Spring 2021, 63-67.

し悪しをちゃんと学習している日本企業がどれだけあるのでしょうか？　それとも机上で考えて、「そんな、無理な」と嘆いているだけでしょうか？　もちろん、高度で戦略的な意思決定は経営陣の手にゆだねられるべきという主張は理解できます。しかし、最も優れた人間は機械より賢いかもしれないが、平均的な機械はほとんどの人間より賢い、という事実を忘れてはいけません。

日本企業の多くにとって耳が痛い指摘ですね。キーパフォーマンスインジケーター（KPI）や仕組み・施策以外の領域での顕著な格差はどのようなものでしょうか？

リーダーシップ、いわゆる組織のソフト・スキルの領域です。これは長年染み着いた価値観や行動様式、組織風土の転換も伴うために、難しいし時間もかかります。図表3－7－5からも分かるように、これらの施策のバランスが重要です。従業員に大胆に権限移譲して裁量を増やすと同時に、明確に成果責任を追及するようなチェック&バランスの構図が観察されます。

「イノベーションを推進する」あるいは「デジタルな風土を作る」といったスローガンを掲げることは多くの日本企業でもやり始めているでしょう。しかし、我々がアンケート調査し、一緒にワークショップをやり、CxOに個別インタビューした企業では、そのそれぞれの施策に明確なターゲット（目的）とKPIが設定されていました。このソフト・スキルの部分は、TMTを構成する役員達の行動原理を変更することなので、確かに大きな挑戦となります。

日本の大企業経営者へのアドバイス

NSAMで過去10年間に渡り日本の大企業幹部にデジタル経営戦略を教えてきたウェイル教授として、今回の調査研究結果を踏まえて彼ら・彼女らへのアドバイスはあるでしょうか？

私から日本の大企業TMTへのアドバイスは3段階方式となります。まず第一に、今回のCISRのこのような調査研究報告が既に1年以上前に対外発表されています。この事実を知っていたかを端的に問いたい。アンテナが低くてはダメです。世界中のDXの先進事例、理論、フレームワーク、有識者に関するアンテナを高くしてください。カンファレンスに行ってください、CISRやNSAMに参画してください。ついでに寄付金も大歓迎です（笑）。

第二に、自社のTMTのDS度の現在値を把握してください。それなくして、DXを推進するために必要な組織能力は高まりません。日本の場合は取締役よりも、まずはTMTのDS度の現状把握からです。そのためにはTMTの構成メンバー間の「率直な話し合い

> 高いDS度を示す企業は売上高新製品・サービス比率や
> 売上高社内クロスセル比率を注視している
> ——ウェイル教授

『デジタル・ビジネスモデル 次世代企業になるための6つの問い』

（日本経済新聞出版社　2018年）
（*What's Your Digital Business Model?: Six Questions to Help You Build the Next Generation Enterprise* (Harvard Business Review Press、2018)

ピーター・ウェイル（Peter Weill）,ステファニー・L・ウォーナー（Stephanie L. Woerner）（MITスローン・スクール・オブ・マネジメント情報システム研究センター（CISR）リサーチサイエンティスト）

「デジタル・トランスフォーメーションは技術の問題ではなく、変化の問題である。また起こるかどうかではなく、いつ、どのようにして起こるかという問題である」本書は冒頭でこのように述べ、迫りくるデジタルエコノミー社会において、デジタル・ディスラプションの標的となる可能性が高い大企業に対して、新たなビジネスモデルを検討することを提言している。

特に「次世代企業を構築するための6つの質問」はDXを始動し持続的な成果につなげるまでの本質的な問いを提示している。そして「デジタル・ビジネスモデル」を規定する2×2のポジショニング・フレームワークは、多くの日本企業にとって斬新な示唆を与えてくれる。

（Open, Frank Communication）」が重要となります。いつも使っている会議室やZoomの画面越しではなく、たまには感染防止対策を万全にし、非日常的な空間に集まり、裃を脱いだ、正直な語らいの場が必要です。まずは、経営陣としてターゲットとすべき高DS人材50%に対して、自社の現状を深く理解するべきです。誰が高DS度で、誰がそうでないのかを直視するということです。

最後に、現状のDS度を高めるための計画を構想し、TMT構成メンバー自身が透明性高く内外にコミットするべきです。リーダー層が率先垂範して自らのDS度を高める行動にコミットすれば、それは自然に組織内に伝播します。それを組織開発や風土改革にまでもっていくときにはHR部門の出番となります。競合の動きより常に速く・先回りをして、しかし必要十分な時間とエネルギーをじっくりと投入することが肝要です。

最後に日本企業に伝えたいメッセージがあります。これは私が10年来教えている「デジタル時代の経営戦略講座」でここ数年間、受講生に対して送る終講メッセージと同じものです。「Be Bold（勇敢たれ、大きく変えることを恐れるな）」

N

日本への示唆

❶DS度という大胆な仮説と徹底した定量的な分析による実態把握

ウェイル教授らの研究チームの分析アプローチは極めて実践的かつ広範であり、その結論には圧倒的な説得力がある。親密先企業とのエグゼクティブ・ワークショップによりDS度の構成要素を抽出し、その仮説を基に広範囲のアンケート調査をかける。その結果確定した251の高DS度を表すキーワード群で、開示企業情報を検索し、財務業績との相関分析まで掘り下げる。欧米のアカデミアが常に実業（実際に存在する企業の活動）を重視し、実業との関わりの中から革新的な提言を導き、更にそれを実業界へとフィードバックする、典型的な調査研究活動の一端を見た。

❷経営チームのDS度向上に向けた検討を

ウェイル教授が提唱する経営チームの「DS（Digital Savvy）度」という尺度は、日本には全く未上陸の革新的な基準である。もっと言えば全く新しい概念である。「社内にDX人材が不足している」「当社のIT部門のスキルが時代遅れでDXに対応できない」等々と苦悩する伝統的日本の大企業は、IT・デジタル部門人材のテクニカルな専門性のみを問題視する傾向がある。ところがウェイル教授らの研究成果によると、DXの成功に必要な経営チームの決定的に重要な素養（過去の経験から蓄積される知識・技能）の中で、デジタル関連の専門性はその半分を占めるに過ぎない。他の半分は「全社規模での改革に関する経験」という主張をしている。更に、そのような素養を併せ持つ人材が経営チームの多くを構成すべきという主張を展開している。ほとんどの日本企業にとって盲点を突かれた提言のはずだ。

ここで、ウェイル教授らの提言メッセージをNSAMが提唱する経営チームの構成要素を比較して、重要な指摘（断わり書き）をしておく。NSAMが提唱する経営チームのモデルでは、複数のメンバーが持ち寄る専門性が、集合体としての機能を発揮すべきとの主張である。一方ウェイル教授らは、経営チームを構成するメンバー1人1人が高DS度人材である必要があり、高DS度人材の割合が企業の財務パフォーマンスやDX成功度を規定する、と主張している。この違いに留意して、ウェイル教授らの革新的な提言を咀嚼・理解され、自社でのDX改革へと活かされたい。

【注】

1）
CISRのホームページ：https://cisr.mit.edu/

withコロナ時代に従業員体験価値を高める

EXを支える業務環境と業務習慣

コロナ禍で最も大きく変わった企業内構造は経営者（あるいは管理職）と従業員の関係性であろう。NSAMの修了生と議論をしていても在宅勤務環境でリアルに様子が分からない自分の部下やチームメンバー、あるいは2020年4月に入社した後、一度も直接顔を見ていない配属新人のことを気遣う意見は多い。また長引くコロナ禍での在宅勤務が、企業の拠点戦略、不動産戦略にも影響を及ぼし始めている。一方、ソフト面でも「メンバーシップ型」から「ジョブ型」への人事システムの移行といった、長年手つかずだった人事制度面の課題を本格的に検討し始めている企業も多い。withコロナ時代の従業員戦略はどうあるべきか、掘り下げる。

従業員満足度から従業員体験価値（EX）へ

2000年代以降のICTの発展と共に繁栄したサービス業態において、サービスを司る従業員のマネジメントは経営分野の1つの領域を形成する挑戦的な領域となった。従業員と顧客・市場の間にはさまざまなネットワークが張り巡らされ、従業員や顧客がいつでもどこでもつながり（Connect）、従来より効率的・効果的に協働（Collaborate）できる環境が整った。

すると、90年代まで支配的であった「顧客満足度を高めるプロセスを設計し、その通りに従業員を配置しオペレーションする」といったパラダイムは大きく修正された。従業員の裁量は拡大し、プロセスや業務標準はより迅速に環境変化に適応することが求められた。その結果として、従業員体験価値（EX）の拡大こそが持続的な企業パフォーマンスに重要という修正モデルが提唱された。

MIT・CISRの研究員であるクリスティーン・デリー氏は、EXの現状を分析し、将来的なプランニングを促進するフレームワークとして、以下の図表3-8-1のような考え方を提唱している。

EXを高めるために必要な2大要素として「（適応的な）業務環境」と「（集団としての）業務習慣」が注目されるようになった。「（適応的な）業務環境」とは、従来のような固定的な就労場所・時間・担当業務・使用が許可される道具や情報といった概念を打破し、従業員自らが成果最大化に効果的だと考える業務環境を経営側が提供する、というコンセプトである。経営側の重要な役割は、ルールや制度で従業員を拘束することではなく、従業員が自由に裁量を発揮し成果を創出するための障害物を取り除くことである。例えば、従業員からみて使い勝手の悪い社内システムを改廃する、従業員が必要だがアクセスが困難（あるいは面倒）な情報へのアクセスを改良する等の施策がこれに該当する。

一方の「（集団としての）業務習慣」とは別の言葉で表すならば「組織風土・カルチャー」といったものに近い（デリー氏はより計測かつマネジメント可能な「業務習慣」という用語を好んで使用する）。業務環境を変更する権限・裁量を与えられた従業員が発揮する遠心力を、ソフトパワーで求心力に変換するための施策といえる。例えば、ある組織で愛でられる行動様式、あるいは求められるやり方・アプローチを業績評価の基準に盛り込むといった施策がこれに相当する。あるいは、社内の風通し良さを担保し、誰でも組織の誰に対しても容易にアクセスしたり、必要な問合せを投げかけたりできるようにするという施策もこれに該当する。遠心力と求心力、時にガバナンス力をバランスをとりながら行使し、従業員体験価値を最大化する。これらがデジタル時代のＥＸ戦略の柱と言える。

withコロナ時代のＥＸ戦略の方向性

コロナ禍では多くのホワイトカラー従業員は在宅勤務へと就労形態をシフトし、冒頭に述べた通り、経営者（あるいは管理職）と従業員の関係性は深刻な影響を受けた。世界中の企業の経営者が、これまで自社に価値をもたらしてくれた従業員への戦略、提供価値を如何に再構築すべきか、答えを探している。

これからの時代はコロナ禍が長期化する先行き不透明な、いわゆるＶＵＣＡの時代でもある。また同時にＩＴの進展はますます加速し、新技術が次々と商業ベースで実用化される。そのような時代には、従来の固定的な従業員管理の仕組み（例えば、勤務地・就業規則・出退勤時間管理・業務分掌・業務マニュアル・固定的な目標の達成度による業績評価等）をＩＴを活用して抜本的に見直す。物理的な勤務場所や固定的な就労形態に束縛されない、一層権限移譲された従業員がその潜在能力を持続的に開花できるような仕掛け、即ち各社独自のＥＸ（従業員体験価値）戦略の構築と実行が求められる時代に入ったといえる。

図表3-8-1 デジタル時代に必要なEX戦略構築の柱

（出所）Dery, Kristine; Sebastian, Ina M.; and van der Meulen, Nick (2017) "The Digital Workplace Is Key to Digital Innovation," *MIS Quarterly Executive*: Vol. 16 : Iss. 2 , Article 4.
（参考URL）https://aisel.aisnet.org/misqe/vol16/iss2/4

長年にわたり企業パフォーマンスとEXのアラインメントを中心に研究、コンサルティングに従事しており、NSAMの「デジタル時代の経営戦略講座」で講師も務めるMIT・CISRのクリスティン・デリー氏に「コロナ時代のEX戦略の要諦」についてお伺いした。

INTERVIEW

従業員とのエンゲージメント強化に有効な6レバー・モデル

マサチューセッツ工科大学（MIT）スローン・スクール・オブ・マネジメント　情報システム研究センター（CISR）リサーチ・サイエンティスト
クリスティン・デリー
Kristine Dery

EXを高める6つのレバー

NSAM（以下太文字）：先生は従業員と企業価値の関係性について長年調査研究をされてきました。最近では単なる従業員満足度ではなく、従業員体験価値をEmployee Experienceと定義し、DXの重要な要素と位置付けられています。従業員を取り巻く戦略は、これまではES（Employee Satisfaction：従業員満足度）というメトリックスを中心に議論されることが多かったと思います。ここ数年間のESからEXへの潮流を牽引している背景について、簡単に解説していただけますか？

クリスティーン・デリー氏（以下略）：一言で言うならば、従業員が持つ潜在能力を最大限に、かつ持続的に引き出すには、従業員が働く環境を整備し、彼ら・彼女らに自身の業務に関する裁量を最大限に移譲することが近道だ、という事実がさまざまな研究・実践分野で実証されてきたことが背景です。従来のように経営が目的とする財務業績を従業員の行動へとブレークダウンし、行動の直接的成果をKPIとして計測してPDCAの中で従業員の評価や報酬に直結させる、というパラダイムはここ10年間大きく見直されました。

なるほど、大きなパラダイム転換です。ところで、昨今のコロナ禍は経営と従業員の関係性にも多大な影響をもたらしました。今後の「withコロナ時代」を鑑みる場合、先生は最

|図表3-8-2|従業員体験価値（EX）を持続的に高める6つのレバー

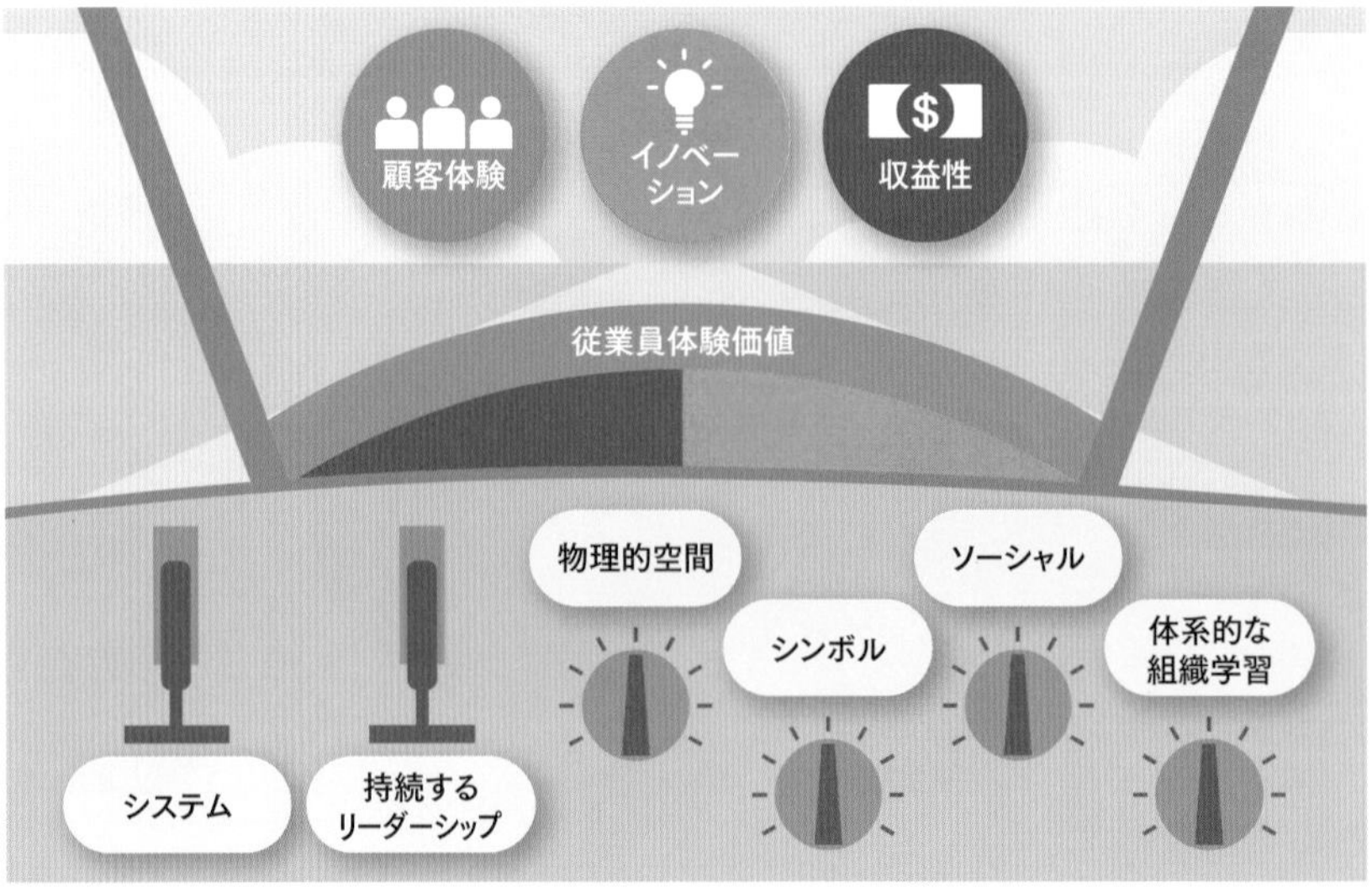

（出所）Dery,K. and Sebastian,I. (2017) "Building Business Value with Employee Experience", MIT Center for Information Systems Research *Research Briefing*, Number XVII-6,
（注）上記の初出後2020年に21組織、41人の上級役員へのインタビュー調査結果を基に内容を更新している。
（参考URL）https://cisr.mit.edu/publication/2017_0601_EmployeeExperience_DerySebastian

近どんな質問をよく受けますか？

「在宅勤務がここまで長期化するとオフィス不動産のコスト負担増が深刻になってくる。どうしたらよいだろう？」という問いかけが最も多くなっています。

何と答えているのですか？

「それはあなたがコントロールしなければならない6つのレバーのほんの1つに過ぎないのですよ。もっと広い視野でEXをとらえなければだめですよ」と答えるようにしています。ＣＩＳＲではこれからのＶＵＣＡ＋Digital＋withコロナ時代の経営者はコックピットに座り、**図表3－8－2**に示した6つのレバーを効果的に操縦する必要がある、と提唱しています。

withコロナ時代には、特にどのレバーを効果的に操作する必要があるのですか？

筆頭に「システム（仕組み：System）」のレバーが挙げられます。これは情報システムのことではなく、従来の仕事をデジタル技術の活用により、モジュール化し、プロセスを標準化し、遠隔から精度高くモニタリングでき、ＥＸに貢献するような仕組み改革を指しています。

これは、単純に在宅勤務を円滑にするための従業員向けの新規のＩＴ投資を指しているのではありません。ここでの「システム（System）」への投資の多くについては、ここ数年間、顧客接点領域に既に投資してきた技術・仕組みを従業員向けにも再利用できる余地が大きいと考えています。

例えば、顔認識技術で考えてみましょう。この技術はこれまで流通業界や旅客業界において、人物特定等のセキュリティ面で広く浸透しています。主に顧客の課金システムと連動した本人認証、あるいは駅ターミナル・空港といった大規模な群衆が行きかう場所で利用されます。

この技術を在宅勤務をする従業員との対話、あるいは従業員同士のコミュニケーションに用いれば従業員の勤怠管理、従業員の健康管理等といった分野に発展的に再利用が可能となります。ここ半年ほどの間に、多くのスタートアップ企業が同様の技術を、独自開発した会議システム、チャット・アプリに導入して汎用ツールとして提供しています。

更に、コロナ禍の重要な浮力レバーは「持続的リーダーシップ」と考えています。この危機的緊急事態を乗り切るためには、経営トップレベルからの一貫した戦略のコミュニケーションと経営陣自身のコミットメントが必要となります。従業員をアラインメントし、効率的・効果的にパフォーマンスを発揮してもらうには時間がかかります。有事のコロナ禍では、短期的に発揮するリーダーシップではなく、中長期的に持続する、一貫性あるリーダーシップが求められることになります。

「物理的空間（Space）」のレバーとは何を意味するのでしょうか？

一例としては、ある米国のコールセンターが集中コンタクト・センターを廃止し、オペレーター1人ひとりが自宅からコールセンター業務を行えるためのインフラに巨額の投資を行ったことがあげられます。具体的には、端末・WiFiなどのハードウェア投資、セキ

Kristine Dery

現職：マサチューセッツ工科大学（MIT）スローン・スクール・オブ・マネジメント情報システム研究センター（CISR）リサーチ・サイエンティスト
専門分野：情報技術活用による企業変革 デジタル戦略とEX
経歴および業績：現職のほか*MIS Quarterly Executive*の主任編集員兼プログラムディレクターも務める。オーストラリア、ニュージーランド、イギリスで民間企業（観光・航空産業）でのコンサルティング活動にも従事し、実践的な研究・提言活動でも知られている。
野村マネジメント・スクールでの担当講座
「デジタル時代の経営戦略講座」

ユリティ・ポリシーの書き換えに関する法的アドバイザリーへの投資、オペレーターの業務標準の作成投資、オペレーターがアクセスできるためeラーニング講座の開発投資などが実施されました。

ここまでならば、コロナ禍の「負の影響の回避、あるいはゼロへの回帰」でしかないですが、この企業の経営陣はこの「物理的空間」のレバーをもう一段効果的に操りました。

すなわち、個々人の自宅から業務をつなげることにより、従来コールセンターの周辺地域に限られていた人材募集の物理的制約を解き放ち、米国全土から優秀な人材を採用することができるようにした採用戦略を展開しました。更に、従来の固定的な出退勤管理システムを廃止し、完全在宅勤務という就労時間・業務環境の選択の裁量をオペレーターに与えることにより、それまで高止まり傾向を見せていた離職率や欠勤率の問題も大幅に解消することができました。「負の影響の回避」を大きく超えて、独自の人材戦略までを一気に実現した、「物理的空間」レバーの効果的な操作事例です。

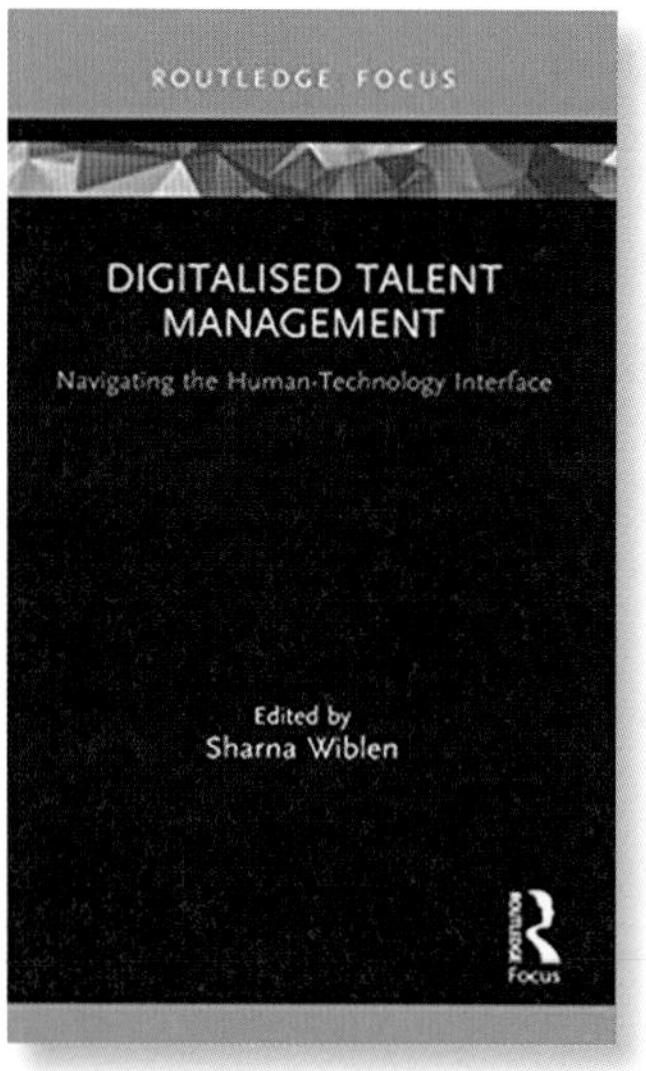

Digitalised Talent Management: Navigating the Human-Technology Interface

（Routledge Focus on Business and Management, 2021）
編者：シャーマ・ウィブレン（Sharna Wiblen）、筆者：クリスティン・デリー（Kristine Dery）（MITスローン・スクール・オブ・マネジメント情報システム研究センター（CISR）リサーチサイエンティスト）等　共著

タレント・マネジメント分野におけるITの活用について、異なる専門性を持つ専門家が実践的なソリューションを提案する。人材分野でのIT活用が欧米有力企業より10年以上遅れている多くの日本企業にとって、画期的な気づきや実効性高い解決策を与えてくれる。

遠心力と求心力のバランス

コロナ禍では多くの業種・業界で在宅勤務が加速的に進展しました。就労するスペースや時間に関する従業員の裁量が拡大することは、一方で経営陣が大きな遠心力にさらされることを意味するのではないでしょうか？

遠心力だけでは、組織の一体感や従業員のモチベーションへの働きかけが分散するリスクがあります。そこで「シンボル（Symbol）」レバーの出番となります。シンボルとは、経営陣が発信する戦略コミュニケーションを、誰もが理解できる、分かりやすいロゴ（シンボル）にして、継続的に伝播するための施策です。

我々が注目するベストプラクティスの1社に、シンガポールの政府系金融機関のＤＢＳ（Development Bank of Singapore）があります。同行は長年の開発分野の市場ポジションの優位性に安住していた２０１０年前後に、欧米系金融機関からヘッドハントされＣＥＯに就任したリーダーの下、急速にアジア・アセアンで発展するモバイルバンキング市場での躍進をビジョンに掲げました。その第一歩として、２０１４年から全社規模の業務改革「リ・ワイヤリング（配線の繋ぎなおし）」と巨額なデジタル投資を断行しました。

これは、顧客接点業務のデジタル化は勿論、全行員のマインドセット（意識）やスキルセット（技術）にも大きな転換を迫る改革となりました。顧客体験価値（ＣＸ）を起点としたカスタマージャーニーのビジョンが描かれ、それを実現するための従業員体験価値（ＥＸ）のビジョンも併せて規定されています。

このＥＸジャーニー（旅路）を共にする行員へ向けたＤＢＳの将来の姿を「ＧＡＮ(Ｄ)ＡＬＦ」という同行独自の造語とシンボルの中に込めました。それは「グーグル（Ｇ）のようにオープンソースのソフトウェアをアマゾン（Ａ）クラウド上で運用し、ネットフリックス（Ｎ）のような個人顧客にカスタマイズしたお薦め（レコメンデーション）を提案するデジタル銀行となるＤＢＳ（Ｄ）、それを

> シンボルレバーを操作して、
> 組織の一体感と従業員のモチベーションを醸成
> ――デリー氏

アップル（Ａ）のようなデザイン性とリンクト・イン（Ｌ）のような学習コミュニティーを維持しながらフェイスブック（Ｆ）のような統合された顧客インターフェースの提供者となる」を意味するシンボルでした。

同行もこのシンボルを、行内のありとあらゆる従業員接点で見える化し、従業員からも熱狂的な指示を得る、ある種のマスコット・キャラクターのような存在として、今なお活用しています。同時に描いたＣＸビジョンは着実に推進され、ＤＢＳは現在ではアジアの有力金融機関として確固たる地位を確立しました。

他にも従業員への求心力となり得る、分かりやすいレバーはあるのでしょうか？

あるサービス業界の企業は「ソーシャル（Social）」レバーを巧みに操作しています。同社はコロナ禍拡大に伴い一斉に全社員を在宅勤務に完全シフトしました。疎になる職場の人間関係を少しでも取り戻そうと、スラック（Slack：チャットアプリの一種）を従業員共通の会社のＳＮＳとして公認しました。導入当初、このツールは従業員間のコミュニケーションやオンラインでのパーティー等のレクリエーション、リラクゼーション目的での活用が主流でした。

ツールに対する従業員のリテラシーが向上したタイミングで、経営陣はこのツールを従業員のスキル向上へと活用範囲を拡大する判断をしました。具体的には、新しい業務を推進するために必要な業務知識や、アプリケーション活用のスキルを「メンター＆メンティー」の関係を通じて、底上げすることにしました。新しい時代に必要な知識やスキルを、同僚社員や先輩社員とのコミュニケーションを通じて修得できるこの仕組みは、従業員満足度の向上と定着率の向上という成果をもたらしました。まさに「ソーシャル」レバーを適切に操った好事例といえます。

フューチャー・レディ（Future-Ready）な人材集団を形成する

なるほどこの６レバーモデルは大変に興味深いですし、日本企業にもたくさんの示唆があるフレームワークと感じます。これからのシニア・リーダーあるいは経営チームは、そのコックピットに座り、これらの６つのレバーを操りながら、いったい、どこに向かっていけばよいのでしょうか？

重要なポイントです。経営チームが目指すべきゴールはフューチャー・レディ、すなわち未来志向の人材集団の形成にあるべきです。**図表３－８－３**の右上の「権限移譲された問題解決者」という領域です。すなわち仕事の

|図表3-8-3| 未来志向のワークフォースを創造する

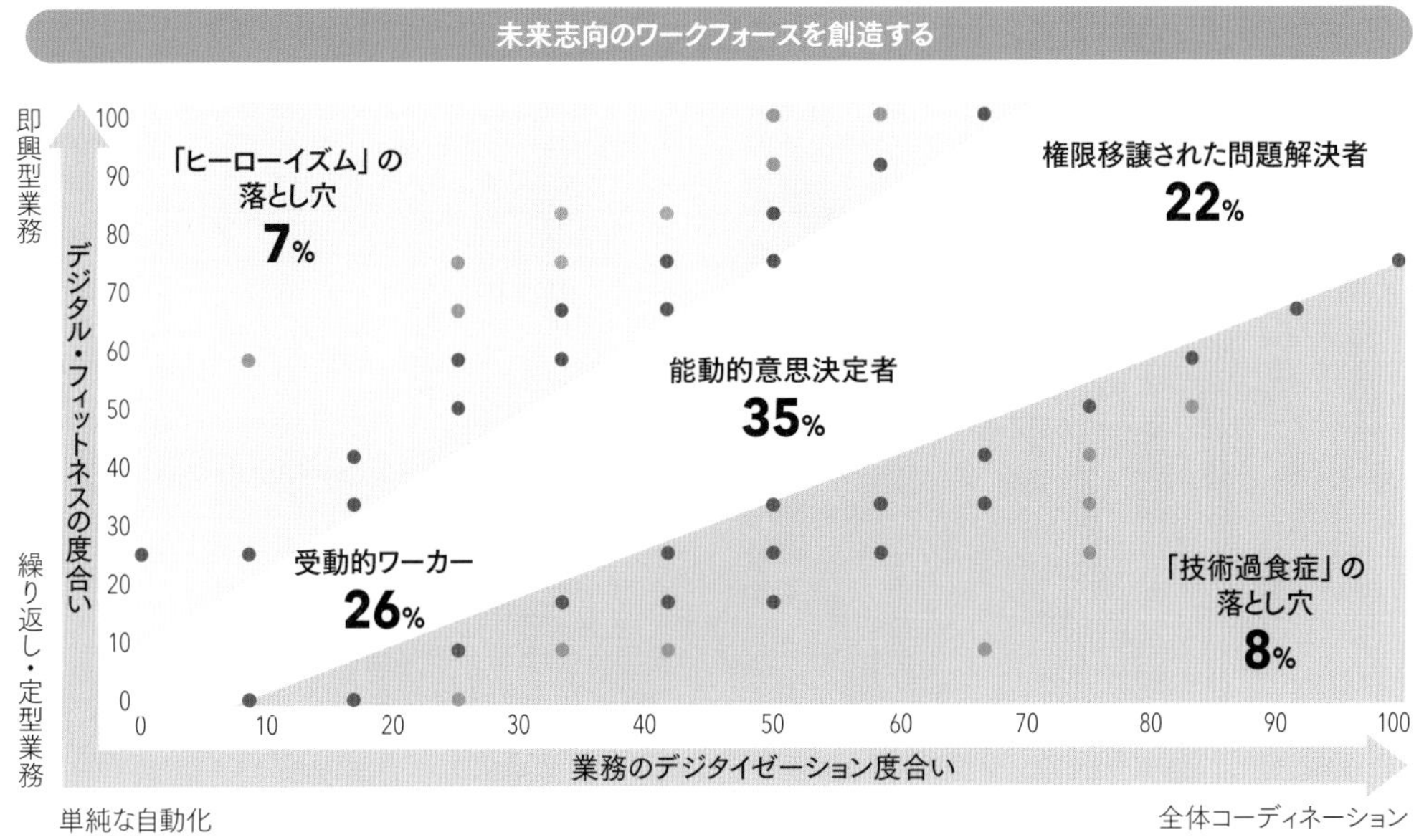

（出所）Dery,K., Woerner, S.L., Beath, C.M. (2020) “Equipping and Empowering the Future-ready Workforce”, MIT Center for Information Systems Research, *Research Briefing*, Number XX-12,
（注）MIT CISR「Top Management and Transformation Survey (N=1311)」と41社の上級役員へのインタビュー調査を基に編集。
（参考URL）https://cisr.mit.edu/publication/2020_1201_FutureReadyWorkforce_DeryWoernerBeath

デジタル化あるいはデジタイゼーション度合い、単純な自動化率ではなく、必要な自動化業務がコンポーネントとして再利用・再結合可能な度合が高く、同時にデジタルフィットネス（基礎的なスキルの上に、自己学習的に即興的なオーケストレーションのスキルを身に着ける能力）も高められるかが重要となります。

この2軸のバランスを取るのは非常に難しいことです。デジタイゼーションの軸だけが先行すると、従業員たちは「技術過食症」になり、一方でデジタルフィットネスの軸だけが先行すると、一部の「ヒーローイズム」が多くの担当業務を属人化させます。これは、仕事のモジュール化、業務品質のバラツキの抑え込みと逆行してしまう力として、組織パフォーマンスの足を引っ張ることになります。

この2軸のバランスを最適に維持しながら、図表の右上のあるべき姿へと組織を導くための鍵は何なのでしょうか？

その鍵は先に示した6つのレバーの最後の体系的な組織学習（システマチック・ラーニング,Systematic Learning）にあります。この組織学習モデルは、従来のスキル獲得のパラダイムを大きく打ち破ると我々は考えています。

例えば、図表3-8-3の横軸（業務のデジタイゼーション度合い）を単純な自動化から、自動化＋従業員の知恵を導入した全体コーディネーションへと導くには、自動化された業務が透明性高く、かつ明確な接続性をもったモジュールコンポーネントとして配置される必要があります。新しい顧客サービスが増える度に、このコンポーネントが新しい方式で組み合され、場合によっては再利用されていくイメージです。

一方で縦軸（デジタル・フィットネス）を上方にシフトするには、従業員のスキル向上のアプローチを変える必要があります。従来の固定的なスキル要件を満たし、それを繰り返し再現性高く実施できるというスキル向上では、デジタルの時代には通用しません。従業員は、常に新しいスキルとそれを支持する新技術の獲得に取り組み、古くなったスキル・技術は即時に捨てて、更に前進するという行動様式が求められます。いわゆる「テスト・アンド・ラーン（走りながら学習する）」という行動様式が求められるのです。

抽象的で理解が難しい面があります。何か分かりやすい事例はないでしょうか？

この2軸のバランスを両立させた好事例に、コロナ禍で一気にデジタル・ファームへと生まれ変わった、ある弁護士事務所があります。同事務所は業界では有力な地位を確立した伝統的かつ典型的な弁護士事務所でした。ごく少数のパートナー弁護士が事務所の方針をトップダウンで決定し、ジュニア弁護士（Baby Lawyer）たちは長い年月滅私奉公し、厳しいアップ・オア・アウト（Up-or-Out）のサバイバルルールで勝ち残った者だけが、段階的に昇進していました。業務の全ては紙ベースで行われ、ファイル整理やタイピングを専門に行うアシスタント職も多くかかえ、想像するに易しい典型的な弁護士事務所の業務運営でした。

私たちにも想像できます。一部のコンサルティング・ファームもつい最近まで、非常に類似した業務運営モデルを踏襲してきたと思います。

この弁護士事務所もコロナ禍の影響をまともに受けました。従業員の出社は禁止され、全ては在宅・リモートでの業務遂行となりました。一方この時期には、同事務所が得意とする分野の法律相談や係争案件が爆発的に増えていました。この時期に市場を獲得できれば、業界内でのポジションを大きく向上させられるし、失敗すれば競合事務所に大切なクライアント企業と案件を争奪される外部環境にさらされました。

同事務所がまず行ったのは、横軸の革新です。それまで単純な自動化、資料の電子化すらできていなかった同事務所にとって、この横軸の最適化は「白紙からのデザイン」であり難易度は低かったのです。電子化、共有化が必要となる事務所内のナレッジは、相互に接続可能なDBの中に効率的・効果的に構造化され格納されました。在宅・リモートの環境でそれらのナレッジにアクセスするための技術は既に汎用化しており、パートナー弁護士らもPCやモバイル端末の最低限の操作リテラシーは持ち合わせていました。

同事務所にとっての最大の挑戦は縦軸（デジタル・フィットネス）の取り組みでした。事務所内スタッフ、特に潜在的に優秀なジュニア弁護士たちのスキルをどのように最適化するかが大きな課題でした。従来の階層型のファームでは、上位のパートナー弁護士が事務所のあらゆる経営課題や係争ケースへの解決先を決定・提示し、ジュニア弁護士たちはただひたすらその指示に忠誠に実行を担うという行動様式が、長い年月を経てしみついていました。しかしコロナ禍で直面した競争環境は、従来の階層的トップダウンだけでは十分なスピードと能力で競争を勝ち抜けないことは自明となりました。

そこで同社はパートナー層の長年の経験・知識と、ジュニア層の行動力とクリエイティブな発想力を組み合わせるためのいくつかの施策を打ちました。例えば、パートナー1名と数名のジュニアをチームとして組織し、チーム単位で複数の係争ケースの対応に当たらせる方式を採用しました。パートナーは自身のナレッジを最大限、少数の身近なジュニアに直接伝授し、またジュニア弁護士は新しい発想で係争ケース解決のロジックや判例の調査アプローチについて提案を行いました。同時に、より最新のアプリケーションやSNSの活用に長けたジュニアはチームの業務上の問題解決に有効なアプリ活用をパートナーに提案し、その場での俊敏な判断を仰ぐといった具合です。

また事務所内の特定業務の効率化については、専門にあたるタスクフォースを立ち上げ、そのリーダーには最新のアプリに精通したジュニア弁護士あるいは若手スタッフを抜擢しました。そのように下が上をリードしたり、特定のITスキル分野について「リバース・コーチング」を施すことにより、同事務所の固定的・硬直的であった業務運営や、組織風土も除々に変化していきました。

なるほど分かりやすいですね。その弁護士事務所のようにこのコロナ禍の期間でそこまでのDXを遂行できるファームは限られていたでしょう。2軸が意味することを正しく理解できました。

日本の経営者へのメッセージ

最後に日本企業に伝えたいことがあります。日本企業では戦後半世紀以上に渡り経営者と従業員の関係性は、「従業員は家族」「（多くの場合）終身雇用制度の中で最後まで面倒を見る」「同期の切磋琢磨から学び、長い年月をかけて会社に貢献をする」「就職というよりは、名実ともに就社」というモデルで語られてきました。最近では「メンバーシップ型」という表現で称されていると聞いています。そのモデルは果たして今後も有効でしょうか？　持続可能でしょうか？　従業員側はどうでしょうか？　伝統的な就労観や、終身雇用制度の捉え方はどうでしょうか？

日本の雇用モデルが一気に欧米型に振れることはないでしょう。しかし、方向性として経営と従業員の関係性はより欧米型に近づくと考えるならば、ここで紹介したような「EXを科学する」経営の着眼点は今後ますます重要になるのではないでしょうか。

また一方の欧米では、今後のVUCA＋withコロナ時代に従来のジョブ型だけで本当にサバイバルできるのか？　という根本的な問いが提起されはじめています。すなわち、従来の職務記述書の範囲での業績目標をPD

CAのサイクルの中で計画VS.実績評価管理するだけで、この激しい変化や凄まじい変化のスピードに追従できるのか？ という本質的な問いです。

もしかすると、日本企業の「メンバーシップ型」でも、欧米企業の「ジョブ型」でもない、第三の人事システムを、未来に向けて発明する必要があるかもしれません。そのためには、日本企業は、現時点で自分達とは対極にある人事システムについて、つぶさにスタディし、その利点と限界について自社なりの洞察をする必要があるのではないでしょうか？

DXはとかくCX（顧客体験価値）だけが強調されます。どうかEX（従業員体験価値）の視点を忘れないでほしいと思います。どんなに優れたDXビジョンもCXジャーニーも、それを司り、実行していくのは皆さんの大切な人材なのですから。 N

日本への示唆

❶従業員エンゲージメントを向上する

デリー氏は世界的なコロナ禍で強制的に発動されたリモート勤務や、従業員向けのインフラ（勤務先不動産、通信機器、必要なトレーニング等）を単にコストとみなす傾向が強い経営陣を強烈に牽制し、そのような短絡的な経営判断の危うさに対して警鐘を鳴らしている。

日本のビジネスコミュニティーでもＥＸ（NSAMではこれを単なる「従業員体験」ではなく、あえて「従業員体験価値」と訳す）という言葉・概念が定着しつつある。このＥＸこそ、デリー氏の専門分野・近年の調査研究分野のど真ん中のテーマであり、今回のインタビューでは最新の研究成果を基に、日本企業へのメッセージも含めて語ってもらった。

デリー氏は経営チームが発揮する重要な機能の一つとして「従業員のエンゲージメントの向上」を提唱している。エンゲージメントとは、従業員一人ひとりの「自発的組織貢献意欲」を指す。即ち、従業員自らのモチベーションと能動的な行動により組織への貢献を高めるような環境の整備こそ、経営チームが果たすべき役割なのである。

❷メンバーシップ型に変わる新しい働き方を構想する

彼女が強調するwithコロナを前提とした新しい時代のＥＸ戦略は「６レバー・モデル」が表す通り、かなり広範な領域をカバーしている。これらのレバーを巧みに操縦し、機体を安定的・安全にゴール（企業ビジョンの到達）へとナビゲートすることは、決して１人や２人の経営チームメンバーでは叶わない。それには多様性と価値観と行動原理を共有する、経営チームが力を結集することが求められる。

一方、多くの伝統的日本企業では、従業員関連の課題解決や戦略は、人事部門という専門職能部門が一手に引き受け、経営トップも人材・人事分野の実務はCHROやコーポレート担当役員に任せっきりという構図が浮き上がる。昨今紙面を賑わすメンバーシップ型人事制度のジョブ型への移行や、固定的人件費の弾力的な再配分、DX分野の特殊技能を有する人材の報酬の拡充といったテクニカルな施策や制度変更を超えて、今こそ経営チームとして舵取りが求められる６つのレバーについて、日本企業も経営者自らがアテンションを高められたい。

変革のアジェンダ 5：組織学習

9

学習し成長する

共通の価値観（MVV）を育む

有事における多様性のある経営チームの重要性（経営チームが学習するということ）

会社全体の変革を議論するときに、チームが各担当事業に責任を持つ役員から構成される場合、得てして、担当事業の利益を重視するがために、全社的な視点での議論になり難くなる傾向がある。その結果、有事において変革が必要な場合でも、結局は、事業部門に閉じた施策が中心となり、その企業全体としてはなんら変化が起こらない。起こったとしても非常にゆっくりとしたペースでしか進むことができない。

だからといって、トップの社長が一人で決めて、推進していくとしても、いわゆるカリスマ社長でない限り困難である。

翻って、各事業部の長たる立場として持っているユニークな視点ならば、全社的な議論に活かすことができるのではないか。自分の管掌も重要だが、全社ファーストな立場から、縄張りを超えた経験・知見をぶつけ合うことで、変革に向けたより良いものが生まれてくるのではないか。経営チームの「多様性」を活かすことができれば、変革の質とスピードを上げるのに資すると考える。ここに組織（チーム）が学習するという肝がある。

ハーバード・ビジネス・スクール（HBS）の竹内弘高教授は、「チームにマイノリティを入れる方がよいものが作り出される」と言う。例えば、DX（デジタル・トランスフォーメーション）戦略を策定するのであれば、若い世代を検討チームに加える。新規事業であれば、女性を中心に構成したタスクフォースを立ち上げる、といった様に。

経営チームの構成を考えた場合、外国籍の役員、社外役員、女性役員を登用することも考えられる。現在も多くの日本企業でそういった多様性のある経営チームの構成を取り入れている例もあるが、本当に有効に機能しているかどうかは検証が必要である。マイノリティを単にチームに加えるだけではなく、適切な権限を与えることは、チームが機能するための一つの重要な要件である。

竹内弘高教授が言う「クリエイティブ・ペア（トップと番頭の組み合わせ）」の発想も、機能する経営チームにとって重要な点ではないか。つまり、お互いがお互いの足りない部分を補って、ことに当たるという点では、必ずしも1対1のペアである必要はなく、多対多の経営チームでも体現できると考える。

ビジョン共有の重要性と当事者意識
（経営チームでビジョンを実行し成長するということ）

多様性のある経営チームが、全社的な視点で変革していくためのもう一つの視点は、「チーム全員が同じ方向を向いているか」という点である。2019年ラグビー・ワールドカップで日本チームが大活躍した際に話題となった〝ワンチーム〟をどうやって作り上げていくか。経営チームの個々のメンバーが、どのように「Same Pictures」（同じ認識。共有ビジョンとも言える）を持てるのか。更にそれをどうやって会社全体に伝えて、実行していくのか。

ビジョン共有については、ピーター・M・センゲがその著書『学習する組織』において、「真にビジョンが共有されているとき、人々はつながり、共通の志によって団結している」と述べている。

竹内弘高教授の言葉を借りれば、経営チームが「弱さを自覚する」「経営チームとしての覚悟を持つ」とも言える。戦後の日本は弱さを自覚したからこそ、日本全体が一丸となり欧米の技術を学び、世界随一の技術国家・品質国家に成長した。有事においては、経営チームも、変革するには「何が足りないのか」を自覚し、プライドを捨て、弱いところに目をつぶらずに真摯に向き合うことで、共通のビジョンが見えてくるのではないだろうか。

「経営チームとしての覚悟を持つ」とは、企業において社長に選任されたときのマインドセットの在り方にそのヒントがある。社長になったことをゴールと捉えるかスタートと捉えるか。それによりその後の会社の変革のスピードが大きく変わる。これも経営チームに当てはめて考えることもできる。個々が管掌範囲の利益だけを考えるだけではなく、全社として有事を乗り越えていくという覚悟を持てば、志は自ずと共有化・共通化し、変革を加速化できると考える。別の言い方をすると、個々が如何に「当事者意識」を持っているか、ということでもある。

最後に、経営チームとして覚悟を決めたことをどうやって、全社に広めていくか。経営チームに共通言語（共通のMVV：Mission-Vision-Value、図表3-9-1）が醸成されていれば、もはや上と下を両方見た二枚舌を使う必要はない。発信の仕方はさまざまあるが、経営チームがチームの言葉として、全社に伝え続けることが重要ではないか。ビジョンカードを配って終わり、ということではなく、折に触れて語るということ。必要であれば、書籍・冊子のような形で伝えたいことを可視化（より詳細な文章に落とし込むことで、再認識が生まれる）し、全社員に配ることもしてはどうだろうか。

N

図表3-9-1 MVV（Mission-Vision-Value）

M：ミッション（使命）
・目的
・自分たちの会社はなんのためにあるのか
V：ビジョン
・夢
・どういう未来を築きたいと、自分たちは思っているか
V：バリュー（価値観）
・信念
・どういう価値観や信念を、自分たちは大事にしているか

（出所）野中郁次郎・竹内弘高著『ワイズカンパニー』（東洋経済新報社）をもとに、NSAM作成

経営陣がどのようにチームとして変革に取り組んでいくのか、を竹内教授のいままでの研究をもとに自由に語っていただいた。主要な論点は、経営陣が革新に取り組むためには、「覚悟」と「当事者意識」が大切で、そのためにまず、率直に自らの弱さを認めることであった。その上で自らの言葉で語ったビジョンが共有され浸透していくことになるとのことであった。

INTERVIEW

いま重要なのは「自分の弱さを認めること」

ハーバード・ビジネス・スクール　教授
竹内弘高
Hirotaka Takeuchi

経営チームを機能させる

NSAM（以下太文字）：先生は、企業における「共通の価値観（MVV）」を定義しそれを浸透させることの重要性を指摘されています。一般的には、MVVを語るのは賢慮のリーダーと呼ばれる一人の企業トップをイメージすることが多い（本田宗一郎など）ですが、有事においては、〝賢慮の経営陣（経営チーム）〟という形式が有効に機能するという考え方はあり得るのでしょうか。

竹内弘高教授（以下略）：端的にいうと、優れたMVVは個人から成されます。その個人には、創業者または〝中興の祖〟が適しています。その上で、MVVを立案する人、MVVを実行する人を切り分けて考えることが大切です。例えば、立案は、本田技研の本田宗一郎、日本航空の稲盛和夫が行い、実行に移すところは経営チームが行うという形です。

集団でMVVを実行する場合には、オーバープラニング／オーバーアナリシスといいった危険もあります。頭のいい経営企画集団を想像してみるといいでしょう。10名ほどの経営企画スタッフが企画立案などを一生懸命行うと、コンサルティング会社が作成するものと変わらない（企業固有の色が付かない）ドキュメントが出来上がります。そのようなものを全社員に配ったりしてしまいます。

MVVの立案については、創業者にあたる人が企業にいないのであれば、〝中興の祖〟にあたる人が、自分の暗黙知を色濃く打ち出すのがベストです。コンサルタントや優秀な経営企画スタッフが立案しても、突出したものは出にくいものです。

日本企業の場合、MVVの実行部分についてはおろそかになりがちです。MVVの実行の良い例は、例えば、セールスフォース・ドットコムの創業者であるマーク・ベニオフ。彼は、自分のMVVを本に書いていて全世界で訳されています。マイクロソフトCEOのサティア・ナデラは中興の祖です。彼らは、自分のMVVを自分の言葉で語っています。多くの日本企業のやり方は、MVVを名刺サイズにプリントアウトして、「財布にいれておきなさい」と言うだけで、体に染み込ませるところまではできていません。前述の創業者・中興の祖は、きちんと本（書籍）にしています。ファーストリテイリング代表取締役会長兼社長の柳井正の場合は、当初、社内向けにノートを作っていましたが、もったいないから書籍にしました。ＭＶＶを本当に社内に浸透させたいのなら、それについて常にコメントしたり、話したりすることが重要です。実行面でも、人事部に任せるのではなく、ＣＥＯオフィスのような（経営トップ直属の）部署が、それに取り組む必要があります。

日本の企業において、中興の祖がいない場合もあると思います。その場合、経営陣が集まってＭＶＶを策定するようなことはあり得るのでしょうか？

二つの方法が考えられます。

一つは、「マイノリティ」にお願いするということ。例えば、ＤＸ（デジタル・トランスフォーメーション）戦略を立案しようとした場合、業務経験豊かな年配のスタッフ（チーム）に作らせるのではなく、思い切って若手に任せる、などです。ある創薬会社では、会社のビジョンを策定するのに女性チーム（二人の部長レベル社員を中心に他の女性研究者からなるチーム）にお願いしました。彼女たちは、育児期間中の在宅勤務・時差出勤や産休取得で一定期間出社しないことに慣れています。そのような意味で「マイノリティ」です。つまり、メインストリームでない人にお願いするということ。海外展開をしているような日本企業であれば、外国籍の社員などを含める。ビジョンは未来の話なので、多様性のあるチームに任せるのがよいでしょう。

もう一つは、違う部署、違う年代から成る「マルチディシプリナリ・チーム」を作るやり方です。注意しなくてはならないのは、企業がヒエラルキーを持つ場合に、喋るのは一番年を取った人や一番稼いでいる部署なので、チームとして機能しなくなります。チームの編成はものすごく重要です。

キーワードは「優等生に任せない」ということです。優等生に任せると非常につまらなく、頭に他の会社の名前を付けても通用してしまうものができてしまいます。もう一つのキーワードは「青臭い議論ができる人」です。

実際に、青臭い議論はできるのでしょうか？

「これは社長プロジェクト」「これは会長プロジェクト」といった正当性が必要です。

チームを編成し任命する人は、少なくともＣＸＯであることが重要です。

野中郁次郎先生と提唱する「ＳＥＣＩモデル」（注１）（図表３－９－２）に、ＭＶＶを作り広めていくというプロセスを当てはめるとどのようにとらえることができるのでしょうか？

知識創造モデル（ＳＥＣＩモデル）において「ＭＶＶを知識と捉えてどうやってＭＶＶを創造するのか」としたときに、個人（Ｉ）というより「ペア」が重要だと解釈することもできます。特に「クリエイティブ・ペア」が重要です。本田技研工業（本田宗一郎と藤沢武夫）、ソニー（盛田昭夫と井深大）、マイクロソフト（ビル・ゲイツとポール・アレン）、

図表3-9-2 SECI（セキ）モデル

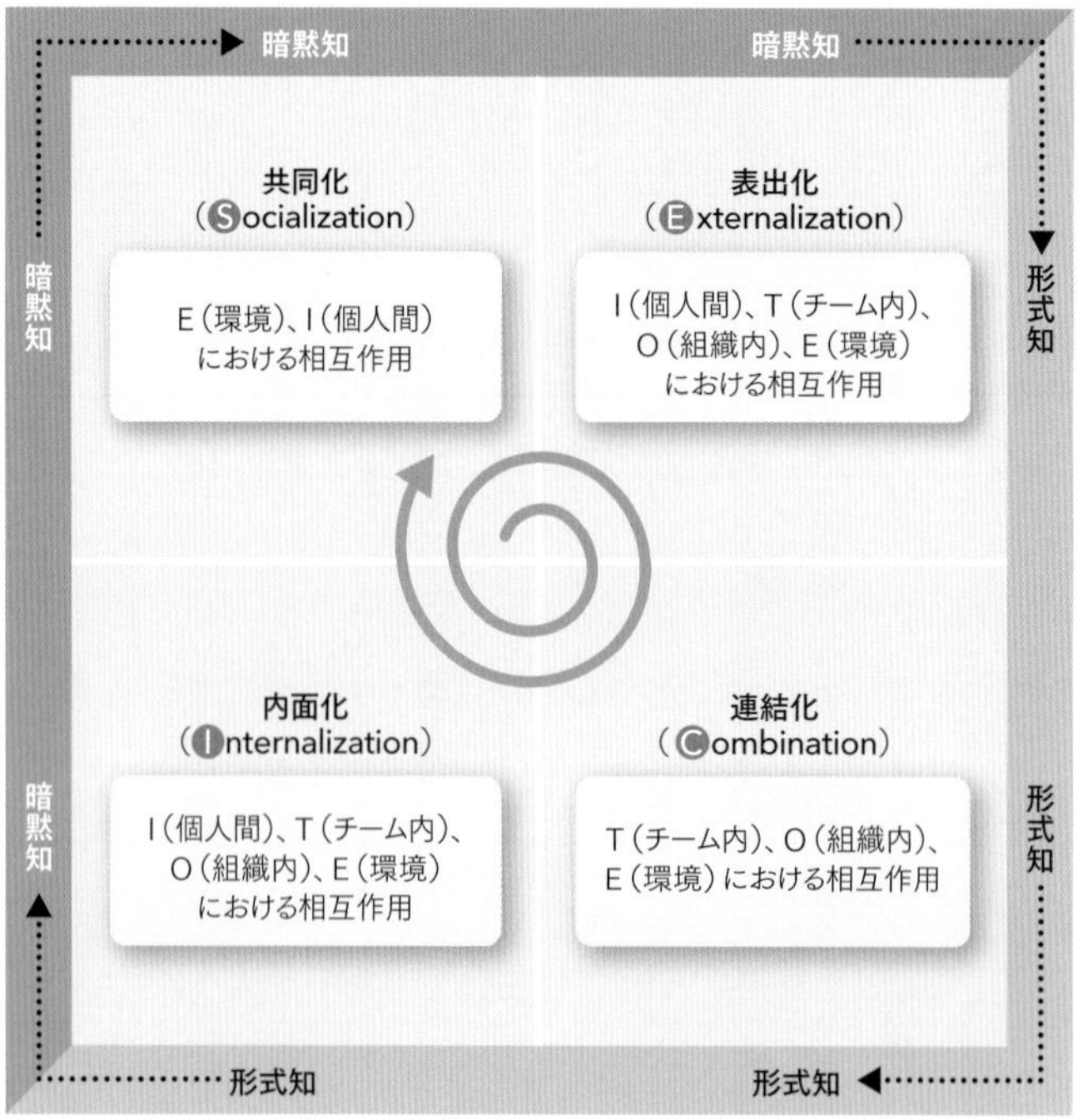

（出所）野中郁次郎・竹内弘高著『ワイズカンパニー』（東洋経済新報社）をもとに、NSAM作成

グーグル（ラリー・ペイジとセルゲイ・ブリン）もそうでした。カリスマ一人というよりペアでMVVを創造するには、裏方・番頭の様な役割を持つ人材が必要です。そして、ペアがうまくいくかどうかで、大きな違いが出てきます。他にも、会長と社長がよい組み合わせの日本企業があります（A証券、B商事、等）。そういった企業では、「強烈な個性の人材」と「そうでない人材」を任命し、そのペアが相互補完するようになっています。

次に、SECIモデルにおけるTは、「任命されたチーム」に相当します。ここでは、ラグビーのメタファーがすごく当てはまります。つまり、「All for One/One for All」という考え方。これをどうやって表出化（E）していくのか。それは、任命されたチームが取り組んでいくことになります。

SECIモデルにおける連結化（C）局面で、社内に広めていきます。名刺サイズのカードを配るのではなく、研修などで時間を費やして本などを出しながら広めていくことになります。

それが最後に、個人レベルで内面化（I）して染み込んでいくことになります。現状、多くの企業では、MVVが個人に染み込んでいくところまでできていない状況です。

企業が変革しなければならない局面において、CXO間の縄張り意識や非常時の責任回避が障害となり、なかなか、変革行動を起こせず実践知を蓄積できないのではという懸念があります。それを払拭し、変革行動を起こすためには、何がキーとなるのでしょうか？経営陣さえONEチームでしっかりしていけば、組織文化もしっかりしていて社員に浸透していくのではないでしょうか？　SECIモデルを経営陣が成長していくモデルとしてあてはめるという考え方はいかがでしょうか？

一つの例は、ある日本の商社（前掲B商事）の取り組みです。同社のCEOは任期を伸ばそうとしています。一般的に日本企業のトップには任期があり、官庁モデルと言われています。つまり、官庁のキャリア職員が2年程で任期が変わるのと同様です。

しかし、社内の方針があるからといって、有能であろうが凡庸であろうが、必ず社長が6年で任期を終えるというのは、間違っているのではないでしょうか。

コカ・コーラのロバート・ウッドラフ、エーザイの内藤祐次、ソフトバンクグループの孫正義、前掲の柳井正、ジャック・ウェルチなどは、数十年間トップについています（いた）。ロバート・ウッドラフにいたっては、50年近く社長を務めました。これは、いい経営チーム（あるいは参謀）がいたから、任期に縛られることがなく有事においても経営を続けられたということではないでしょうか。

企業カルチャーを作り上げるには、6年程度では足りません。日本企業の場合は、アブ

Hirotaka Takeuchi

現職：ハーバード・ビジネス・スクール教授
専門分野：競争戦略、マーケティング、知識経営論
経歴および業績：1969年国際基督教大学卒業、1972年カリフォルニア大学バークレー校にて経営学修士号、79年同校にて経営学博士業取得、1976年ハーバード・ビジネス・スクール助教授、1983年一橋大学助教授、1987年同教授、1989年ハーバード・ビジネス・スクール客員教授、1998年一橋大学大学院国際企業戦略研究科　研究科長、2010年一橋大学名誉教授、ハーバード・ビジネス・スクール教授、2019年国際基督教大学（ICU）理事長。1995年野中郁次郎氏（一橋大学名誉教授）との共著で『知識創造企業』（*The Knowledge Creating Company*）を出版、全米出版社協会でベスト・ブック・オブ・ザイヤーに選出された。
野村マネジメント・スクールでの担当講座
「トップのための経営戦略講座」で『知識創造理論から見た戦略』のモジュールを「女性リーダーのための経営戦略講座」で主任講師および『戦略論』のモジュールを担当

【注】

1）「SECIモデル」の概要については、野中幾次郎、竹内弘高著『ワイズカンパニー　知識創造から知識実装への新しいモデル』東洋経済新報社、第3章などを参照。

『ワイズカンパニー　知識創造から知識実践への新しいモデル』

（東洋経済新報社　2020年）（*The wise Company: How Companies Create Continuous Innovation*（Oxford University Press、2019））
著者：野中郁次郎（一橋大学名誉教授）、竹内弘高（ハーバード・ビジネス・スクール教授）

前著の『知識創造経営』では、企業の競争力の源泉は情報処理ではなく、知識創造であるという観点を明らかにした。本書では、その知識を絶えざる実践を通じて知恵にまで高めることの重要性と、そのナレッジを獲得・活用するための方法を示している。（同書はしがきより）

ノーマルをノーマルに変えることをもっとやっていかないといけないと思います。思い切って任期の制度（考え方）を変えていってはどうかと思います。

コロナ禍で、今、企業として何をすべきか考えていかなければいけないと思います。経営チームで動いていくことがどれだけ有効なのでしょうか？

日本は、これまで外圧・外敵をうまく使ってきました。平時における社長交代は、単なるバトンタッチなので、社長が6年で交代することはあり得ます。これは変化が起きない前提でやっています。第二次大戦もコロナ禍もそうですが、外的な要因が変わるときに、すべてパージ（一掃）されます。大戦により若手技術者が残ったことで、ソニーができた。今回のコロナ禍の状況を活かさない手はないでしょう。

1960年代の米国家安全保障局が公開した論文（「UFOに乗っている宇宙人に遭遇したら何を伝えるか」）では、「日本に学べ」と結論付けられていました。つまり、日本は、「技術的には劣っているがすぐにキャッチアップした」ということです。自分が劣っていることを真摯に認めるということ（AI、アドバンテージ・インフェリア）。劣っているという自覚が革新を生むのです。HBSのオンライン教育もいい例です。スタンフォードのそれに、遅れること20年。「やばいぞ」というニティン・ノーリアHBS学長の自覚で作ったのがいまのオンライン教育システムです。90人のケース・ディスカッションが可能なシステムを作りました。

DXについてもトップが自覚すれば、いままでの縦割りが全部崩されて抜本的なことができるでしょう。それが戦後の日本や、3・11後の東北でもありました。コロナ禍は、AIを真摯に認めるチャンス。誰がその担い手になるのかという点については、「働き方改革」ではなく「働き人改革」をまずすることです。DXの場合は若者を登用することです。大学生・高校生は圧倒的にデジタルの感覚を分かっています。

繰り返しになりますが、もう一つの「働き人改革」は女性。野村マネジメント・スクールが提供する「女性リーダーのための経営戦略講座」の様に、マジョリティになったときの女性は圧倒的なパワーになります。我々も目の当たりにしています。

マイノリティがマジョリティとなる場としてチームを作り、「これを任せる」という部署を作ってしまった方が早いかもしれない。

コロナ禍の状況は、絶好のチャンスなのに、まだまだ変革していこうとするスピード感が足りないと感じています。

日本においてSDGsが叫ばれていますが、そういった取り組みもMVVを浸透させていく上で重要でしょうか？

ビジョンはどんな未来を作りたいかということです。つまり、未来に関してどういうゴールを設定するかです。SDGsを単に掲げただけでは、「また海外のコンセプトの丸のみか」「J-SOXで懲りていないのか」といった感覚があります。一大ブームみたいなものですが、各社独特なものは少ないでしょう。「SDGsをやっていれば間違いない」といった、群がる傾向の日本社会の構図を示しているのではないでしょうか。確かに、環境に関しては、大変な時期に直面しています。それに対して「わが社」ではなく「日本全体でやりましょう」みたいに聞こえて、ユニークなものではないようです。

会社全体で見ようとしているのはCEOしかいないように思えます。事業担当役員も会社が沈んでも、自分の事業さえ残ればいいというくらい、分業がずいぶん進んでいるのが日本企業ではないかと思います。

それを払拭するために、前述の「クリエイティブ・ペア」という考え方があるのではないでしょうか。縦割りでありながらも、会社の問題をCEOと同じように自分ゴトととらえて、担当事業を犠牲にしてでも動こうとするには？

CEOがそれなりの人だったらその人に任せて、ペアを組める人がいれば一番いいでしょう。それでもCEOには二つのタイプがあります。一つは、社長になるのがゴールと考える人、もう一つは、社長になったのがスタートと考える人です。

日本企業の場合には前者が多いのではないでしょうか。その結果、社長の任期は6年でいいということになります。宮内義彦（元オリックス）や前掲B商事のCEOなどは、社長になったときにスタートだと思ったと言われています。そういう人は得てして本命ではない場合が多いものです。

社長になったときに、スタートだと思っている人は自分のチームを作るし、新しいことにもチャレンジします。そこが分岐点になります。この点は、スタートアップと同じとも言えます。「これがスタートである」というマインドセットを持っているか否か。そういう社長がいると、周りの人もそのスタートアップワゴンに乗るか乗らないかを考え始めます。そうするとものすごく機能するでしょう。

最後はちょっと雑談ですが、某メーカーのC社長に「どうやって次の社長を決めたのですか」と聞いたら、「秘書に聞くのが良いんだよね」と返答がありました。秘書は役員の裏と表の両面を見ています。その人がゴールと思っているかスタートと思っているかは秘書の方は分かっています（笑）。

N

日本への示唆

❶経営チームの組成

変革に立ち向かう経営チームにおいて、多様性は重要である。縦割りの弊害を認識し、お互いの知恵を共有・補完し合うことで、全社的な視点での活動が可能となる。

また、カリスマ、中興の祖と言われる経営者には、多くの場合、番頭となる人材がペアとなって、共に会社をリードしている。経営チームとしてもそのような組み方ができるはずである。

❷経営ビジョンは経営者自らの言葉で

経営ビジョン策定において、欧米の手法をそのまま取り入れただけでは実効力はない。かつてのJ-SOXやSDGsなどがよい例である。企業の色がつかず、一般論的なものになってしまうのではないかと懸念する。ビジョン策定にあたっても、経営コンサルタントや社内の経営企画チームに任せきりになっていないか。将来を担う世代、多様性のあるチームをもっと活用してはどうか。現代の日本企業においては、特にマイノリティ（女性、若手）に任せるという選択肢も有効である。

❸AI（アドバンテージ・インフェリア）の必要性

自社が劣っている（＝他に比べて遅れている）という自覚をもつこと（AI）の重要性である。戦後の日本、東日本大震災後の東北などにおいて当てはまる。AIを起点として、そこからどのようにしたいのか、経営トップ（チーム）自らが語る。役員の地位に就くことは、決してゴールではなく、それがスタートであるという認識を持たないといけない。ことコロナ禍においても、そういったAIの認識が真のニューノーマル（新しい日常）を生み出すと考えられる。

コーポレートガバナンス改革を企業変革へつなげる

企業外部の視点を経営改革、人材登用に活かす

日本企業のコーポレートガバナンス改革はまだ途上

コーポレートガバナンス・コードの策定、実施から5年が経過したものの、日本企業はいまだ改革の途上にある。外形的には社外取締役の活用が進み、機関投資家との建設的な対話を進める姿勢も整ってきた。しかし、ガバナンス改革が企業価値向上に資するかと言われると、「ガバナンスは金を生まない」と機関投資家から捉えられているのも事実と言える。ガバナンス改革は、持続的な企業価値の向上につなげるための企業の姿勢の変化を促すものである。そして、日本企業が競争力や収益力を向上させるために、欧米企業との競争を念頭に置いた、積極的な投資、事業再編、M&A等のリスクテイクができる仕組み作り、特にCEOを始めとする経営陣の選解任にどこまで踏み込めるか、といった観点での実効性の確保が重要である。

本来、社外取締役は、株主の視点から成功の確率を高める仕組み作りを促すべく行動することが求められるが、日本企業の現状は外形的な基準を満たすレベルに留まっている。確かに、取締役会に社外取締役の活用は進みつつある。しかし、経済同友会のアンケート(注1)によると、2名以上の独立社外取締役を選任している企業は90％に達するものの、取締役会での貢献はまだ低いという調査結果が示されている。いまだ外形的な要件充足に留まっている企業が多いのが実態である。また、任期が2年程度と短く、企業への理解も進まない中で、経営への助言を期待することも難しい。

サクセッション・プラン（後継者計画）の構築と運用

CEOを始めとする経営層の選解任、長期のサクセッションは、企業の持続的成長力に多大な影響を与える最も重要な戦略的意思決定事項と考えられる。経営環境が複雑化する中でも持続的な成長を実現するためには、果断な意思決定、不断の経営改革をリードする経営陣は不可欠であり、その選任プロセスを通じて、ステークホルダーに正当性を説明できるようにすべきである。しかしながら前述のアンケート結果によると、「取締役会による後継者計画の監督」について、90％弱の企業が「実施している」と回答しているものの、後継者育成計画という形で明文化している企

業は約10%に留まっている。このような中、取締役会、特に指名委員会に対して、CEOの選解任に関する機能を果たすだけでなく、長期的なサクセッションプランにコミットすることを求める声が強まってきている。

特にCEO、CSO、CFOといった企業経営における重要な役割を担う人材の選任に当たっては、企業の競争環境を見据えた人材要件の検討に加えて、透明性のあるプロセスを構築し、長期的な人材選定および育成を進めていく視点が重要になっていく。この選任プロセスについては、CEOを中心とした社内出身取締役の方が情報量も多く、議論を主導しやすい環境にある。指名委員会等の形骸化、および社外取締役の存在感の希薄化が懸念される。如何に、会社法上の機関である指名委員会、任意の諮問委員会を形骸化させないようにするか、そして経営層の選任プロセス、育成システムにおける社外取締役が主体的に意見を言えるようにするかを検討していく姿勢が企業には問われる。一方で、社外取締役自身も、CEOから独立し、経営監督で存在感を発揮するために、企業の長期戦略を理解し、その実行や方針変更などに対して持論を持てるほど考え抜く姿勢が求められることは言うまでもない。

【注】

1)「経営者及び社外取締役によるCEO選抜・育成の改革（2018年度企業経営委員会報告）」（経済同友会）より

column｜**独立取締役の果たす役割**

独立取締役は経営チームの一員として行動すべき

ＮＳＡＭ：昨今コーポレートガバナンスで重視されつつある独立取締役が経営に影響を及ぼす影響について、どのような印象をお持ちですか？

カール・ケスターHBS教授（以下略）：取締役会における独立取締役は、企業価値の向上を促すための取締役会というチームの中で、個人ではなくさらにチームを意識して動く必要があります。独立取締役が１、２名しかいない状態では影響力を及ぼすことはできないでしょう。米国のように取締役の過半数が独立取締役で構成されるようになれば、日本企業のコーポレートガバナンスも価値向上に真剣に向き合う土壌ができたと言えるでしょう。そして、取締役会が適切な業績指標に基づいて、ＣＥＯの評価と報酬に影響を及ぼさなければなりません。取締役会の開催日にだけ訪問して黙って投票するだけでは十分でないことは言うまでもありません。独立取締役は、頻繁に社内の人と交流を図り、彼らを知り、能力を見極め、価値向上に関する助言を行って、初めて会社に貢献していると言えるでしょう。

独立取締役について、具体的な行動のイメージを教えてもらえませんか。

実際に筋の悪いアイデアが取締役会に持ち込まれたときに、断ることができるかという点、すなわち番犬的な役割を担えることが重要です。どんなに経営陣が熱意と創造力を持って提案した内容であっても、彼らをフリーパスにすることはせず、価値を生み出さない案件については拒否の姿勢を示す必要があります。ご存じのように、米国の有名な投資家であるウォーレン・バフェットは、自分が関与する取締役会では透明性を要求し、合併や買収であれ、資金調達であれ、筋の悪い提案に対して拒否しています。指名委員会などを通じて、経営者に対する選任・解任の権限を有する独立取締役は、取締役会を通じて経営者に圧力をかけることができるのです。

日本企業へのメッセージ

日本におけるコーポレートガバナンス改革の動きに対して、米国からはどのような見方をされていますか。

ご存じのように、米国でも数々のコーポレートガバナンスに関する失敗事例はありましたし、それほど効果的なコーポレートガバナンスを発揮していない企業事例もあります。したがって、米国が全世界の理想的なモデルであるとも言えないでしょう。日本の場合、サプライヤーや顧客企業との関係性を重視する文化を有しており、メインバンクなどの債権者が長年影響力を有している状況でもありました。日本が高度経済成長を謳歌していた時代には、このような利害関係者すべてに利益をもたらすことはできていたと思います。しかし、成長性が鈍化してから、企業は成長志向を転換し、資本に対するリターンに回帰せざるを得なくなったと考えています。市場からの要請以上に政府が推進力を発揮していた点も日本で特徴的な点であったと思います。そして、資本に対するリターンを重視する以上、資本コストが何であるかを知らなければなりません。多くの日本企業は資本コストにあまり注意を払っていませんでしたが、コーポレートガバナンス改革によって、適切な方向に進んでいると考えられます。

今後、日本企業がコーポレートガバナンス改革を進めていく上での課題は何でしょうか。

コーポレートガバナンス・コードの中には、ＲＯＥ（資本利益率）を８％のレベルに引き上げることが謳われています。おそらくこの水準は、投資家の90%の期待には応えられる水準と言えますし、スタートとしては良い水準とも言えます。しかし一方で、あくまで出発点としての議論であって、これを満たせば必ず価値を創造していると言い切ることはできない、ということでもあります。私は野村マネジメント・スクールの講座内で、この点を毎年強調しています。事業に応じてリスクが異なる以上、資本コスト、期待収益率も変わることを認識しなければなりません。

近年の日本企業のコーポレートガバナンス改革の議論は、必ずしも欧米企業のコーポレートガバナンスに準拠しているわけではない。しかしそれら多様な経験、議論を踏まえ、今後の方向性を模索することは有用であると考えられる。このような問題意識の元、欧米企業のコーポレートガバナンスの実態からみた日本企業への示唆について、野村マネジメント・スクールでコーポレートファイナンスに関する講座を担当する講師陣に話を伺った。

INTERVIEW

資本市場の発展が所有と経営の分離を促し、コーポレートガバナンスに影響を与える

ペンシルベニア大学ウォートン・スクール　准教授
ブラント・グルテキン
Bülent Gültekin

ペンシルベニア大学ウォートン・スクール　教授
兼 アカデミックディレクター
ビルゲ・ユルマズ
Bilge Yılmaz

ペンシルベニア大学ウォートン・スクール　教授
デビッド・ムスト
David K.Musto

コーポレートガバナンスの企業経営における役割 資本市場の発展が所有と経営の分離を促す

NSAM（以下太文字）：先生方は講座でもコーポレートガバナンスの議論を取り上げています。まず始めにコーポレートガバナンスの企業経営における基本的な役割について伺わせてください。

ブラント・グルテキン教授：米国の状況を振り返ると、1930年代以降、所有と経営の分離がコーポレートガバナンスの議論を深化させてきたと理解しています。競争環境が激しくなり、より効率的な企業経営を行うことができる経営者が必要となりました。企業の所有者、すなわち株主は経営者とは分離され、経営者には財務パフォーマンスの向上が求められることになります。この所有と経営の分離こそがコーポレートガバナンスの問題の発端です。経営者は株主のための価値創造を図り、短期的な財務パフォーマンスの向上とともに持続的な成長のための将来への投資を求められます。経営者をいかに監督するか、という点について、株主は取締役を選出し、取締役会および各種委員会が経営者を監督する仕組みがあるとはいえ、利益調整の課題は常につきまといます。

コーポレートガバナンスを語る上で重要な視点は2つあります。まず1つは歴史的な視点です。1980年代のコーポレートガバナンスの議論が今日のコーポレートガバナンスの議論に完全に適用できないのと同様、数十年先のコーポレートガバナンスを現時点で語ることもできないと思います。振り返ってみれば、1980年代にファイナンス上の革新とも言えるジャンク債が発明されて以降、企業内に外部者が入る手段が確立されたと言えます。ウォートン・スクールの卒業生でもあるマイケル・ミルケン氏がジャンク債を考案し、数十億ドルもの資金調達を可能にしまし

た。この手法が普及して以降、社外の部外者が企業に参画することが容易になったのです。この動きは今日でも隆盛の続く、米国におけるプライベート・エクイティの台頭を促すものです。今後もファイナンスにおける新たな手法が生まれれば、コーポレートガバナンスへの影響が出ることは容易に想像がつくと思います。

もう1つの視点は、米国におけるいくつかの危機が与えた影響を考慮することです。2000年代のインターネットバブル、エンロンなどの大企業の会計不正、2008年のリーマンショックといった事案です。例えば前者の事案をきっかけに企業の透明性に関する問題提起がなされ、サーベンス・オクスリー法が生まれました。新たな規制は開示項目を増やし、企業にとってコストという負荷を増大させるものでした。

グルテキン教授と当スクールのかかわりは1983年からになりますが、かつての日本企業のコーポレートガバナンスについてはどのように捉えていらっしゃいましたか?

グルテキン教授:私は1983年に初めて日本で教え始めたので、野村マネジメント・スクールとの関りはほぼ40年近くになりますね。日本企業は高度経済成長の時期にメインバンクによるガバナンスシステムを構築したと言われています。アングロサクソンの国から見れば相当異質に映っており、コーポレートガバナンスのモデルとしては非常に興味深いと思っていました。資本市場があまり発展していない国では不足した資本をいかに補うかが重要であり、資本の出し手が強い影響力を発揮するのは当然の流れと考えます。まるで封建時代の親族関係のようで、文化的な側面も感じたものです。当時の日本企業では人材も資源も限られており、メインバンクが支えるガバナンス構造は安定的であるだけでなく、産業発展、経済成長の推進力にもなっていたと思います。

グローバルなコーポレートガバナンスの規範に従う環境が整った

近年、政府、経済産業省が主導する形でコーポレートガバナンス改革へとつながっていきました。

グルテキン教授:日本が非常に長期にわたり経済の停滞期を迎えていたのは、マクロ経済の要因が大きいとは思いますが、日本政府が問題解決のための十分かつ迅速な政策を取り切れているとは思えません。一方で、安倍政権で打ち出したコーポレートガバナンス改革の議論は、やはりこのマクロ経済の影響も感じられます。日本企業の株式保有比率を見ると、外国人保有比率は30%以上となっています。この状況ではかつての伝統的なガバナンス体制は機能しません。日本企業はさまざまな面でより開かれた存在にならなければならなくなったのです。

私が担当する講座で取り上げるファナックを例に挙げましょう。ご存じのように同社の事業は素晴らしく、財務パフォーマンスも非常に高いものです。創業者の稲葉CEO(当時)は、「自分たちは良い業績を上げているのだから株主も満足しているはずだ」と語っ

Bülent Gültekin

現職:ペンシルベニア大学ウォートン・スクール　准教授
専門分野:コーポレート・ファイナンス、資本市場、民営化、開発金融
経歴および業績:1976年ペンシルベニア大学ウォートン・スクールで博士号を取得、1981年よりウォートン・スクールで教鞭をとる。トルコ首相顧問を1987年より務め、1993年、トルコ共和国中央銀行総裁に就任。ポーランド民営化省のチーフアドバイザー等、国営企業の民営化に取り組む。ウォートン・スクールでは、ワイス国際金融研究センター ディレクターや新興国経済プログラムのディレクターなどを務める。現在も、トルコのコチ大学評議員やブルガリアのアメリカン大学評議員などを務める。
野村マネジメント・スクールでの担当講座
「価値創造のためのコーポレート・ファイナンス講座」「経営者のための戦略財務講座」

資金調達の多様化とファイナンスに関する事案が歴史的に影響を及ぼしてきた
——グルテキン教授

ていました。しかし、株式の50％超を外国人が所有するようになると、今までのように公開会社であるにもかかわらずプライベートカンパニーであるかのように振舞うことはできなくなります。経営者は政府が主導するコーポレートガバナンス改革の方向性、施策を自社に取り込むことが求められるのです。日本企業もグローバルなコーポレートガバナンスの規範に従うときが到来したと考えるべきです。

従来はあたかも社交場のような環境であったため、株主と深く交流する必要はありませんでした。しかし、グローバルに投資活動を行う投資家が株主になっている以上、日本も国際的な規範、すなわち米国、EUの企業に適用されるような規範に従う必要性が高まっているのです（図表3－10－1）。

監督者と顧問の役割を持つ取締役会

ビルゲ・ユルマズ教授は野村マネジメント・スクールで教壇に立ち始めて6年になりますが、グルテキン教授とは別の見方をされていますか？

ビルゲ・ユルマズ教授：私は取締役会には2つの役割があると考えています。1つ目は監督者の役割であり、2つ目は顧問の役割です。前者はスーパーバイザー、すなわち「ウォッチドッグ」（見張り番）の役割を指します。経営陣が株主と利益相反しない、価値破壊をしないように見張ることが求められます。後者はアドバイザーと言っても良いでしょう。経営陣は会社の実情を十分に把握していますが、現場のレベルをさらに引き上げるためのアイデアが十分でない可能性もあります。外部取締役には経営サポート役として、ナレッジを伝え、問題意識を醸成させ、建設的な議論を促す役割を担うことも期待されています。ある論文では、社外取締役を中心に構成される監督委員会が提言を行っている企業では、保有現金額が比較的小規模で配当性向を引き上げる傾向があるとのことです。また、M&A活動も減っているとの結果もあり、株主にとって効率的な資金の使い方がなされる効果が期待できるとも言えます。

後者については、企業に価値向上を促すために、企業に適度なリスクテイクを促す役割も期待されていることは言うまでもありません。もちろん、取締役会で新たな価値向上の提案をし、自動的に価値創造ができるなどという魔法の杖がある訳ではありません。しかし、取締役会での議論を通じて、外部の客観的な情報をもたらし、経営陣が健全なリスクテイクを行うように促すことは重要な点です。逆の見方をすれば、経営者の選解任権を有す

図表3-10-1 主要投資部門別株式保有比率の推移

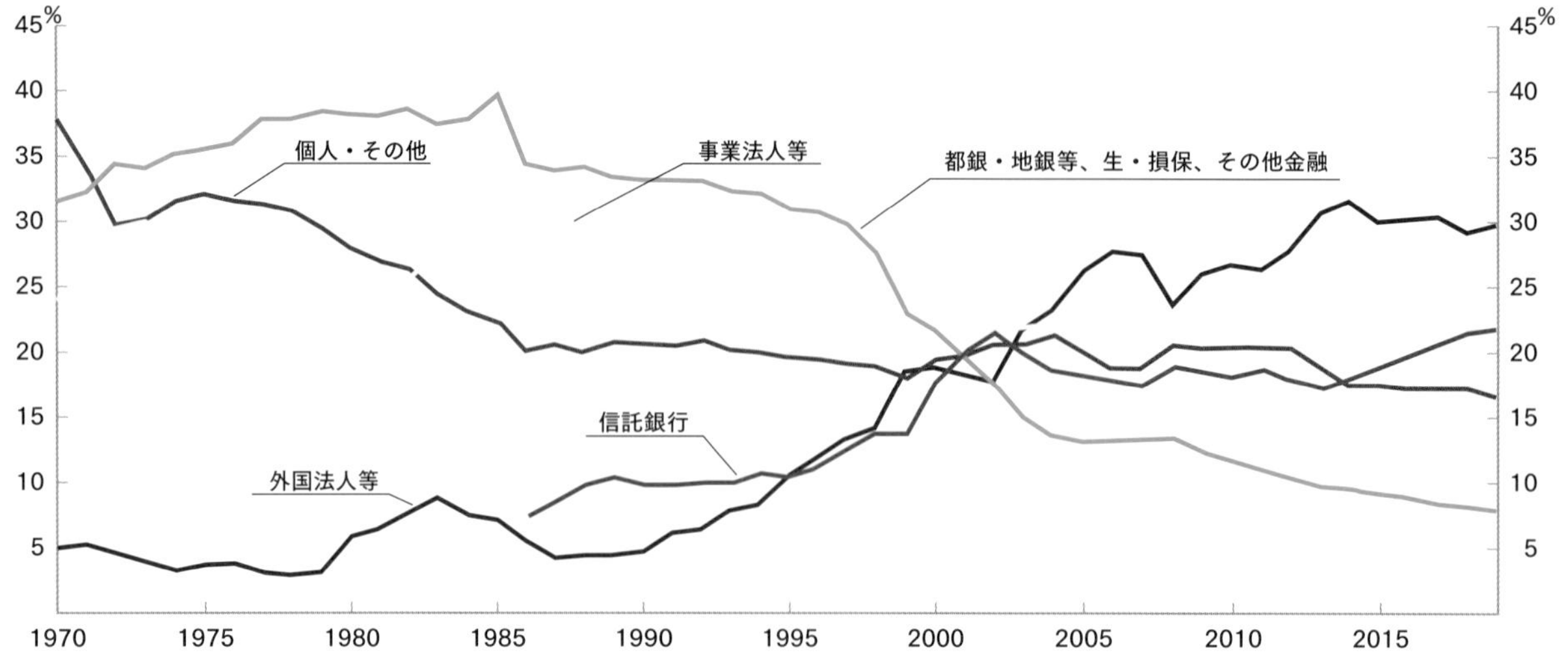

（出所）日本取引所グループHP『2019年度株式分布状況調査の調査結果について』（2020年7月3日）P5 図4より
（注）1. 1985年度以前の信託銀行は、都銀・地銀等に含まれる。
2. 2004年度から2009年度まではJASDAQ証券取引所上場会社分を含み、2010年度以降は大阪証券取引所または東京証券取引所におけるJASDAQ市場分として含む。
（参考URL）https://www.jpx.co.jp/markets/statistics-equities/examination/nlsgeu000004tjzy-att/j-bunpu2019.pdf

資本市場の発展が所有と経営の分離を促し、
コーポレートガバナンスに影響を与える

る社外取締役こそ、経営陣に働きかけを行うことができるとも言えます。

企業外部から資本を受け入れ、社外取締役の意見を取り入れる

日本でも独立社外取締役を3分の1以上選任する上場会社の割合が増加しています（図表3-10-2）。しかし、一般的に社外取締役は、社内情報へのアクセスが限られていることから、アドバイスをする前に提言すら難しいという見方もあるのですが、その点についてコメントはありますか。

ユルマズ教授：例えばコスト構造の改善、グローバル企業への飛躍、アジアや欧州での事業展開などが、現在の経営陣にとってチャレンジングな経営課題であるとき、社外取締役が発揮できる価値はどのようなものでしょうか。経営陣は情報を持っていても課題解決のためのアイデアがないケースもあります。しかし、グルテキン教授が指摘したように、2002年のエンロン事件後に取締役会のアドバイザーとしての役割は以前よりも大きなものとなりました。一例を挙げましょう。

ヨガなどのスポーツウェアを製造しているルルレモンという会社をご存じでしょうか。同社の株式の約30%は創業者が保有していました。創業者は、会社の成長を継続していくためには、自身のアイデアやビジョンが不十分であると感じ、またサプライチェーン、マーケティング、研究開発上の問題の解決が困難であると認識していました。

そこでこの創業者は、プライベートエクイティ・ファンドに連絡を取り、支援を求めました。ファンドによる株式の一部買い取り、取締役の派遣の可能性を打診したのです。このファンドは創業者の保有株式の半数をプレミアム付きで購入し、取締役を派遣することにしました。結果的にファンドが組成したチームのナレッジを会社の成長に取り込むこと

Bilge Yılmaz

現職：ペンシルベニア大学ウォートン・スクール　教授 兼 アカデミックディレクター
専門分野：コーポレート・ファイナンス、オルタナティブ投資、ゲーム理論、政治経済学
経歴および業績：2000年プリンストン大学で博士号を取得、1998年よりスタンフォード大学、2009年よりウォートン・スクールで教鞭をとる。2019年にオルタナティブ投資プログラムを立ち上げ、アカデミックディレクターに就任。プライベートエクイティやオルタナティブ投資関連のテーマを主に研究し、「ジャーナル・オブ・フィナンシャルエコノミクス」や「レビュー・オブ・ファイナンス」などファイナンス関連の学術誌に継続的に研究論文を発表している。
野村マネジメント・スクールでの担当講座
「価値創造のためのコーポレート・ファイナンス講座」「経営者のための戦略財務講座」

図表3-10-2　独立社外取締役を3分の1以上選任する上場会社（市場第一部）の比率推移

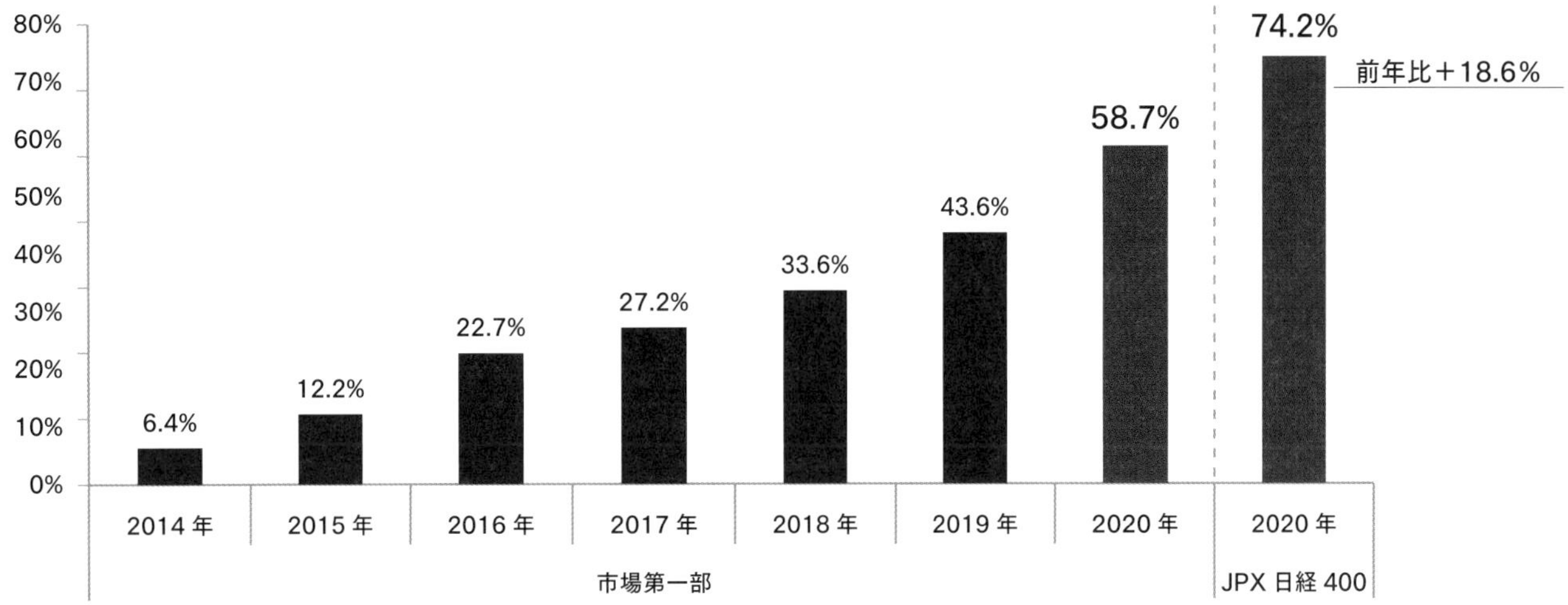

（出所）「独立役員の選任状況」（日本取引所グループHP）
（注）2020年8月14日の時点におけるコーポレート・ガバナンスに関する報告書の記載をもとに集計。
（参考URL）https://www.jpx.co.jp/listing/others/ind-executive/index.html

ができ、会社は再び成長軌道に戻りました。数十億ドル規模の企業の株式を15%保有し、株式の価値は約8億ドルになりました。ファンドにとっても積極的に関わりたい案件になれば一緒に汗をかき、アイデアを出して企業経営に貢献することができるという事例です。

一方で、社外取締役に何も期待しない企業はどのような状況でしょうか。米国でも実質的にコーポレートガバナンスが機能していないと批判される会社は存在します。特にCEOが自身の友人を社外取締役に選任してしまい、取締役会を実質的に無力化してしまうのです。おそらく、年に4回の取締役会に出席して数時間座るだけではないでしょうか。前日に豪華な食事をして観光気分で来ている人に会社を変革することは期待できないでしょう。

このように、取締役会が経営陣の意思決定を単に追認する儀式的な存在になっているケースもあり得るのです。しかし株主価値が継続的に上昇し、一方で企業価値に大きく影響を与える意思決定事項が存在しないのであれば、その実態が議論の俎上に上がることもないと思います。

ルルレモンの事例では、会社が明らかに抱えている課題に対して、ファンド側が有益なナレッジを有する人材を採用してチームを組成し、取締役会を通じて助言を与えています。

経営側が積極的に外部組織をチーム化するという事例として非常に興味深いです。一方で、経営側が前向きに社外のナレッジを取り入れようとしない場合はどのように考えるべきでしょうか。

ユルマズ教授：株主が影響力を行使できる可能性はあります。外部株主だけが株主で、株主価値の最大化を旗印にまとまれば、取締役会は助言機能も監督機能も上手く機能させることができ、価値を創出することができます。

しかし株主と一言で言ってもすべての株主の利害関係を一致させることが難しい状況は起こり得ます。株主の中に利害が一致しない株主がいるという、一つの事例を挙げましょう。こちらもアパレル事業を営むアンダーアーマー（Under Armor）という会社です。同社は過去5年間、S&P500対比で、NikeやAdidasなどの競合に比べ株価パフォーマンスが下回っています。競合他社の株式リターンがS&P500比で50%増の中、同社の株式リターンはマイナス50%です。外部株主だけで株主が構成されていれば取締役会を通じて経営者を解任するでしょう。しかしこの企業の場合、状況はより複雑です。同社は創業者が15%の株式を保有しており、それがクラス株式となっています。株式保有比率は15%でも、議決権比率は50%を占めており、主要な議決権行使ではマジョリティーを握ることができるため、創業者が実質的に株主と一体化しているのです。この状況では、明らかに一般の外部株主と創業者の間で利益相反が生じています。同社の場合、自信過剰の問題ゆえか、経営上非常に悪影響を及ぼす意思決定がなされています。同社が行った数多くのM&Aも研究開発も投資リターンは低く、収益は低迷し、株価は下落を続けました。明らかにこの創業者兼経営者は間違いを犯しているのですが、変化を拒んでいる状況です。良いガバナンスの欠如が会社に悪影響を及ぼしている事例と考えるべきでしょう。投資家であるファンドはこれに対して外部の経営者を取り入れ、戦略を変えさせようと提案をしています。しかし、創業者が拒否権を発動し、提案は取り入れられることはありません。

ルルレモンは取締役会が価値を生み出す事例として、アンダーアーマーは価値を破壊する事例として捉えられるでしょう。

取締役会が企業経営で価値創造を促す役割を果たすためには、株主以外の要素もあるのでしょうか。

ムスト教授：会社のライフサイクルは取締役会の役割に影響を及ぼすと考えています。一つの事業アイデアが生まれ、ベンチャーキャピタルの出資を受け、公開する。その後成長を継続して大企業になる、というライフサイ

資本市場の発展が所有と経営の分離を促し、
コーポレートガバナンスに影響を与える

クルを考えてみましょう。最初のアイデア段階では、取締役会の構成員は創業者もしくはチームだけです。その後ベンチャーキャピタルから出資を受けると、取締役が派遣されてきます。彼らは事業成長ができる方法、ツールを提供するアドバイザーとしての役割とともに、監督としての役割も担います。株式公開を果たすと、公的な存在になり、創業者は株式を外部の株主に引き渡します。その後、会社は一種の永続的な企業体となり、株主は株主価値の最大化を目的として、取締役会の構成員を選任し、経営者を選ぶことができます。

社外取締役の力を取り込むための3つの視点

カリスマ的な経営者がいる場合、取締役会の経営チェック、監督機能や助言機能を発揮することは難しいと感じます。これについて意見はありますか。

グルテキン教授：リーダーが上手く経営を行っているにもかかわらず、チェック機能を働かせることができるのか、それは非常に重要な論点です。私はトルコ中央銀行の総裁を務めたこともありますし、国営企業の民営化担当顧問や国営企業の役員を数多く勤めてきました。その経験から言うと、独立した組織外の誰かがリーダー、それも運営が上手く行っているリーダーを監督することは非常に難しいと感じています。彼らが間違いを犯すまでは。

就任当初は謙虚な人でも、実績を出し権力を得るにつれ、危険な存在になっていくものです。

ユルマズ教授：反対の視点から議論してみましょう。独立した社外取締役はどのようにしてカリスマ的なリーダーに影響を与えることができるのでしょうか。独立した社外取締役は、その会社では何の実績も出していないので、通常は単一でほとんど発言力を得ることはできません。彼らが取締役会の過半数を説得することは容易なことではありません。なぜなら、取締役会のメンバーは自由な民主主義のルールで選出されているわけではないからです。取締役の候補も現職の取締役会のメンバーやCEOによって管理されています。また投票プロセスに関与することも容易ではありません。そのため、往々にして取締役会は、経営層に対して友好的なメンバーで構成されることになります。では変化をもたらすために何をすればよいのか?それに答えるのに3つの視点を挙げておきます。

1つ目は会社の価値を創造するという大目的に沿って、例え即効性のある答えではなくとも、解決策を見つけることです。2つ目は他の人々を説得するための変化の原因を探し出すことです。目に見える経営悪化、M&A戦略の失敗、成長戦略のとん挫、株式市場のパフォーマンス低下などです。この2つの視点だけでは十分ではありません。変化の必要性が分かったとしても、変化を促す方法が無ければ物事は変わりません。先ほどのアンダーアーマーの事例では、変化の道筋が見えません。同社の場合、創業者でありCEOであり取締役会議長が議決権の50%超を押さえているからです。彼が取締役会のメンバーを自分に友好的な人材で固めれば、何もできるこ

David K.Musto

現職：ペンシルベニア大学ウォートン・スクール　教授
専門分野：資本市場、個人向け信用、金融仲介機能
経歴および業績：1995年シカゴ大学で博士号を取得、1995年よりウォートン・スクールで教鞭を取り、2013年よりファイナンス学科長を6年間務める。その間、米国証券取引委員会（SEC）のシニアフィナンシャルエコノミストを務め、現在、市場統計コンサルタントを務める。「ジャーナル・オブ・ファイナンス」や「ジャーナル・オブ・フィナンシャルサービスリサーチ」の編集委員として従事。また、これらの学術誌などで、投資決定や資本市場に関する研究論文を発表。近年はインパクト投資に関する研究でも、同分野の優秀論文賞を受賞している。
野村マネジメント・スクールでの担当講座
「価値創造のためのコーポレートファイナンス講座」

> 経営幹部の選定まで範囲を広げる動きも見られる
> ――グルテキン教授

とはなくなります。コーポレートガバナンスは模擬国連ではありません。机上の空論であるべき姿を唱えたとしても、実践ができない障壁は数多くあるのです。制度として欠陥がある中での議論なので、理想的な解決策を打ち出すことは難しいところがあります。

サクセッションプランにおける役割について米国での開示状況

日本でもコーポレートガバナンス・コードでは、「取締役会の役割・責務」の中に「後継者の計画（サクセッション・プラン）」に関する監督が記述されました。日本では、いまだに後継者計画の立案、実行は経営者の専権事項という認識が多いのも実情です。この点について、米国での状況を教えてください。

ムスト教授：米国でもサクセッションプランについて開示がなされるようになったのはごく最近のことです。当初、米国ＳＥＣ（証券取引委員会）は、この事案に関わる株主提案を拒否する姿勢を見せていましたが、２００９年に見解を改める通達を出しました。そしてこれ自体は強制力のあるものではないのですが、サクセッションプランに関する開示を積極的に行う企業が出てきたのです。アニュアルレポート、ガバナンスレポートや委任状勧誘書類などで言及されることが多い印象です。

米国の一般的な上場企業において、指名委員会（Nominating Committee）は、まず取締役（Board member）の候補を選定し、株主総会に提案することが基本的な役割となります。そして、株主総会で取締役が選任され、取締役会でＣＥＯが選出されます。ＣＥＯはＣＦＯやＣＩＯなどのＣＸＯ、Ｃスイートの経営幹部を選定します。取締役会ではなく、ＣＥＯが行います。

ですので、初期段階のサクセッションプランの対象範囲はＣＥＯの後継者に留まっていました。現ＣＥＯに不慮の事故などが起きたときに、企業活動を止めることなく後継のＣＥＯを選出できるようにするためのものでした。

それが、有事対応だけではなく、その検討を後継者計画の立案、人材候補の選定、育成プログラム、評価システムといった内容にまで広げる企業が出てきました。

そうした企業で、サクセッションプランを進める主体はどこになるのでしょうか。

ムスト教授：サクセッションプランを担当する主体はさまざまです。取締役会が主体となる企業が多くを占めますが、取締役会の委員会が主体であるケースも多いのが特徴です。報酬委員会（Compensation Committee）、指名・ガバナンス委員会（Nominating and Governance Committee）の割合が多い印象です。サクセッションプランは業績評価および報酬との関連性が高く、会社人事に関する議論を取り扱うことも多いことがその理由と考えられます。また、Management Developmentという経営人材育成を取り扱う委員会を設けている例も見られます。

近年は日本でも役員報酬の開示が進んでいることもあり、役員層に対する株主の関心も高まっています。経営幹部にまでサクセッションプランの開示を進めるという動きについてはいかがでしょうか。

ムスト教授：必ずしもトレンドとして確立しているわけではありませんが、企業によってはＣスイートだけでなく、部長クラスのサクセッションプランまでに対象を広げる動きもあるようです。将来の企業幹部の人材プールをいかに作り込んでいくか、という視点からサクセッションプランの整備が進んでいるということです。

人材の多様性を確保するとともに選任・評価基準を設定する

人材プールの整備という面では、選定する人材をどのように選定するかも非常に重要な

資本市場の発展が所有と経営の分離を促し、コーポレートガバナンスに影響を与える

要素になりそうです。

ムスト教授：現在の人材の実力を評価する視点だけでなく、将来のポテンシャルを評価する視点が必要になります。企業の長期的な成長戦略が明確でなければ、将来のポテンシャルもなかなか評価することはできないでしょう。しかし、VUCAの時代と言われる今日、そこまで確たる戦略も立案した直後から陳腐化してしまうでしょう。むしろ、どのような状況になっても対応できる人材プールを確保する方が現実的な話かもしれません。また、人材の経験は限られてしまいますので、特定の部門出身者などの要件を課してしまうと、想定外の事象が起きたときに意思決定を誤る、もしくは遅れる恐れが出ると思います。ですので、社内外から多様な人材を集め、人材プール自体の多様性を確保することも重要な要素となるでしょう。

経営人材を選任することは、選任基準があることが前提になりますし、選任後の評価基準とセットで考えていく必要があると思います。

ムスト教授：両者はセットで考えるべきところかと思います。選任基準について言えば、もちろん、業績に裏打ちされた経営能力や知識、リーダーシップといった一般的な要件を考慮することは必要です。しかし、今述べたように過去の実績や成果だけで評価すべきでないことも事実です。重要なことは将来実績や成果を出せる可能性が高い人材を、さらに可能性を高めるように育成していくことです。したがって、過去の業績の質を見ていく必要があります。すなわち、過去の実績から本人の貢献、実力が寄与している部分を抽出し、将来の再現性を見出さなければいけません。また、人材の人間性も考えるべき点ですが、たとえ将来の経営者として至らない点があったとしても、それで選任しないというわけではなく、コーチング等のサポートを行うことで補えばよいのです。

このような運営は、人事部門が主体的に行うべきもののようにも見えます。社外取締役を中心とする取締役会の委員会が関わるのは相当ハードルが高いように見えます。

ムスト教授：取締役会または委員会が実際どの程度まで関与するかについては、開示が進んでいないので良く分からない部分があります。しかし、取締役会ないし委員会は、あくまでガイドライン、方針の立案までで、その後は報告を受けて確認するというスタンスが多いのではないかと思います。一方で、ハコだけを作っても実際に適切な運営がなされているかをチェックするには、それ以外の取り組みも必要です。例えば、後継者候補の人材との交流を定期的に行うなどの機会を設ける企業もあります。

後継者の選定は、社外人材も含め客観的に評価する視点が必要

米国企業では後継者に外部の人材を招へいする事例が見られる点が、日本とは異なると思います。社内から次世代の適任者を探すことが難しい場合の対応についてコメントがあればお願いします。

グルテキン教授：社内に代替候補者がいない場合は指名委員会が選任する必要があります。この点で、米国のCEO候補の探索モデルは良く機能していると思います。CEOや社外取締役が候補者を選定することもありますが、ヘッドハンターを雇って、内部からでも外部からでも最適な人材を探索する方が一般的です。そして、候補者に機会を与えるのです。適任者であれば2四半期もあれば強力なリーダーになるでしょう。重要な点は、客観的で外部からも理解を得られやすいプロセスで選出することです。社内人材も決して排除することなく、探索することです。

社外から招へいして確実に上手く行くものではありませんし、社内からだけ登用していても会社の変革という意味では十分ではないと思います。

日本企業も経営人材の多様性と育成の視点を

最後に、コーポレートガバナンスの企業変革における役割について、日本企業へのメッセージも含めてコメントしてください。

グルテキン教授：コーポレートガバナンスにおける経営者評価は、株主に対する受託者責任、説明責任を負う取締役会が、自ら選任したＣＥＯの選解任権を行使するか否かを決めるために行う組織的な仕組みになります。独立した客観的な視点を有している取締役会等による手続きを踏むことが重要で、かつ投資家の見方を反映することが求められます。

投資家の立場からは、短期的な業績を追う姿勢よりも、継続的な事業成長が可能な取り組みを評価すべきです。とすれば、経営者が評価される視点はより広義なものであるべきです。財務業績を上げることはもちろん重要ですが、将来の事業価値を創造する投資案件への挑戦姿勢、会社を引っ張るリーダーシップ、そして自らの後継者を含む経営人材プールの構築についても評価されるべきです。

そして、経営の不確実性に対する対応がますます求められるようになるとすれば、経営人材の多様性を確保し、その育成を図る仕組みも重要になっていくと思います。 N

日本への示唆

❶コーポレートガバナンスの役割

投資環境がグローバル化する中で、コーポレートガバナンス改革が不可避である点、そしてそれが企業経営に対して影響が及ぼされる点を教授陣は力説していた。その中で印象に残った点は、社外の力を企業経営に取り込むという視点である。指名委員会等を通じて、経営者の選任・解任権を有する社外取締役であるからこそ、社内とは異なる視点を企業経営にもたらし、経営者に健全なリスクテイクを促すことができると言える。日本でも近年、プライベートエクイティ・ファンドの投資事例が増えており、コーポレートガバナンスを積極的に経営に活かす視点も求められていくのではないか。

❷サクセッションプランにおける役割について

コーポレートガバナンス改革の文脈では、後継者指名はもはや経営者だけの管掌ではなくなり、独立性と客観的な視点を有する取締役会の関与が今後は増えていくと考えられる。その中で、米国では、「後継者」の範囲を狭義に次期経営者にとどめず、Cスイートや経営幹部クラスにまで求める企業もある。人材要件は重要であるが、人材プールをポートフォリオのように多様性を確保したものにすべきとの主張が印象に残った。

元々、資本市場からの開示要請によりトレンドとなったが、経営の特定ポジションだけではなく、経営チームの継続性について言及することが、自社の経営姿勢の継続性や企業の永続性に説得力を持つと考えられる。日本企業においても、今後はコーポレートガバナンス・コードにおける開示要請とその受け身的な対応というだけではなく、自社の継続性、永続性を担保するという意味合いで積極的な取り組みが求められよう。

第4章

新しいビジネスリーダー像と経営者教育の役割

野村マネジメント・スクール（NSAM）の各講座で講師を務める教授との一連のインタビューによって、経営チームが有効に機能する条件や、求められる新しいリーダー像が明らかになってきた。VUCA（Volatility－変動, Uncertainty－不確実, Complexity－複雑, Ambiguity－曖昧）と呼ばれるような時代に、これらに応える上で、経営者教育が果たすべき役割はどのようなものであろうか。この最終パートでは、ハーバード・ビジネス・スクール（HBS）教授で、40年前に設立されたNSAMの黎明期から我が国の経営者教育プログラムにも携わってこられたジョセフ・バダラッコ教授に再度登場いただき、歴史的視野に立って展望していただいた。

ハーバード・ビジネス・スクール 教授
ジョセフ・バダラッコ
Joseph L. Badaracco Jr.

1 ケースメソッドが日本の経営者教育にもたらした6つのインパクト

VUCAという略語が最初に使われたのは、1987年で、それほど新しくない(注1)。株式市場でブラックマンデーが起こった年で、プラザ合意の2年後、そして日本のバブルが崩壊する3年前であった。つまり、この前後から、高い変動性や不確実性に対する認識が高まってきたと考えられる。

興味深いのは、そのような認識が日本でも高まっており、新しい経営者教育機関としてNSAMがその数年前に設立されていたという事実である。さらに特筆すべきは、NSAMのフラッグシップ・プログラムである「トップのための経営戦略講座」において、HBSのケースメソッドが教授法として全面的に採用され、実際に経験豊富なHBSの教授陣が中心となって講師を担当してきた点である。これはそれ以前の日本における経営者教育のあり方とは大きくかけ離れていた。

第3章3のインタビューでも触れたが、ケースメソッド（注：詳細については**図表4-1参照**）はHBSにおいて開発され、長年にわたって実践されてきた教授法である。ただ、今日の米国でも採用しているビジネススクールはごく一握りに留まっている。教師が質問を発し、生徒が答えるやり方をしている場合でも、多くは依然として教師を権威者として位置づける講義の一形式に過ぎない。HBSの実践しているケースメソッドは全く異なる。ケースを教材とした討議が中心で、教室も討議しやすいよう馬蹄形にデザインされ、教師は討議をリードする役割に徹する。このやり方を日本に持ち込んだのである。

日本では当時、ラジカルなアイデアだったと思うが、導入のタイミングは適切だった。ケースメソッドを用いた経営者教育は、それ以降、そして今日でも、複雑で変動の激しい環境下で経営者が組織を導く準備をするのに役立ってきた。言い換えれば、各時代が求めるリーダーシップスタイルを開発する上で極めて有効であった。このように考えられる理由として、6点指摘できる。

❶非日常の環境での体験

第一に、「トップのための経営戦略講座」では、次世代の経営者候補が慣れ親しんだ環境を離れ、3週間自分自身で考え、仮想とは言え重要な経営課題に対処すべく決断する状況に置かれる。終身雇用や継続的改善といった慣行の下でキャリアを積んできた日本のエグゼクティブにとっては、ユニークな経験だったはずだ。

私自身、教授としての経験を考えると、教え方を改善したり、論文や著作の書き方をより良くするため工夫したりと努力するが、毎年同じことを同じ人々と共に行う日常である。つまり、日本の方々に限らず、誰もが同じルーチンや人間関係にとらわれているのである。

HBSやNSAMで我々が行っている、いわゆる「オープン・エンロールメント」型の経営者教育プログラムは、人をそのような「快適な世界」から引き離し、仕事では出会わないような人々を一緒に教室に集める。彼らも業界団体のイベントなどには行くだろうが、講座は3週間とはいえ、自分自身のキャリアにおけるユニークな体験になる。

❷多様な業種・職務経験を持つ受講生との出会い

第二の理由として、参加者は突然、自分と異なるさまざまな産業や機能分野に属する人々に囲まれることになる。例えばオペレーションを担当してきた人が、自らは経験したことのないマーケティングや財務の分野の人々と同じ場所で討議に参加する。いわば教室という全く新しい社会的・知的なエコシステムの中に放り込まれるのである。

❸思考の幅を広げる

第三に、受講生は3週間の間に約40のケースを討議するが、扱われる業種や問題は多岐にわたる。ここでも参加者は、今までの慣れ親しんだやり方から引きずり出され、「幅を広げる」ことを求められる。ケース討議をリードするのは、本当のケースメソッドに習熟した講師陣で、彼らはケースに描かれているのはどのような状況か、自身がケースの主人公の立場だったらどうするかといった質問をし、受講生同士、また受講生と講師の間の討議を促して受講生に深く考えてもらう。これは車輪に例えれば、従来、ハブ（教師）とスポーク（生徒）の間のQ&Aのようなやりとりがあっただけの状態から、スポーク同士の対話も奨励するやり方であり、とても知的に活発でチャレンジングな学習体験となる。実

図表4-1 NSAMにおけるケースメソッドの活用

【ケースメソッドとは】

実際に討議で活用するケースは、成功例、失敗例を結果論的に分析したレポートではない。通常は、ある経営者が決定を迫られている状況が記述されている。ケースで与えられる情報は、実際に経営者が直面している状況がそうであるように、必ずしも整理されておらず、十分とは言えない。そのような状況のもとで、受講生は①問題を特定し、②問題解決のための選択肢を考え、③最善と考えられる決断を下す、という一連の思考訓練をしていく。受講生各自が、個人的な経験などを踏まえて論理的に出した結論をグループ討議で比較したり、クラスにおいて講師と対話したりすることを通じて、より深く掘り下げることになる。このようにケース・メソッドを通じた学習の効果を高めるためには、経験豊かな受講生による入念な準備と討議への積極的な参加が非常に重要となる。

【NSAMの経営戦略講座で活用してきたケース例】

業界構造と競争戦略｜コカ・コーラ

コーラという一見価格以外に差別化の難しい商品を核にしながらも長期間、高い顧客ロイヤリティと収益を実現してきたコカ・コーラ社。ペプシ社からの挑戦にどのように対応してきたかの検討を通じて、業界構造の特性と採るべき競争戦略の関係を考える。

今日のイノベーションのあり方｜アップル

今や時価総額でGEやマイクロソフトを凌駕するに至ったアップルは、マッキントッシュ（PC）、iPhone（携帯電話）、そしてiPad（タブレット型PC）と常に革新的な製品、ビジネスモデルを展開することで知られる。彼らの製品設計思想を探ることを通じて、今日的なイノベーションの課題を検討する。またイノベーションのプロセスにおける経営者のリーダーシップについても光を当てる。

日本企業における価値創造経営｜HOYA

眼鏡レンズやIC用フォトマスクなどで世界的に高いシェアを誇るHOYAは、1993 年から株主価値、具体的にはROE、そして同社独自のSVAなどの指標に基づく事業の再編成に着手した。その範囲は、終身雇用制の修正、取締役会の改革、そしてカンパニー制の導入など、いわゆる「日本的経営システム」を大きく変革するものであった。また近年では、PENTAXの買収を行い、注目を集めた。日本企業におけるリストラクチャリングの事例を通じて、価値創造という視点から経営を見直す。

マクロ経済を理解する｜米国の経常収支赤字

米国は1980年代より経常収支の赤字化が進んだが、1997年のアジア通貨危機以降は、新興国を中心とした「グローバルな貯蓄超過」が進展し、その結果米国の経常赤字も急速に拡大した。このような米国の巨額の経常収支赤字に象徴される「グローバル・インバランス」は持続可能なのであろうか。もし修正されていくのであれば、世界経済にどのような影響を及ぼし、ひいては企業経営にどのようなインパクトを与える可能性があるかを考える。

コーポレート・ガバナンス｜ファナック

産業機械・NCシステムの大手企業であるファナックは、秘密主義の企業文化で知られ、投資家からはディスクロージャーが遅れている企業と見られていた。しかし2015年に米国の「モノ言う株主」がファナックの株式を取得したことをきっかけに、CEOと経営陣は改革の圧力を受けるようになる。コーポレート・ガバナンスと財務戦略のあり方を考える。

極限的状況下でのトップの意思決定｜J. F. ケネディ

組織のトップは、時間や情報の不足、利害関係の交錯など、多くの制約の下で重大な意思決定を迫られる。トップがチームとして適切な判断を下すためにはどうすればよいか。1960年代に米国ケネディ政権が直面した2つの危機（ピッグズ湾侵攻とキューバ危機）を比較しながら、望ましい意思決定のプロセスについて検討する。

危機への対応｜マギーヌードル

世界最大の食品企業ネスレは、2015年、インドのデリー地方政府から許容水準を超える鉛が見つかったとして、主力製品マギーヌードルの販売禁止命令を受けていた。ネスレは製品の安全性を確信していたが、インドのマスコミはマギー問題を感情的に煽り立てていた。危機の中でのリーダーシップについて考察する。

成功企業の変革｜ウォルマート

1962年に最初のディスカウントストアを開店したウォルマートは、バリューチェーン（価値を生み出す購買、R&Dなど企業内部の諸活動）の整合性を完璧なまでに高めることで、世界最大の企業にまで成長した。現在、さらなる成長源の模索や人事政策に対する訴訟への対応などの課題が見えてきているが、成功してきたモデルを変えることは容易ではない。自社の強みを損なうことなく、新たな環境にあわせて自社を変革していく方途を探る。

不確実性下の戦略｜レゴ

デンマークの老舗玩具メーカーであるレゴは2004年、倒産の縁に立っていた。会長は35歳の外部コンサルタントをCEOに抜擢するという異例の措置を行う。玩具産業自体が成熟化する中で、レゴでは依然として生産や物流機能を自社で保有しているだけでなく、過去の新商品開発を通じてブロックの種類が膨大な数に上り、社内のあらゆる機能が複雑化していた。このように混迷を極めた状況下での戦略デザインについて考察する。

際、ケースメソッド中の受講生の脳をスキャンしたら、ニューロンが発火したり、シナプスが結合したりする様子がより頻繁に観察できるだろう。

対話とエンゲージメント（関与）によって、言い換えれば人の意見を聞き、勇気を出して手を挙げて自分の考えを述べることによって、教室での体験がより強烈なものとなり、学びはより深く、そしてより永続する。実際、受講生に話を聞くと、たとえかなり昔のことでも自分がどういう発言をしたかはよく覚えているそうだ。手を挙げて、知らない人、しかも皆経験豊かで優秀な人の前で自分の意見を述べるというのは、間違って恥をかくリスクを冒すことになる。それゆえ、たとえ結果的に指名されなくても、よく考えるようになる。黙って座ってノートを取るのに比べ、学んだことが心により深く刻まれるのだ。

❹テーマはグローバルに

第四に、時間の経過と共に、よりグローバルなケースを取り扱うようになった。これも受講生の視野を広げる機会を提供している。NSAMの設立当初10年ぐらいの間は、独自に開発した日本企業のケースを数多く使っていた。ヨーロッパやアメリカの企業のケースを討議しても、「日本企業のやり方は異なるので、ケースから学べることは我々に関係ない」と思われることを懸念してである。確かに、今日でも日本企業のユニークな点は数多くある。しかし、しばらくして、講師陣とNSAMのスタッフは、日本企業のケースを多く取り扱うべきだという考え方を改めた。受講生がオープンになり、日本国外の企業からも教訓が学べると考えるようになったからである。

ただ、変わらない点もある。受講生の関心対象は一貫して大企業である。例えば、「トップのための経営戦略講座」の主任教授として私の前任だったHBSのコリア・クラム教授が、日本の小さなタクシー会社のケースを取り上げたことがあった。日本における価格体系の問題に光を当てるための教材だったのだが、討議はうまく行かなかった。受講生には全く関心がなかったからである。確かに、重要で複雑な問題で苦慮している大企業のケースからの方が、彼らにとって関連性の高い教訓が学べるだろう。とはいえ、受講生は、もはや国籍に関係なく、重要な企業について の良いケース討議を求めるようになったのである。

❺生涯続く人的ネットワークの構築

第五に、講座中に築き上げられた人的ネットワークが強力で、修了後も引き続き長年にわたって視野を広げる上で役に立っている。NSAM側が意図的にネットワーク構築を促すような仕掛けをプログラムに数多く織り込んできた成果でもある。一例だが、仮に教室での討議風景を日米で比べると、日本の方が相対的に静かである。つまり、先ほどのハブとスポークの比喩を使えば、スポーク同士での対話が少ないように見える（ただし、これ

は7月に開催している「トップのための経営戦略講座」の主として男性受講生についてであって、1月に開催している「女性リーダーのための経営戦略講座」に参加している女性幹部候補たちの発言は非常に活発で、考えていることを皆が競って発言してくれており、HBSのプログラムで見られる参加度合いと全く遜色ない）。ただ、それは受講生に考えがないわけではない。あえて比べれば、日本の受講生の方がよく考え、準備しているとさえ言える。そして講座は、教室で講師を交えた討議をする前に、数人の小グループで率直なディスカッションを行うようにデザインされているので、そこでスポーク同士の対話が実質的にかなり行われているのである。講座後のアンケートで、この小グループ討議が非常に役立ったと回答する割合は、コンスタントに高い水準を維持している。そして小グループ討議がその後のネットワーク形成に大きな役割を果たしているのである。

具体的には、同窓会などの場で実際に会い、懇親を深めるだけでなく、経営者となった人々が抱える問題を語りあっている。同窓生が利害関係のないサウンディングボードとなってくれ、講座修了後も長期にわたってお互いの視野を広げることに貢献しているのだ。

❻フレームワークを実務の場面で活用

最後の点として挙げられるのは、我々講師陣が提供してきた問題へのアプローチの仕方、分析のためのフレームワークが、講座修了後にも物事を考える際に実際役立ってきたということである。言い換えると、経営者教育が生涯学習の基盤となっているのである。必ずしもチェックリストのように用いるという意味ではない。例えばリブキン教授（第3章2参照）は競争戦略についてのフレームワークを提供しているし、私はグレイエリアの問題を先送りせず対処する上で役立つ考え方を提示している（第3章3参照）。我々が期待するのは、白熱したケース討議を通じて獲得した新しいレンズ、ないしパースペクティブを用いて講座修了後も物事をよりよく判断してくれることである。

2 ビジネスリーダーが直面する新たな難題と経営者教育

これらのことをHBSでは100年以上、NSAMでも40年にわたって行ってきたので、ノウハウが蓄積され、上手に成果を上げられるようになったと考えている。

ただ注意すべき点は、ケースメソッドを用いた経営者教育が、各時代の求める新たなスキルを獲得する上で役立ってきたといっても、その効果は短期的なものではないということである。受講生は元々優秀であり（それゆえ派遣されてきているわけだが）、ケース討議を通じて多くの気づきを得、必要なリーダーシップスタイルなどを自ら学んで獲得していくのだが、短い講座期間中に変化が観察されるわけではない。

ケース討議の講師がしていることは、何かメッセージを書いてそれを瓶に入れ、海に投げ入れることに似ている。瓶がどこに流れ着くかは潮の流れ次第、つまり経営者教育の効果が現れる場所や時間は予測不可能だ。ただ、ボストンや東京で同窓会を開催したときに集まってくれる修了生がたくさんいて、皆、講座を体験したことはとてもよかったと感謝してくれていることから判断すると、効果は実感されているのだろう。

企業は、例えば、ある機能部門で優秀な実績を上げているマネジャーに経営幹部としてより広い立場から働いてもらいたいと考え、その人を我々の講座に派遣する。講座で取り上げるケースはほとんど、経営者の立場から状況を分析し、判断することを求める。それを40ぐらいのケースで繰り返し討議し、講師陣の提示したフレームワークを使ってより広い視野で考える訓練をしていくことによって、そのマネジャーに何らかのインパクトを与える。実際に彼らがキャリアの次のステージ、例えばいくつかの機能部門をまとめ、長期的に物事を考えるべき経営幹部の立場になったときの準備ができるので、講座の体験が役に立ったと言ってくれるのだと思う。

講座の期間はたったの3週間で、長いビジネスキャリアからみれば、ほんの一瞬に過ぎない。でもロケットの発射角度を少し変えるだけで、その後の軌道が大きく変わるように、我々の講座が後々のキャリアに大きな影響を与える、ちょっとした「発射角度の変更」あるいは能力開発ペースの加速化の役割を果たしてきたと考えられるのである。

次に変化への対応についてであるが、講師が例えば自分自身の研究の結果、受講生に新しい知見を伝えるべきだと感じたとき、例えば新たなリーダーシップスタイルを獲得すべきだと感じたときはどのように講座に反映させるか。私の場合であれば、80%は変えず、残り20%で適応させるというのが回答だ。(注：野村マネジメント・スクールのケーステーマの推移は**図表4-2**参照)

我々が行っているのは、受講生が経営者となる準備を支援することである。長期的、統合的に物事を考え、他者と協働しながら意思決定を行う。経営者のすべきそれらのことは常に変わらない。それゆえ、我々は良い経営者とはということをケース討議を通じて示し、受講生がそれを理解して自分に取り込むことを助ける。また前述したように、我々は問題を分析するためのフレームワークの提示をスクール設立時から行ってきた。今日のビジネスを取り巻く環境はより複雑になっているが、それだからこそ、これらのフレームワークを使って問題に接近することが重要なのである。

そこに20%の部分として、私が今日的挑戦課題と呼ぶものを扱うケースを加える。まさにVUCAの時代の課題である。私のリーダーシップのモジュールで言えば、フェイスブックのケースなどが該当する。これは2016年の米国大統領選挙にからんで、8700万ユーザーの個人情報が特定の企業の手に渡っていたという問題を扱っている。討議のための設問(ガイドライン)を私は用意しているが、私自身、何が正解かは分からない。当事者だったマーク・ザッカーバーグ(CEO)やシェリル・サンドバーグ(COO)ですら分からないだろう。これらは非常に不確実で変動の大きな時代における問題について、受講生に非常に深く考えてもらうためのもの

図表4-2 NSAMの使用ケースの推移

「第1回トップのための経営戦略講座」(1981年)

- ゼニス・ラジオ・コーポレーション対アメリカ政府
- ザンビア・シュガー・カンパニー
- ゼネラル・エレクトリック社の戦略
- 松下電器、VTRノート
- レーガンの経済政策と企業
- 衰退産業の経営戦略

「第10回トップのための経営戦略講座」(1990年)

- GE対IBM
- 日米構造協議と企業経営
- ヨーロッパ中央銀行構想
- ジャパン・プロブレムとパラダイム転換

「第20回トップのための経営戦略講座」(2000年)

- ブラウザー戦争
- バーンズ・アンド・ノーブル対アマゾン・ドット・コム
- 企業経営とリーガル・リスク
- フランスの年金制度

「第30回トップのための経営戦略講座」(2010年)

- フィリップスと松下電器
- 不平等とグローバル化
- 金融危機との戦い
- Wiiに対応すべきか

「第39回トップのための経営戦略講座」(2019年)

- コカ・コーラ
- アップル
- ファナック
- 米国の経常収支赤字
- J.F.ケネディ

なのだ。

ただこれは私のアプローチであり、講師陣の中には異なるアプローチをする教授もいる。例えば、新しいリーダーシップスタイルを教えるというよりは、自らが実践して示すといったやり方である。それも強力だ。多様なアプローチをする教授が共同で講座の講師を務め、受講生の「ニューロンを発火」させるのである。受講生は優秀な人ばかりだから、我々はスパークプラグとなり、いろいろなやり方で発火させれば、複雑な問題への対処の仕方を自ら学んでいく。

では、今後世界中のビジネスリーダーが直面する新たな課題というのはどんなものだろうか。まさに答えのない問いで、ケース討議の生徒になったような気分で考えている。2点指摘しておきたい。

まず徐々に見えてきているのは、経営者がより科学的、テクノロジー的な問題への対処を迫られるようになっているということである。専門家の集団をどのように管理するかは昔からある課題だが、それが今後、より先鋭化するだろう。現下の新型コロナウイルス感染拡大は、突然生じた新たなトレンドというよりは、既に進行中だったものを加速化したと考えられる。事態が収束しても働き方（在宅勤務など）やマーケティングの方法といった企業の運営方法は大きく変わるだろう。企業の舵取りもだ。それゆえ、HBSでもNSAMでも、ケースなどにそういった要素をもっと取り入れることを模索しなければならない。

企業リーダーの例ではないが、現在、バイデン新大統領は2回打つことを前提としているワクチンをとりあえず1回にして、より多くの人に接種してもらおうとしている。これは正しい決断なのか、非常に難しい問題である。FDAやCDCといった専門機関からのアドバイスは得るにしても、最終決定するのは大統領自らなのだ。

2年ほど前、HBSのLCA（リーダーシップおよび企業倫理）のコースで、バイエルによるモンサントの買収を扱ったケースを試したことがある。この2社が合併することで、遺伝子工学の巨人が生まれ、農業や生命科学の様相が変わった。そのインプリケーションを考えるケースであった。遺伝子編集についてのイントロダクションとして、YouTubeにある短いビデオを教室で見せようとした。コースを担当する何人かの講師は乗り気でなく、結果的に生徒のクラス討議への参加も今一歩だった。私が担当したときは、受講生の中にライフサイエンスの専門家が10人ほどいたが、彼らにすれば小学校に戻ったような初歩的な問題の説明を求められたと感じただろうし、一方その他の受講生に理解してもらうのには困難が伴った。彼ら全体により熱心に参加してもらうやり方を模索する必要がある。

もちろん、昔から経営者は完全に理解できない専門的な事柄についての意思決定を求められてきた。ただ以前なら工場見学や製品のモックアップを見てイメージをつかむことができたかも知れないが、遺伝子工学や新しいITなどがもたらす問題を考えなければいけないときに、正しい問いを発し、対話することすら簡単ではない。私はHBSでIT関連の予算会議に出席することがあるが、ノートPC上の小さなスクリーンに代わって超高解像度のディスプレイが等身大の姿を投影できるようになると説明されても、それが経営者教育のやり方にどんな影響を与え、投資が効果に見合うかについては容易に判断できない。

とはいえ、科学やエンジニアリングやビッグデータといったことに伴う問題への対処はますます求められるだろう。HBSでは象徴的な出来事が起こりつつある。HBSのキャンパスの隣に応用工学部の大きなビルが建設中である。ビジネススクール以外のハーバード大学の学部が初めてチャールズ川を超えて進出してきたのだ。また、今年の1月にスリカント・ダタール教授が新学長に就任した。彼は長年、工学部との共同プログラムなどハーバード大学の他の部門と協力して仕事をしてきた人物である。

もう一つ指摘しておきたい点は、少なくとも米国で進行している不平等の拡大がビジネスおよびそのリーダーたちにもたらす影響である。最近見た世論調査の結果によれば、コロナ禍の影響でほとんどの人々が生活面でマイナスの影響を受けていたが、大学院レベルの学位を持つ人々だけが唯一の例外で、友人に会えなかったり、外食できなかったりするものの、生活の質は改善したと回答しているのである。もともと所得水準が高い上に、株式市場も堅調で、彼らの貯蓄は増えている。つまり、コロナ禍で経済格差がますます拡大しているのである。そして、ポピュリズムやナショナリズム、反エスタブリッシュメント的な感情が高まっている。

一方、別の世論調査を見ると、米国では軍や宗教団体などと並んで、ビジネスも高い信頼度を維持している。そのような高い期待の中でビジネスリーダーは企業の舵取りを求められることになるのである。

とはいえ、ケースメソッドは、彼らがこういった新しい問題への対処の仕方を習得する際にも役立つと言える。つまり経営者教育は、これからも今まで述べてきたような役割を果たし続けるのである。 N

おわりに

野村マネジメント・スクールが設立された1981年前後の時期は、日本経済にとって一つの転換期であった。内外資本規制がほぼ撤廃され、真の「開国」を迎えた。二度の石油危機を乗り越えた日本企業は自信をつけて世界市場でのプレゼンスを高めていった。『ジャパン・アズ・ナンバーワン』（エズラ・ボーゲルの1979年の著作のタイトル）の時代の到来である。と同時に数々の「貿易摩擦」が起こり、諸外国からの圧力で輸出自主規制や国内市場開放を迫られた。そして1990年にはバブルの崩壊という次の転機を迎え、「失われたxx年」の時期に入る。日本企業は国内市場の調整への対処に加えて、数々の金融ショック（例えばアジア通貨危機、ドットコムバブルの崩壊、リーマンショックなど）や中国の台頭のような大きな構造変化への対応も進めなければならなかった。

この間ずっとボストン（HBS）のみならず東京（NSAM）で、次世代ビジネスリーダーの育成に携わってきたジョセフ・バダラッコ教授は、ケースメソッドという教授法の特長を挙げながら、たとえ短期間の経営者教育プログラムでもポテンシャルの高い人材を慣れ親しんだ環境から引き離して未知の環境に置き、新たに出会った同じく能力の高い人々と協力して新たな問題に取り組ませることで、自らの幅を広げ、新しいレンズを通して問題に取り組めるよう思考力を磨く契機（スパークプラグ）となってきたと指摘する。そして実際、受講後何十年も経って同窓会に集まる修了生たちが述懐する受講の効果はまさにそれらの点である。

バダラッコ教授は、今後のビジネスリーダーはより専門的な問題への対処や、不安定な政治環境の中での組織の舵取りを迫られることになると予想する。しかし、ある程度の適応は必要とはいえ、経営者教育はこれからも新たに求められるスキルを彼らが習得する一助となり続けると、自信を持って締めくくられているのが印象的であった。

【注】

1）
ビジネスを含め人口に膾炙したのは2010年代後半だが、元々は米国陸軍のWar Collegeの新しいカリキュラムの中で初めて使われたという（https://usawc.libanswers.com/faq/84869）。